권력자와 무기력자

권력자와 무기력자

지은이 · 하인츠 스폰젤
옮긴이 · 정복희
초판 1쇄 찍은날 · 1998년 4월 20일
초판 1쇄 펴낸날 · 1998년 4월 30일
펴낸이 · 김승태
편집장 · 김순덕
편집, 교정 · 이연희
표지디자인 · 한영애
영업 · 김석주
등록번호 · 제2-1329호(1992. 3. 31)
주소 · 110-616 서울 광화문우체국 사서함 1661
　　　　T. (02)830-8566 F.(02)830-8567
　　　　E-mail:jeyoung@chollian.net

ISBN 89-8350-613-X

값 10,000원

■ 잘못 만들어진 책은 언제든지 교환해 드립니다.

권력자와 무기력자

하인츠 스폰젤 지음   정복희 옮김

예영커뮤니케이션

찬탄과 불신을 한꺼번에 받은 사람들

위인들의 이름은 백과사전이나 역사책에서 쉽게 찾아볼 수 있다. 그러나 이들을 치료하고 어떤 의미에서는 이들보다 더 큰 힘을 가졌던 의사들의 이름은 찾아볼 수 없다.

이 의사들은 누구였을까? 그들은 정말로 위대한 의사들이었을까? 병을 진단하고 치료하는 데 뛰어난 천재였는가? '황금의 손'을 가진 수술의였을까? 그들의 전문분야에서 세계적인 명성을 누리던 의사들이었는가? 아니면 순전히 우연한 계기나 연줄에 의해서 그들의 주치의로 부름을 받았던 것일까? 부와 명성을 얻기 위해 자신들이 누렸던 신뢰를 악용하지는 않았을까? 어쩌면 비밀 세력의 손 안에서 놀아나던 한낱 이용물에 지나지 않았던 것은 아닐까?

그들은 찬탄과 불신을 한꺼번에 받은 사람들이었다. 즉, 그들에 대한 신화도 만들어졌지만 비방도 적지 않았다. 그들은 성채를 두르기도 했고 가시면류관을 쓰기도 했다. 그들에 대한 진실은 비밀에 싸이기 일쑤였다.

사람들은 이 의사들을 가리켜 '주치의(Leibarzt)'라고 불렀다. 이 책에서는 이 세상의 역사 속의 인물들을 소개하되 사람들에게 거의 알려지지 않은 면모를 밝혀 볼까 한다.

그들이 병들고 힘이 없어졌을 때, 죽음의 그림자가 그들의 머리 위로 내려앉기 시작했을 때 그들의 힘과 의지와 계획 그리고 폭력성 가운데 어떤 것이 남아 있었을까? 지혜로운 이의 정화된 마음이 그것들을 뒤덮었을까? 아니면 절망이 마지막으로 그들의 가슴 속에서 예상치 못한 힘을 불러일으켰을까? 그리고 또 이런 물음도 던져 볼 수 있을 것이다. 만약 주치의들이 그들의 목숨을 건져 주었더라면 세계사는 다른 궤도로 흘러가지 않았을까?

에밀 졸라도 일찍이 이런 명언을 남긴 바 있다. "인체 내에 모래알 몇 개만 들어가도 이미 전제국이 흔들리기 시작한다."

루즈벨트와 트루먼 시대에 산 사람으로서 케네디 집권 시절에 국무성 장관을 지낸 딘 러스크는 자신의 비망록에 이렇게 쓰고 있다.

"위인들이 병들고 이따금 사경을 헤매고 있을 때 그 책임을 졌던 사람들의 이름은 전세계적으로 수없이 많다. 그리고 그들이 건강했더라면 다르게 내려질 수도 있었던 결정들 또한 수없이 많다."

이러한 말은 위인들에 대한 것이라기보다는 위인들의 주치의를 겨냥한 비난이 아닐까? 무엇보다도 세상을 피와 파괴 그리고 죽음의 바다로 만들었던 세기의 독재자들을 생각한다면 더욱 그럴 것이다. 일반 시민들은 암살을 기도하는 판국이었으나 어째서 한 명의 의사도 그런 악독한 독재자에게 주사 한 대 놓지 않았을까? 히포크라테스 선서 때문이었을까? 그렇다면 이 책은 이런 제목을 가질 수도 있을 것이다. '권력자와 무기력자'라고. 여기서 권력자란 주치의를 뜻하고 무기력자는 병마에 시달리고 있던 때의 위인들일 것이다.

　그러나 주치의들 중에는 자기 환자인 그들로부터 신임을 받는 관계를 넘어 그들과 친구가 된 사람들도 있다. 위인을 충성스럽게 받들어서 그런 사이가 된 게 아니라 침상에 누워 있는 그를 고쳐 주어야 할 한 인간으로 보았기 때문이다. "모든 치료의 출발은 신뢰이다."라는 명제는 이미 2천 년 이상 인정되고 있는 의학계의 진리인 것이다.

하인츠 스폰젤

차례

아무 말도 안 들려,
그저 음만 들릴 뿐이야

뭇 여인들의 사랑을 한 몸에 받았으나
천연두 흔적을 평생 갖고 다녔던 곰보
온갖 질병의 원인은 매독이었다는 게 사실인가
말파티의 안락사 처방제인 '펀치'
충격적인 시체 해부 결과

베토벤 (Ludwig van Beethoven, 1770〜1827)

독일의 작곡가. 본에서 음악가의 아들로 태어나 독일이 낳은 최대의 음악가로 낭만파 음악의 선구자가 되었다. 열네 살 때부터 궁정 예배당의 오르간 연주자를 했고 하이든과 모짜르트의 영향을 받아 작곡가로서 이름을 떨쳤다. 1800년경부터는 귀가 잘 들리지 않았으나 그는 이러한 불행을 딛고 〈영웅〉, 〈운명〉, 〈전원〉, 〈합창〉 등의 9개의 교향곡을 비롯하여 32곡의 피아노 소나타, 10곡의 바이올린 소나타, 16곡의 현악 4중주, 오페라 〈피델리오〉와 〈장엄 미사〉 등 세계 음악사상 불후의 걸작들을 많이 남겨 악성(樂聖)이라고 불린다.

　빈에 살던 아이들은 3월 29일에 학교 수업이 없었다. 아이들은 그 이유를 몰라 선생님께 물었다.

　"애들아, 베토벤이 죽었단다."

　도대체 베토벤이 누군지 몰라도 아이들에겐 수업이 없다는 사실이 더 즐거웠다. 게다가 때는 봄이 아닌가! 제발 이날만은 이틀 전처럼 눈이나 안 내렸으면 하고 바랐다.

　제발 눈이 안 와야 할 텐데…. 이것은 빈에 살고 있는 8백여 명의 저명 인사와 그들의 부인, 예술가, 정치가, 외교관, 남작, 백작, 후작, 그리고 황실 가족들의 바람이기도 했다. 그 전날 이들에겐 두꺼운 종이에 인쇄된 안내문이 배달되었던 것이다.

　초대장
　루드비히 폰 베토벤의 장례식
　3월 29일 오후 3시
　장지는 고인의 자택
　(슈바르쯔 스파니어하우스 200번지 쇼텐토어 앞)
　거기서 알저가의 프란체스코 교단 소속 트리니츠 교회로 장례
　행렬이 이어짐.

　눈은 오지 않았다. 아이들은 기뻐 어쩔 줄 몰랐고 초대받은 사람들도 예복을 걱정할 필요가 없었다. 햇살까지 밝게 빛났다. 기온은 섭씨 15

도에 가까웠다.

당시 빈의 인구는 20만이었는데. 쇼텐토어 광장에는 정오가 되기 전에 이미 2만여 명이 몰려들었다. 8백 명의 귀빈들이 슈바르쯔 스파니어하우스까지 지나갈 수 있게끔 자리를 만들기 위해, 아니 자리를 쟁취하기 위해 군인들이 비상 동원됐다. 이들이 타고 가던 마차들은 혼란을 피하기 위해 베토벤의 초상집에서 멀찍이 떨어진 곳에 멈춰섰다. 말들은 벌써 동요하기 시작하여 고삐를 잡고 있기가 힘이 들 정도였다. 고인의 관은 슈바르쯔 스파니어하우스의 안뜰에 안치되어 있었고 아직 관 뚜껑이 열려 있었다. 빈의 음악 살롱과 오페라, 리흐노프스키 후작의 예우 때도 늘 그랬듯이 귀빈들은 마지막으로 다시 한 번 베토벤의 얼굴을 봐야 했다.

《빈 신문》의 편집장은 이렇게 썼다.

"십자가가 붙박인 오오크 나무관은 하얀 비단으로 덮혀 있었고 커다란 베개가 놓여 있었다. 그 위에 고인의 머리가 뉘어져 있었다. 해부로 인한 얼굴 변형은 그렇다 쳐도 중병과 죽음으로 인해 무자비하게 일그러져 있는 얼굴이었다. 그러나 이처럼 용모가 손상된 주검 주위에도 장미로 고상하게 장식한 머리 화환이 놓여 있었고 손에는 백합 한 송이가 쥐어져 있고 양 옆구리께에 백합이 두 송이 놓여 있었다. 미혼으로 숨진 자들에게 하는 전통에 따라 그런 모습으로 관은 안뜰에 놓여 있었다."

슈바르쯔 스파니어하우스에서 알저가에 있는 프란체스코 교회까지는 거리가 1천 미터 정도에 불과했다. 그런데도 한 시간 반이 지나서야 위대한 고인을 중앙제단 앞까지 옮길 수 있었다. 훗날, 관을 지고 갔던 아홉 명의 신부들 가운데 한 사람은 《신연극》지에 이렇게 보고했다.

"우린 한 걸음씩 움직여야 했다. 관을 자주 내려 놓고 서로 교대했지만 어찌된 일인지 주검의 무게는 점점 더 무거워져 무사히 교회에 도착하게 된 것만으로도 감사할 정도였다."

북새통에 기절하는 사람도 있었고 부상자도 발생했다. 이젠 초청장을 받은 귀빈과 베토벤과 작별을 나누려는 일반 시민이 구별되지 않았다. 군인들은 장사하는 아낙네든 귀부인이든 가릴 것 없이 고인의 마지막 가는 길을 정리하느라 바빴다.

고인이 작곡한 찬미가를 군악대가 연주했고 오페라 합창단과 솔로들이 노래를 불렀다. 베토벤의 연주회라곤 한번도 참석해 본 적이 없던 2만 명의 군중은 그날 처음으로 베토벤의 음악을 듣게 되었다. 즉 〈A-Dur 소나타 op.26 장송곡〉, 여러 해 전에 베토벤이 린쯔에서 작곡한 '비창', 그리고 합창곡 〈죽음은 삽시간에 인간을 덮친다〉를 들었다.

사륜 마차가 베토벤의 관을 베링의 작은 묘지로 운구했다. 마부는 묘지 입구에서 말을 세웠다. 빈의 유명한 연극 배우는 당시 빈의 저명한 시인인 프란츠 그린팔처가 베토벤에게 바친 추모사를 낭송했다.

"… 그는 예술가였습니다. 그리고 그가 누구인지는 오로지 그는 예술을 통해 알 수 있습니다. 삶의 가시는 그에게 깊은 상처를 남겼습니다. 그는 한 예술가이면서 동시에 한 인간이기도 했습니다. 그는 세상과 대항해서 싸울 수 있는 지점을 찾지 못했기 때문에 세상과 등졌습니다. 사람들이 그에게로 올라갈 수 없었고 그 또한 사람들에게로 내려올 수 없었던 것이 사람들과 멀어진 이유였습니다. 그는 고독했습니다. 제2의 자신을 발견하지 못했으므로…. 그러나 그는 죽는 순간까지 모든 사람들에 대해 인간적인 애정을 품고 있었습니다. 그는 과거에도 그랬고 죽을 때에도 그랬으며 앞으로도 영원히 그렇게 살 것입니다."

오오크 나무관이 베링 묘지의 좁다란 구덩이 속에 내려앉았을 때는 이미 해가 서산으로 지고 난 후였다.

베토벤의 절친한 친구인 게하르트 폰 브로이닝은 장례식이 치러진 다음날 일기에 이렇게 쓰고 있다.

"정말 흐르는 눈물을 가눌 길이 없었다. 그 억센 거인이 좁은 구덩이 속으로 내려앉고 그의 벗들과 그를 숭배하는 사람들이 관 위로 흙을 처음 뿌렸을 때…."

빈에서든지 본에서든지 간에 베토벤 동상이 서 있는 곳마다 베토벤은 항상 거인의 모습을 하고 있다. 우람한 체격에 모나고 각진 빼어난 얼굴, 조각가와 청동 주조사들이 만든 그 기념 동상들을 그대로 믿는다면 베토벤은 영락없이 지구를 낚싯대로 들어올릴 수 있을 만큼 힘 센 헤라클레스의 모습이다. 혹은 약간 피곤해 보이는 미소를 머금고 어깨에 지구를 짊어지고 있는 아틀라스의 모습인 것이다.

과연 베토벤이 실제로 거인이었을까?

기념비들이 으레 과장되게 만들어지듯이 베토벤의 기념비도 마찬가지였다. 적어도 그를 치료한 적이 있는 의사들은 그 사실을 누구보다 잘 알 것이다.

2만 명의 빈 시민들이 베토벤의 마지막 길을 전송할 때 카네이션과 장미, 그리고 수많은 꽃들로 어우러진 화환으로 장식된 관 뒤에는 의사도 한 명 뒤따르고 있었다. 그는 다름 아닌 요한 바그너 박사였다. 이틀 전에 베토벤의 시체를 해부했던 요한 바그너 박사는 빈 시의 병리연구소 고문으로서 베토벤의 마지막 주치의였던 안드레아스 바브루흐 박사로부터 시체 해부를 부탁받았다. 베토벤이 임종을 거둔 방에는 시체가 의자 두 개 위에 걸쳐 놓은 판대기에 놓여 있었고 젊은 화가가 죽은 사람의 마스크를 뜨기 위해 기다리고 있었다.

그러나 시체 해부를 잠시 미루고 먼저 데드마스크를 쓰게 해 달라는 화가의 부탁은 헛수고였다. 어떤 해부든 사람의 얼굴을 변형시키고 때로는 매우 흉하게 일그러뜨린다는 점을 설명했지만 소용없었다. 음악계 천재의 진짜 얼굴을 한 점도 왜곡시키지 않고 남겨야 할 권리가 이 세상에 있다고 해도 막무가내였다.

바그너 박사가 대답했다.

"당신이 얼마나 훌륭한 화가인지는 모르겠지만 병리해부학자 역시 훌륭한 예술가일 수 있다는 것은 전혀 모르시는구먼."

그리고 나서 박사는 곧 베토벤의 사인을 규명하기 위해 해부를 시작했다. 이 병리학자는 베토벤의 청각기관에 관심이 쏠려 있어서 먼저 톱으로 양쪽 관자놀이 뼈의 딱딱한 부분을 두개골에서 잘라냈다. 그것은 연구소로 가지고 가서 베토벤이 왜 그렇게 스물다섯 살이라는 젊은 나이에 귀가 먹게 되었는지 명확히 조사하기 위해서였다.

화가 요세프 단하우저는 구역질이 나서 얼른 방을 나가버렸다.

바그너 박사는 짓궂은 얼굴에 웃음을 머금고 그가 나가는 걸 흘깃 보며 말했다.

"아마 놀라실 게요. 얼마나 기막히게 두개골을 다시 맞춰 놓는지!"

해부는 네 시간이 걸렸다. 바그너 박사의 기록은 질병이 어떻게 사람의 몸을 파괴하고 침식해 들어가는가를 가장 잘 보여 주는 일종의 충격적인 보고서이다. 베토벤의 신체는 망가지고 부식되어 있었다. 십쪽 정도 되는 기록에서 몇 부분만 간추려 보아도 이는 분명하게 드러난다.

"주검은 특히 사지 부분이 몹시 메말랐고 검은 피부 혈흔으로 뒤덮여 있었다. 하복부는 수종이 심해서 팽팽하게 부어 있었다.

구씨관은 매우 두꺼워져 있었고 점막은 부어 있었다. 반면 청신경은 오그라붙어 초라하게 보였다.

복강엔 4리터쯤 되는 회색빛이 도는 갈색 액체가 차 있었다. 간은 부피가 반으로 오그라들어 가죽처럼 딱딱해 보였고 푸르스름한 청색을 띠고 있었으며 돌기 표면뿐 아니라 전체가 콩알만한 덩어리로 뭉쳐 있었다. 전체 맥관은 아주 좁았고 벽은 두꺼워진 상태로 혈액이 응고되어 있었다.

비장은 두 배로 커져 있었고 검은 빛에 단단했다. 위와 대장은 공기로 심하게 팽창해 있었고 담낭엔 짙은 갈색 액체가 들어 있었는데 결석처럼 밑으로 가라앉은 침전물이 많아 보였다.

콩팥은 탁한 갈색 액체가 줄줄 새고 있는 1인치 두께의 세포층으로 싸여 있었고, 그 조직은 연붉은 색으로 늘어져 있었다. 각각의 신장엽(Nierenkelch) 속엔 사마귀 모양의 석회 분비물이 들어 있었다.

훨씬 부드러워진 뇌수의 굴곡이 수분을 함유하고 있어서 보통의 노수질보다 두 배는 더 심해 보였다.

흉강은 정상적인 상태였다…."

오로지 폐 기관 하나만 비교적 정상을 유지하고 나머지는 모두 상태가 나쁜 것으로 기록된 시체해부 결과는 몹시 충격적이다.

바그너 박사는 해부를 통해 사인을 이렇게 진단했다. 즉 간 위축과 그것의 합병증인 복부수증.

그는 해부한 흔적이 겉으로 드러나니 않도록 시체를 붕대로 감았다. 그러나 베토벤의 얼굴은 흉칙한 상태 그대로 였다. 오랫동안 중병을 앓은 흔적이 역력히 드러났다. 여윌 대로 여위어서 뼈가 앙상하게 드러난 데다 허연 실타래 같은 머리카락이 엉망으로 이마를 가리고 있었고 잿빛 수염이 거칠게 자라 있었다. 이발사가 벌써 여섯 주째 베토벤에게 면도해 주는 것을 거부해 왔던 것이다. 이발사는 무섭고 소름이 끼쳐 면도를 해 주고 나면 그날은 온종일 아무것도 먹지 못할 것 같아서 그랬다고 한다. 그리고 난청의 이유를 알아내기 위해 바그너 박사가 관자놀이뼈까지 잘라내서 얼굴이 더 흉칙해 보였다. 그는 그걸 수건에 싸서 가방에 집어넣고 앞방에서 기다리고 있는 화가 단하우저에게 이제 일을 시작해도 좋다는 눈길을 보낸 후 아무 말 없이 걸어 나갔다. 화가의 뒤에서 문이 닫혔다.

드디어 베토벤의 얼굴을 보게 된 단하우저는 순간 소스라치게 놀라 넘어질 뻔했다. 그건 전혀 다른 형태의 낯선 자의 얼굴이었던 것이다. 아무도 다시 알아보지 못할 것 같은 그런 얼굴이었다. 그는 모퉁이를 돌아 이발사에게로 달려갔고 마지막으로 딱 한번만 면도를 해달라고 통사정했으나 헛수고였다. 또 다시 다른 이발사를 찾아갔지만 그 사람은 금화를 요구했다. 단하우저는 가진 돈이 없었으므로 슈바르쯔 스파이어 하우스로 되돌아올 수밖에 없었다. 종말을 맞은 음악계의 거인, 널판자 위에 삼베를 덮고 누워 있는 이 사람의 모습은 여느 거지와 다를 바 없었다.

단하우저는 칼을 찾아 내서 베토벤의 수염을 직접 자른 뒤 비누로 씻기고 석고형을 떴다. 그리고는 석고가 다 마르기 전에 아주 심하게 굽은 곳을 다듬었다.

베토벤의 데드마스크는 이런 식으로 만들어지긴 했지만 어딘지 모르게 그럴싸한 분위기를 자아냈다.

그러나 그는 잘 알고 있었다. 그것이 조작된 것임을!

그리고는 시체 앞에 앉아 종이에 실제 얼굴을 스케치했다. 훗날 그가 이 스케치를 팔려고 했지만 아무도 당시의 그 그림이 베토벤의 사망 직후의 모습임을 믿어 주지 않았다.

스케치는 바그너 박사가 가져간 양쪽 관자놀이 뼈와 마찬가지로 영영 사라져 버렸다. 바그너 박사는 그 뼈를 병 속에 넣고 베토벤의 이름이 쓰여진 작은 쪽지를 병에 붙여서 병리연구소의 진열장 위에 세워 놓았다. 이 연구소의 해부원이었던 안톤 도터는 1830년까지 이 병을 본 것으로 기억하고 있었다. 그러나 그 이후 병은 흔적조차 없이 사라졌다.

오늘날 이같은 해부 기록을 읽은 많은 의사들도 베토벤이 그런 건강상태로 쉰일곱 살까지 살았다는 것을 기적과 같은 일로 생각한다. 당시(19세기 초반)의 평균 수명은 일흔다섯 살을 겨우 웃도는 형편이었으니까.

　따라서 이렇게 결론지을 수 있을 것이다. 아니 이런 결론밖에 내릴 수없다. 즉 그것은 그를 치료했던 의사들의 치료술 덕분이라고 말이다. 삼대째 내려오는 알코올 중독과 폐결핵이라는 나쁜 유전조건에 짓눌리고 20대부터 병약했던 그가 그렇게 오랫동안 장수할 수 있도록 해준건 바로 의사들이었다고….

　그러나 이는 이론으로 머물고 만다. 증명할 길이 없지 않은가. 베토벤이 불안하고 변덕스러운 사람이었기 때문에 더 더욱 증명할 수가 없다.

　삼십 년 동안 거처를 서른 번이나 옮긴 것과 마찬가지로 — 설령 빈 시내에서 일어난 것이라 하더라도 — 이 세상의 어떤 위대한 자도 베토벤만큼 의사를 자주 갈아치운 사람은 드물 것이다.

　원래 그가 크게 신뢰한 의사도 없었다. 설령 어떤 의사를 신뢰하게 되었더라도 그것마저도 종종 사소한 일로 깊은 불신으로 둔갑해버리곤 했다.

　물론 얼마 동안 베토벤의 주치의로 잘 행세하면 그로부터 곡도 선사받게 되는 데 그것은 의사로서는 어쩌면 영광이었으리라. 그러나 결국엔 다루기 어려운 환자인 베토벤 앞에 하나같이 두 손 들고 말았다.

　그 스스로는 담당 의사들에 대해 어떻게 생각했는지 본에서 어린시절의 친구인 프란츠 게르하르트 베글러—본대학 법의학과 조산과 교수—박사에게 털어놓곤 했다. 그가 의사들한테 바라는 것은 단 한 가지뿐이었다. 자신의 난청을 치료해 주는 것이었다. 다른 통증에 대해서는 별로 신경쓰지도 않았다. 갑자기 찾아오는 격렬한 산통(疝痛, Koliken)이랄지, 위와 장의 통증 등은 그에게 그리 중요하지 않았다. 마흔 살에 돌아가신 어머니처럼 자신도 폐결핵에 걸리지 않을까 하는 불안감, 혹은 거의 감각을 통제하지 못하고 비참하게 생을 마친 아버지처럼 알코올 중독자가 되지 않을까 하는 두려움조차 개의치 않았다.

베토벤의 난청은 서서히 그리고 슬며시 나타났다. 어느 날 갑자기 그를 덮친 게 아니라 처음에는 왼쪽 귀의 윙윙거림으로 시작되더니 사람들이 그에게 하는 말이 웅얼거림으로 들리는 것이었다. 음은 아득히 먼 곳으로 밀려나고 높은 음이 들리지 않았고 음향이 무디게 들려왔다. 그리고 이 모든 것은 재능 있는 피아니스트이자 작곡가인 그를 빈 전체가 열렬히 사모하기 시작했던 바로 그 시기에 일어났다. 리흐노프스키 후작의 살롱은 스물여섯 살의 젊은 그를 위해 문을 활짝 열어 놓았다.

음악가로서 명성을 떨치자 곧 암울한 종말이 눈에 보이는 듯했지만 베토벤은 이에 용감히 맞섰다. 3년 동안 자신의 고통을 혼자 끌어안고 보냈다. 일시적인 현상이기를 간절히 바랐던 것이다. 그리고는 의사들의 진찰을 받았다. 그들 대부분이 이름 있고 권위 있는 의사들이었다. 그들은 입을 다물어야 했다. 히포크라테스의 선서로 맹세를 했다. 이들이 자신을 도와 주리라 믿었다. 그렇게 삼 년이 또 흘렀다. 그의 명성이 점점 높아져 감에 따라 불안도 함께 커가던 시기였다. 명성은 모든 사람들이 익히 알고 있었지만 그 불안을 아는 이는 적었다. 유명한 의사들도 그를 도울 수 없었다.

베토벤의 절망에 찬 편지들은 감동적이고도 인간적인 기록으로 남아 있다. 예를 들어 1801년 6월 1일 초창기 빈 시절의 벗이었던 칼 아멘다 — 쿠어란트에 거주하던 수석신부 — 에게 보낸 편지에는 이렇게 쓰여 있다.

"얼마나 자네가 그리운지 모르겠네. 자네가 내 곁에 있기를 바란 적이 한두 번이 아니라네. 자네의 친구는 아주 불행하게 살고 있기 때문이네. 자연과 조물주와 싸우면서 벌써 여러 번 창조주를 저주했지. 자기 피조물을 아주 작은 우연에 내맡긴다고 말일세. 나의 가장 고귀한 부분인 청각이 무척 약해졌다는 사실을 고백하네. 자네가 날 방문했을 때 벌써 그런 기미가 있었지만 입을 다물고 있었을 뿐이었네. 그런데 지금은 더 악화되었다네. 다시 낫게 될지는 두고 봐야 알 것 같네. 그건 내 하복부에서 비롯된 게 틀림없는 것 같은데 배는 이제 거의 회복되었으니 청각도 나아질는지… 그랬으면 좋겠는데 어려울 것 같기도 하고. 이같은 질병들은 난치병이 아닌가. 내 청각에 관한 문제는 누구한테도 비밀로 해 주길 부탁하네…."

희망을 갖고 있던 3년. 그러나 최초의 좌절, 또 3년간의 치료와 그에 따른 실패.

미친듯이 그는 일에 전념하여 작곡하고, 지휘하고, 프라하와 베를린에서 객연했다. 불멸의 작품들, 이를테면 〈바이올린 소나타〉〈환상교향곡〉〈4중주곡〉〈피아노협주곡〉 그리고 당시 그의 연인이었던 줄리에타 주치아르디 백작녀에게 바쳤던 〈월광소나타〉와 같은 곡들이 좌절과 희망이 엇갈린 이 시기에 창작되었다.

그러나 그는 여전히 완전한 귀머거리가 되는 자신의 숙명에 굴복하지 않았다. 빈의 유명한 의사들은 그를 도와 줄 수 없었다. 어쩌면 얼릴적 친구인 베글러가 뭔가 도움을 줄지도 몰라 한 줄기 희망을 걸었다.

베토벤은 의사이자 친구인 그에게 자신의 상태가 어떤지, 그리고 주치의 프랑크와 베링이 어떻게 했는지 아주 노골적으로 표현했다.

"이제 시샘많은 악령이 내 나쁜 건강을 더 악화시키고 말았네. 내 청각은 지난 3년간 더 나빠졌다네. 프랑크는 만델유로 어떻게 해 보려고 했지만 아무 소용없었다네. 그 다음엔 어떤 바보 같은 의사놈이 냉수욕을 하라고 그러더군. 그래도 미지근한 도나우 강물보다는 현명한 거였네. 기적이 일어났지. 내 배가 나아지더군. 한데 귀는 더 나빠지는 거야. 그래서 난 베링한테 갔지. 외과 의사가 필요하다고 생각했기 때문이었네. 그가 고쳐 주었네. 심한 설사를 완전히 멈추게 해 주었지. 그리고는 미지근한 도나우 강물로 목욕하라고 처방을 내리더군. 그때마다 난 강장제를 한 병씩 들이켜야 했지. 그러고 나니까 힘이 좀 생기고 나아지는 것 같았네. 내 귀에 대한 처방으로는 무슨 차를 줬지만 밤이고 낮이고 윙윙거리는 건 변함이 없더란 말일세…."

이것이 음악가이자 작곡가, 지휘자였던 베토벤에게 무엇을 의미했는지 그가 베글러에게 써 보낸 절망적인 글귀로 추측해 볼 수 있다.

"난 비참하고 가련한 인생을 살고 있다네. 근 2년 동안 모든 교제를 피하고 있네. 사람들한테 내가 귀머거리라고 말할 순 없기 때문일세. 다른 전공이라면 그래도 가능할 수 있겠지만 이 분야에서 내 경우처럼 몸서리쳐지는 처절한 상황이 또 있겠는가. 게다가 내 적들은 또 얼마나 많은가!

난 무대에서 오케스트라에 바짝 기대 있어야만 한다네. 연주자들의 소리를 알아들으려면 말이야. 악기의 고음은 내가 멀리 떨어져 있으면 전혀 들리지 않아. 앞으로 어찌될지 도무지 알 수가 없네. 얼마나 자주 조물주와 내 신세를 저주했는지 모른다네. 그렇지만 그럼에도 불구하고 난 내 운명과 맞설 셈이네. 신의 가장 불행한 피조물이 되는 한이 있더라도."

그러나 줄리에타 주치아르디 백작 아가씨는 그 해 1801년 베토벤으로 하여금 그가 신의 가장 불행한 피조물이라는 사실을 잊게 해 줬다. 11월 16일 늦가을, 베토벤은 본에 살고 있는 친구 베글러에게 편지를 띄웠다.

"이제 다시 조금 안락한 생활을 누리게 됐다네. 이같은 변화는 사랑스럽고 매혹적인 한 소녀가 가져다 주었네. 날 사랑하고 나 또한 그녀를 사랑하고 있어. 결혼이 행복하게 해 줄 수 있다는 느낌을 갖게 된 것은 이번이 처음일세. 하지만 그녀는 내 상태에 대해선 전혀…."

그는 지금까지의 의사들과는 관계를 완전히 청산해 버렸다. 그들이 장의 통증을 완화시켜 주었으나 베토벤은 자신의 청각을 치료하는 데만 관심 있었던 것이다.

"베링은 몇 달 전부터 두 팔에 피지카투어(Fisikatur, 서양 닥나무 씨에서 채취한 일종의 견인 연고)를 붙이게 하는데 자네도 알겠지만 무슨 나무껍질 같은 것으로 되어 있네. 굉징히 불쾌한 치료법일세. 한 번 치료하고 나면 아픈 건 말할 것도 없고 며칠 동안 팔을 움직일 수 없네. 윙윙거리는 것이 조금 덜해지고 특히 왼쪽 귀가 전보다 덜 윙윙거린다는 걸 부인할 생각은 없네. 하지만 청각은 하나도 나아지지 않았어. 아니 훨씬 더 약해졌지."

그는 좌절 속에서 다른 의사에게 기대를 걸었다. 요한 아담 슈미트 박사. 누군가 말하기를 베를린에서 귀머거리 소년과 7년째 귀가 먹은 남자가 전류로 청력을 되찾았다는 것이다. 이 슈미트 박사가 바로 개구리의 허벅다리에서 나오는 전류를 써서 병을 고친 의사라는 것이었다.

베토벤이 프랑크와 베링에게서 이 기적의 치료사에게 고개를 돌리는 모습을 통해 그가 얼마나 절망적이었는가 하는 사실을 알 수 있다. 프랑크로 말하자면 나폴레옹 보나파르트도 주치의로 삼고 싶어했던 — 결국 실패로 끝났지만 — 그런 의사였고 베링 또한 오스트리아 황제 요세프 2세가 자신의 가까운 고문으로 여긴 의사였다.

프랑크나 베링은 물론 다른 의사들도 베토벤의 청각 장애를 치료할 수 없었던 점은—그 이유는 나중에 밝히기로 하고—그렇다 쳐도 환자인 베토벤 역시 그 당시나 지금이나 의사라면 누구든 자기 환자로 받아들이고 싶지 않은 그런 부류에 속했다.

이를테면 의사가 무슨무슨 약을 찻숟가락으로 하나씩 먹으라고 처방하면 베토벤은 자기 악보의 잘못된 음표를 교정하듯이 처방을 고치는 것이었다. 찻숟가락 하나였으면 큰 숟가락 하나로 먹든지 아니면 더 많은 양을 마셨다. 몇 시간 후면 약병이 벌써 바닥나 새 것을 주문하는 경우가 허다했다. 아니면 의사들에게는 한마디 말도 없이 새 처방약을 한 숟가락만 먹고 나머지는 쏟아 버리기도 했다.

슈미트 박사가 개구리 뒷다리에서 나오는 전류를 통해 자신의 청각 장애를 치유해 줄지도 모른다는 베토벤의 기대는 안타깝게도 충족되지 못했다. 그 '기적의 치료사'는 그에게 당분간 시골로 들어가라고 권했는데 그건 심리학적으로 보면 분명 올바른 조언이었다. 슈미트는 자기 환자를 억압에서 벗어나 휴식을 갖게 하려고 한 것이었다. 몇 달간 손님도 접대하지 않고 교제도 피하는 것이 좋을 성싶었다. 왜냐하면 자꾸 심해지는 난청을 비밀로 덮어두려고 늘 무척 긴장된 생활을 하고 있었기 때문이다. 베토벤은 그때까지 슈미트 박사를 믿었기에 조언에 따라 하일리겐슈타트로 떠났다.

멀리 떨어진 조용한 마을, 숲이며 초원, 들판이 한눈에 보이는 언덕 위의 집, 농부들과 목동, 소박하고 과묵한 사람들과 함께 보낸 여름. 가끔 빈에서 친구가 찾아와 파티에 초대받아 갔던 이야기들을 들려주고는 몇 시간 후에 되돌아가곤 했다. 그러면 다시 공허감과 적막함, 그리고 고독이 베토벤을 둘러싸는 것이었다. 여름이 지나고 가을이 다가왔다. 그러나 난청이 나아지리라는 슈미트 교수의 기대는 물거품이 되었다.

희망 대신 절망, 삶에 대한 용기 대신 깊고 깊은 회의, 우울, 죽음에 대한 예감, 이런 기분 속에서 쓴 것이 '하일리겐슈타트 유언장'이었다. 그것은 이제 서른두 살밖에 되지 않았는데도 지칠 대로 지쳐 있는 한 인간의 충격적인 자화상이었다. 자기를 치료해 주던 의사들과 인간에 대한 힐난과 동시에 변명이기도 했다.

"…오! 너희 인간들이여, 적의감으로 가득 찼나니 완고하며 인간기피증을 가졌다는 식으로 날 보는 너희 인간들이여… 이 얼마나 부당한 대우이뇨… 6년 전부터 치료될 수 없는 상황이 날 덮쳐 왔고 현명하지 못한 의사들 때문에 더 악화되어 한해 한해를 낫게 되리라는 희망 속에서 배반당하고 살아온 걸 너희가 다 안다면….

그렇다고 사람들에게 도저히 이렇게 말할 순 없었다.

'좀더 크게 말해 주시오. 고함을 지르란 말이오. 난 귀가 먹었으니까!'

어느 누구보다도 내게 가장 완전해야 할 이 감각이 약해졌다고 내 어찌 시인할 수 있었겠는가!

난 유배당한 자처럼 살 수밖에 없다. 누구와 조금이라도 가까워지면 내 상태를 눈치챌 것 같은 불안감이 날 무섭게 엄습했다. 어느 현명한 의사의 권고에 따라 올해 이 반년 동안 시골에서 지내는 것도 그런 이유에서였다. 누군가가 내 곁에 서서 멀리서 들려오는 플루트 소리를 듣고 있는데 아무것도 듣지 못할 때 나는 얼마나 굴욕스러웠던가! 이것이 날 절망으로 이끌어 갔다. 얼마든지 생명을 내 스스로 끝낼 수도 있었다. 그러나 예술, 예술이 날 가로막았다. 아, 내가 하고 싶은 것을 다 이루기도 전에 세상을 미리 등질 수는 없다는 생각이 들었다. 그래서 이렇게 이 비참한 인생을 이어가고 있는 것이다. 참으로 비참한 인생을 내 형제 칼과 요한에게, 내가 죽고 슈미트 교수가 살아 있다면 내 이름으로 부탁해다오. 내 질병을 사람들에게 알리고 여기 쓴 유언장을 내 병상 기록에 첨부해서 죽은 후에나마 가능한 한 많은 사람들이 나와 화해할 수 있게 해달라고 말이다….

내가 가진 예술적 재능을 채 다 발휘하기도 전에 행여 죽음이 닥친다면 이 쓰라린 숙명에도 불구하고 너무 빨리 오는 것이므로 좀더 죽음을 뒤로 맞이하고 싶다. 그러나 어쩔 수 없이 빨리 죽음이 닥친다 해도 불만은 없다. 한편으론 이 끝없는 고통으로부터 날 구해 주는 게 아니겠는가?

자, 죽음이여! 올 테면 오너라. 내 담대히 너를 맞으리라….

하일리겐슈타트, 1802. 10. 6.

루드비히 폰 베토벤."

얼마 후 베토벤은 하일리겐슈타트에서 빈으로 돌아왔다. 그 어느 때보다도 정열적으로 거의 신들린 사람처럼 작곡하고 또 작곡했다. 우울증은 잊혀졌고 난청은 한동안 멈추는 듯했다. 슈미트 박사는 산통과 위통, 그리고 발열에 대한 처방으로 칼스바드와 테플리츠, 바덴, 라다운 등과 같은 여러 온천지에서 온천욕을 하고 온천수를 마시도록 했다.

여인들이 그를 사모했고 그의 명성은 점점 높아만 갔다. 그것도 이름없는 평범한 여인들이 아니라 가장 고귀한 가문 출신의 아름답기 이를데 없는 여인들이었다. 육체의 아름다움이 그를 강하게 끌어당겼다. ─그리고 젊음이. 훗날 친구이자 그의 전기 작가인 쉰들러는 "거의 쉰 살이 되기까지 그는 항상 연애를 하고 있는 것 같았다."고 기록하고 있다.

연애는 왔을 때 기쁨을 선물하나 사라질 때는 상처를 남긴다. 베토벤의 열렬한 사랑이 오래 가는 법은 없었다.

하일리겐슈타트 유언장을 쓸 당시에 느꼈던 임박한 죽음에 대한 불안은 잊혀졌고 이제 운명은 자비를 베푸는 것처럼 보였다….

그러나 최고의 명성을 얻게 되자 숙명은 다시 고개를 쳐들었다.

1810년부터 1827년의 갑작스런 죽음에 이르기까지 베토벤의 긴 여정이 시작되었다. 난청이 귀머거리로 발전되어 가는 것을 도저히 막을 수 없었다.

연주회에서 그가 피아노 독주를 하게 되면 오로지 천재 베토벤에 대한 경외심에서 청중들은 박수를 보냈다. 작곡자 L. 스포어는 베토벤의 피아노 연주에 대해 다음과 같이 쓰고 있다.

"즐길 만한 것은 아니었다. 왜냐하면 우선 강약이 제대로 맞지 않았고 ─ 베토벤은 전혀 이에 개의치 않았다. 못 듣긴 마찬가지였으니까. ─두 번째는 예전의 그 탄복할 만한 노련미를 귀가 먹는 바람에 도저히 찾아볼 수 없었기 때문이다. 센 음을 칠 때 그 불쌍한 귀머거리는 얼마나 세게 두들기는지 현이 다 소리를 낼 지경이었고 약한 음을 칠 때는 너무 약하고 조용히 두들겨서 아무 소리도 안 들렸다.”

그가 오케스트라를 지휘할 때면 청중 눈에 띄지 않는 한 구석에서 악장 움라우프가 실제 오케스트라 지휘를 맡았다.

베토벤은 자신이 가장 신임했던 슈미트 교수의 치료를 더 이상 받을 수 없게 되었다. 슈미트가 뇌졸중으로 1809년 2월에 세상을 떠났기 때문이다. 빈에서 당시 명성을 얻고 있던 의사로는 이탈리아 태생의 요한 말파티 박사가 있었다. 힛찡에 있는 그의 별장과 베룽에 있는 전원 주택에서는 예술가들과 외교관들이 자주 모였다. 그리고 말파티의 명성은 비단 빈에만 국한된 것이 아니었다. 사람들이 거의 기적이라 말하는 새로운 치료제는 ‘자기력’이었다. 그 방법은 프랑스 신부 레노블에게로 거슬러 올라간다. 그는 조그만 자석을 상처 부위에 문지르면 통증이 없어진다고 주장했다. 이 방법이 효과가 있는 이유는 환자의 몸 위에 자력이 충만하게 되기 때문이라고 생각했던 것이다. 레노블의 성과는 의사들에 의해 여러 번 확인된 바 있다. 오늘날은 이같은 효력이 다름아닌 최면처럼 심리적 자극에서 비롯된 것이라고 말하고 있다.

이같은 심리 치료에 베토벤도 희망을 걸었다. 마음을 통한 병든 몸의 치료. 말파티는 주저하지 않고 베토벤의 주치의가 되겠노라고 했다. 명성 대 명성, … 하지만 말파티 박사를 ‘최면술사’로만 여겨선 안 된다. 그는 우수한 성적으로 의사 면허를 취득한 탁월한 개업의이기도 했다.

베토벤은 다시 활기를 찾았다. 말파티는 그를 테플리츠로 보내 온천 요법을 시행케 했다. 가장 괴롭고 불쾌한 장 통증이 호전되었다. 말파티의 집에서 베토벤은 말파티의 조카딸 테레사를 사귀게 되었는데 첫눈에 열일곱 살짜리 소녀에게 반해 버렸다. 그녀는 갈색 곱슬머리, 까무잡잡한 피부, 검은 눈동자, 총명하고 열정적이었으나 삶의 모든 것을 가볍게 다루는 경솔한 데가 있었다고 한다.

베토벤은 거의 돌변했다. 외모에 한번도 신경써 본 적이 없었던 그가 이제는 빈에서 제일가는 재단사를 찾아가 멋진 양복을 맞추는가 하면 셔츠를 사고 스카프까지 대여섯 장 사는 것이었다. 면도도 매일 두 번씩이나 했다. 그는 결혼할 의도에서 본에 있는 친구 베글러에게 세례증이 급히 필요하다고 했다.

한 해의 봄과 여름 동안 마흔 살 중년 남자와 열일곱 살 소녀와의 달콤한 로맨스가 계속되었다. 베토벤은 그녀에게 '소곡'을 바쳤고 그녀를 만나지 못하게 되자 편지를 썼다.

"…어리석은 생각은 제발 말아 주오. 그 누구도 그대의 기쁨과 행복을 나만큼 바라진 못할 거요. 믿어 주오…."

그는 1810년 여름이 끝날 무렵 모든 게 끝났다는 테레사의 전갈을 이해할 수 없었다. 그녀는 빈에서 사라지고 말았고 이후로 다시는 그녀를 볼 수 없었다.

무슨 일이 있었던 것일까?

그 이유에 대해서 정확히 아는 사람은 아무도 없다. 그러나 이 급작스런 결별을 납득시킬 만한 설명이 하나 있긴 하다. 이 설명을 옳다고 생각하는 사람들 만큼이나 그르다고 보는 사람들도 많다.

요한 말파티는 베토벤에게서 어떤 질병을 진단해 냈던 것 같고 이 질병 때문에 테레사가 베토벤과 관계를 끝내도록 만든 것이다. 이 질병은 바로 매독이다.

말파티가 스스로 이에 대해 말한 적은 단 한번도 없다. 질병 기록을 자기가 직접 쓴 적도 없다. 그러기엔 환자에 밀려 시간이 없었다. 이 일을 한 것은 그의 조수였던 안드레아스 베르톨리니 박사였다. 이 인물은 말파티가 여행 중일 때는 직접 베토벤을 치료하기도 했고, 베토벤의 질병 기록을 작성했으며 베토벤으로부터 서신을 받고 그에게 다시 회신을 보내곤 했다.

베토벤이 죽은 지 사년 후에야 비로소 베르톨리니 박사가 이 메모와 기록으로 무엇을 했는지 알려졌다.

테레사 이후로도 다른 여인들이 그를 따랐다. 1814년과 15년에 접어들면서 최고의 명성을 떨친 이 천재는— 귀는 점점 멀어졌지만— 거의 도취에 빠져 지냈다.

나폴레옹의 패망에 이어 유럽 재정비를 위한 유럽 통치자들의 회의가 빈에서 열렸다. 황제가 둘, 여황제 둘, 왕 네 명, 두 명의 황태자, 장성, 외교관, 금융가 등이 모였고 수천 개의 축하 등불이 도시를 환하게 빛냈다. 베토벤은 그의 '피델리오'를 지휘했다. — 그러나 실제 지휘는 움라우프가 맡았다. —베토벤은 궁중음악회에서 새로 작곡한 교향곡 7번을 지휘했다. 제일 앞줄에는 러시아의 알렉산더 짜르 부처와 오스트리아 여왕, 프로이센 왕인 프리드리히 빌헬름 3세가 자리잡고 있었다.

그리곤 침묵이 그를 감쌌고 정적이 몰려왔다.

그는 말파티 박사와 사이가 나빠져 다른 의사들을 찾게 되었다. 의사들은 할 만큼 했으나 결국 아무런 도움도 주지 못했다. 천천히 꺼져가는 천재! 근 12년이 넘도록 이렇게 서서히 소멸되어 갔던 것이다.

"새로운 대작을 시작하기가 두려워."

베토벤은 〈장엄 미사곡〉을 완성하는 데 5년이 걸렸다. 산통, 황달, 눈병, 그리고 장통증은 점점 더 심해졌다.

점차 숙명에 거역하는 순간이 드물어진다. 1814년 이후부터는 공식적으로 무대에 서는 일이 아예 없었다. 1822년 11월, 다시 한 번 '피델리오'를 지휘하고자 했다. 그의 전기 작가 쉰들러의 기록을 살펴보자.

"서곡은 그런대로 지나갔다. 그런데 첫번째 합주에서 베토벤이 무대 위에서 울리는 소리를 하나도 못 듣는다는 것이 드러났다. 다시 연주했는데 이번에도 엉망이 되고 말았다. 귀먹은 베토벤이 뭔가 말해 달라는 눈초리로 내쪽을 바라보았다. 난 계속하지 말고 집으로 가자고 메모로 써서 전했다. 그걸 보고는 그는 단숨에 일층으로 뛰어내리더니 이러는 것이었다. '빨리 나와!' 그는 뛰다시피하여 집에 돌아와 맥없이 소파에 주저앉아 두 손으로 얼굴을 가렸다. 그는 아무 말도 하지 않았다. 그는 매우 낙심했고 심한 우울증에 빠진 것이다."

신의 황혼은 5년간 계속되었다. 1824년 5월 7일 K.K. 궁정극장에서는 그의 마지막 작품인 9번 교향곡의 초연이 있는 날이었다. 친구들은 그곳에 참석하는 것을 한사코 꺼리는 그를 간절히 설득했다. 극장 게시판엔 이렇게 써 있었다.

"루드비히 폰 베토벤 씨께서 총지휘하게 됩니다."

이렇게 해서 그는 또 다시 지휘자 움라우프의 오른편에 섰고 새 악장이 시작할 때마다 지휘봉을 들어 올렸다가 내려놓았다. 오케스트라는 움라우프만 쳐다보고 베토벤은 조금도 움직이지 않고 그대로 서 있었다. 우아한 검은 예복에 하얀 목수건, 검은 비단 양말과 죔쇠가 있는 구두를 신고서.

피날레가 끝났는데도 그는 여전히 꼼짝 않고 서 있었다. 눈은 악보만 바라보면서. 그는 청중의 박수 갈채를 듣지 못했다. 오페라 여가수 카롤린 웅어가 그의 소매를 살며시 잡아당겨 청중쪽으로 몸을 돌려 주었다.

그는 머리를 숙였다. 마지막으로.

황제의 특별석은 비어 있었고 다른 특별석들도 비어 있었다⋯.

몇 주 후 그는 조카에게 편지를 썼다.

"위가 완전히 썩어 버렸단다. 그런데 의사는 없고! 겨우 수프와 달걀 몇 개, 그리고 물밖에 못 먹고 있다. 혀는 노래졌고."

1825년, 그를 방문했던 시인 렐스탑은 이렇게 쓰고 있다.

"얼굴은 내가 난폭한 천재로 상상했던 것보다는 작았다. 그의 피부는 갈색이 돌았는데 그건 사냥꾼이 갖고 있는 건강한 갈색이 아니라 누렇게 뜬 갈색이었다."

빈에서 베토벤은 점점 더 미움을 받게 되었다. 늦은 가을 그는 트렘스에 땅을 소유하고 있던 동생 요한에게 갔다가 동생과 다투게 되자 역마차를 타고 12월 초에 빈으로 되돌아왔다. 이것이 죽음으로 가는 여행이었다. 베토벤의 마지막 의사 안드레아스 바브루흐 박사는 이렇게 기록하고 있다.

"12월 날씨는 습기가 많은데다 서릿발까지 서는 혹독한 추위었다. 베토벤의 차림새는 쌀쌀하고 음침한 계절만큼이나 여행에 어울리지 않았다. 그런데도 내적 불안이, 어렴풋하나마 불길한 예감이 길을 떠나게 만들었다. 도중에 어떤 마을 여인숙에서 하룻밤을 보냈는데 그곳엔 초라한 피난소외엔 불도 안 때고 창문도 없는 방뿐이었다. 자정 무렵 그는 생전 처음 그렇게 심한 오한을 느꼈고, 마르고 짧은 기침을 하기 시작했다. 그 결과 심한 갈증과 요통이 생겼다. 고열이 시작되자 그는 얼음처럼 차가운 물을 2리터 정도 마셨고 어찌할 바 몰라 날이 밝아 오기만을 기다렸다. 아파서 축 늘어진 채로 그는 역마차에 몸을 싣고 드디어 기진맥진한 상태로 빈에 도착했다."

진단이 내려졌다. 폐렴, 일주일이 지나자 낫는 듯했다. 그러나 8일째 되던 날 베토벤을 방문한 바브루흐 박사는 깜짝 놀라고 말았다.

"간과 내장에서 미쳐 날뛰기 시작하는 통증 때문에 그는 전율을 일으키며 고통을 못이겨 몸을 뒤틀고 있었다. 그전까지 조금 부어 있던 발이 엄청나게 부풀어올랐다. 몸이 붓고 황달기가 나타나기 시작했다…."

바브루흐 박사는 베토벤의 옛날 의사였던 스타이덴하이머와 브라운호퍼 박사와 상의를 했다. 혼자 책임을 지고 싶지 않았던 것이다. 게다가 그는 외과의에 불과했기 때문이다. 이 세 의사들은 주사기를 쓰기로 합의를 보았다. 베토벤도 이에 동의했다. 이 고통스런 통증만 사라진다면 그 정도는 얼마든지 참을 수 있는 일이었다.

빈 일반병원의 수석외과의인 요한 자이베르트 박사는 1826년 12월 20일 최초의 수술을 시행했다. 복부를 째고 작은 관을 넣어 액체를 뽑아내었다.

베토벤은 그 상황에서도 지독한 농담을 했다고 한다.

"의사양반, 당신은 마치 지팡이로 바위를 쳐 물을 솟게 하는 모세 같구려."

자이베르트 박사는 약 7.7리터의 액체를 빼냈다.

그 다음 여섯 주 동안 침을 세 번 더 꽂아야 했다. 자이베르트 박사의 기록을 보면 7리터, 14리터, 10리터로 그 양이 엄청난 것을 알 수 있다.

절망에 빠진 베토벤은 말년의 절친한 친구였던 음악가 게르하르트 홀쯔에게 부탁했다.

"이 의사들은 모조리 바보 멍텅구리들이야. 말파티 박사를 불러주게."

말파티! 온갖 기억이 담겨 있는 이름, 오랜 세월 동안 신뢰했던 의사에 대한 기억, 그리고 잊지 못할 여인 테레사에 대한 아련한 기억….

말파티는 베토벤의 상황을 전해 듣자 한 순간도 지체하지 않고 달려왔다. 십년 전에 두 사람 사이를 갈라 놓았던 불화는 이미 잊혀졌다. 베토벤은 그를 두 팔 벌려 맞아들였다. 의사는 대화 노트에 썼다. 베토벤이 들을 수 없었으니까.

"말파티는 하모니의 거장과 함께 하모니를 이루며 살겠소."

베토벤은 이것을 읽었다. 얼굴 위로 눈물이 흘러내렸다.

말파티는 바브루흐 박사로부터 지난 몇 달간의 치료에 대해 보고를 받았다. 그는 깊은 생각에 잠겨 그 보고를 들었고 바브루흐 박사가 나가는 줄도 모를 정도로 계속 생각에 잠겨 있었다. 그는 지금 죽어가는 작곡가를 눈앞에 두고 있다는 것을 알았다. 그리고 세상의 어느 의사도 베토벤을 도와 줄 수 없다는 것도 알았다. 베토벤의 품위를 떨어뜨리지 않는 단 한가지 은총이 있다면 그것은 고통없이 빨리 죽는 것이었다. 베토벤이 느낄 겨를도 없이 쾌적하게 고통없이 죽는 그런 죽음 말이다.

오늘날 식으로 표현하자면 말파티의 '안락사'에 좋은 처방은 펀치였다. 얼음물과 다량의 포도주를 섞은 혼합주, 이것은 이전의 의사들이 엄하게 금지시켰던 것이다. 포도주의 흥분 성분을 통해 말파티가 얻고자 한 것은 자기 환자의 심리적 상승 작용뿐 아니라 빠른 임종이었다. 말파티는 그가 의도했던 바를 이루었다. 쾌감이 베토벤을 충만케 했다. 몇 년 이래 처음 느끼는 것이었다.

"기적이다, 기적! 다른 유식한 박사들이 패배한 거야. 오로지 말파티의 학식 때문에 구제받은 게야."

그는 새로운 계획을 세웠고 곧 10번 교향곡 작곡에 착수할 거라고 말했다. 벌써 오래 전에 그는 런던 심포니 오케스트라를 위해서 10번 교향곡을 작곡하겠노라고 약속한 바 있었다. 그는 마인쯔에 있던 그의 음악출판인 쇼트에게 편지를 썼다.

"말파티의 여러 해 묵은 포도주 펀치가 기적을 일으키고 있다네. 자네가 사는 그 쪽에 제일 진하고 훌륭한 포도주가 있지. 자네들 그 라인 포도주나 모젤 포도주를 빨리 마시면 마실수록 지금 상태를 더 편안하게 유지시킬 수 있을 게야."

쾌감(Euphorie), 그것은 여섯 주밖에 가지 않았다.

그리고는 쾌감에서 의식불명 상태로 넘어갔다. 이 상태는 이틀간 계속되었고 그 사이 잠깐 반짝했을 뿐이었다.

1827년 3월 27일 베토벤의 임종에 관해 그의 마지막 의사 바브루흐 박사는 이렇게 기술하고 있다.

"날씨는 몹시 추웠고 눈이 내렸다. 눈보라가 오후 여섯시쯤 몰아쳤고 천둥 번개가 빈을 휩쓸고 갔다.

의식을 잃었다가 몸을 일으키는가 싶더니 바로 그 순간 다시 쓰러져 절명하고 말았다. 그때가 5시 15분경이었다. 로마의 예언가가 우연한 자연력의 혼란을 보고 신화를 만들어 냈던 것은 아닐까?"

다음날 그는 시체를 해부했고, 그 충격적인 기록문을 남겼다. 그러나 진짜 사인에 관한 학자들과 의사들 사이의 논쟁은 벌써 그 해부터 시작되었다. 그리고 논쟁은 오늘날까지도 끝나지 않았다.

그 논쟁의 중심되는 질문은 다음과 같다. 즉 베토벤의 청각마비가 매독의 결과였는가 하는 것이다. 왜냐하면 청각마비야말로 그를 이 세계의 위인들의 대열 속에서 한 '거인'으로 만들었기 때문이다.

후천적, 또는 선천적 매독이 청각마비에 이르게 한다는 이 이론에 대한 의견은 각기 다르다.

베토벤을 치료했던 의사 두 명이 그의 매독에 대해서 알고 있었으리라고 추측할 만한 이유는 충분히 있다. 그러나 이 두 의사는 마치 무덤처럼 말이 없었다. 그들이 침묵한 이유는 그 당시나 지금이나 매독이라는 질병이 가장 혐오스러운 병으로 여겨지기 때문일 것이다.

베토벤 같은 천재와 그리고 매독이라? 그런 말은 설령 그것이 사실이라 해도 감히 입에 담을 수 없는 것이다.

말파티 박사와 베르톨리니 박사가 그 두 사람이었다. 테레사 말파티와 베토벤 사이의 로맨스가 하루 아침에 끝난 이유는 무엇이었을까? 왜 테레사는 빈에서 다른 곳으로 보내졌을까? 사랑하는 두 사람 사이엔 전혀 불화가 없었다. 결혼을 생각하고 있던 참이었으니까. 테레사는 베토벤과 관계를 끊도록 강요받았을 것이다. 왜냐하면 테레사의 삼촌 말파티는 베토벤의 청각마비의 원인이 매독이라는 진단을 의심치 않았기 때문에.

이 추측이 거의 사실이라는 점은 다른 사건을 통해 더욱 확실해진다. 베토벤이 죽은 지 4년 후 베르톨리니 박사는 콜레라를 심하게 앓았다. 그런데 그는 베토벤의 진료기록과 주고받은 메모를 많이 가지고 있었다.

베토벤의 전기 작가 테일러는 당시에 어떤 일이 벌어졌는지 이렇게 쓰고 있다.

"베르톨리니 박사는 자신의 생명이 다할 때까지 옛 친구에 대한 존경심과 예의를 지켰다. 베토벤의 명성에 대해 그가 얼마나 세심한 주의를 기울였는가는 1831년의 사건이 잘 증명해 주고 있다. 그는 콜레라에 걸려 자신의 죽음이 임박했다고 믿었다. 편지와 메모며 엄청난 수집품을 일일이 다 검토한다는 건 너무 힘겹게 느껴져 모조리 태워 버리라고 했다. 왜냐하면 그 가운데 몇 개는 경망스러운 손에 떨어져서는 안 될 그런 종류의 것이었기 때문이다."

자료는 모두 불에 태워졌다. 베르톨리니 박사는 그 후 다시 건강을 회복해서 아흔 살까지 살았으나 그의 입을 통해선 아무 말도 새나오지 않았다.

그렇다면 베르톨리니 박사가 편지와 메모를 태웠다고 할 경우에 이것이 일반적으로 알려진 질병, 그러니까 장 장애, 간 위축, 산통 등에 관계된 것이 아니었다는 것은 분명하다. 굳이 그런 걸 태워야 할 필요는 없었을 테니까. 의사들이 베토벤의 명성에 해가 되지는 않았을 것이기 때문이다. 베토벤 1816년에 '도저히 어찌해 볼 도리 없이 점점 죽음으로 몰고 가는' 그런 언짢은 병에 대해서 쓴 적도 있다.

19세기 초는 사실 청각마비를 초래할 수도 있는 성병을 진단하기란 무척 여려운 일이었다. 그리고 치료도 수은 연고를 쓰며 아주 은밀하게 이루어졌다. 물론 그 효과는 대부분 불만족스러운 것이었지만.

말파티와 베르톨리니는 무덤을 넘어서까지 침묵했다. 그러므로 이러한 사실이 완벽하게 확인되지는 못할 것이며 의사들 사이의 논쟁은 앞으로도 계속될 것이다.

마지막 힘이 다한 순간에, 그러니까 죽기 몇 시간 전에 베토벤은 이렇게 말했다.

"내 하루 일은 이제 끝났어. 지금도 날 도와 줄 수 있는 의사가 있다면 기적이라 불러야 할거야!"

철혈 재상을 길들이는 예술

베를린대학 교수들의 절망적인 진단
뜻밖의 부름을 받은 의학계에 돌팔이 의사
단 한번의 의사와 환자로서의 관계
성공적인 슈베닝어의 치료로 그는 18년을 더 살았다
교수들은 패배를 인정했다

비스마르크 (Otto von Bismarck, 1815 ∼ 1898)

독일의 근세 정치가. 귀족의 아들로 태어나 괴팅겐과 베를린대학에서 법학을
공부하였다. 1851년에 프랑크푸르트 의회에서 프로이센의 대표가 된 후, 러시
아와 프랑스 대사에 임명, 외교 솜씨를 발휘하였다. 1862년에 빌헬름 1세에
게 등용되어 수상에 올랐는데, 의회를 무시하고 군비 확장을 강행하여 '철혈
재상'이라 불리웠다. 1870년에 프로이센 · 프랑스 전쟁을 일으켜 승리하자,
프로이센의 왕을 황제로 하는 독일 통일을 이룩하고 스스로 독일의 첫 수상
이 되었다. 유럽 외교의 주도권을 쥐고, 식민지 획득, 삼국 동맹의 결성에 힘
을 기울였으나 1890년에 새로 왕위에 오른 빌헬름 2세와 의견이 맞지 않아
수상 자리에서 물러난 후에 『회상록』을 썼다.

베를린의 바이마르 공화국 수상 관저에서 뮌헨의 프로이센 대사에게 아주 은밀하고 신중한 임무 하나가 하달되었다. 내용은 질문과 그에 따른 임무로 짤막하게 기술되어 있었다. 이를 간략히 풀어내면 대략 다음과 같다.

'뮌헨이나 또는 바이에른에 있는 의사 중에서 지방과다증과 심장지방변성, 장 장애와 불면증에 시달리고 있는 고위 인사를 치료할 만한 의사를 아느냐'는 것이었다. 만약 그렇다면 한시바삐 그 의사를 베를린의 수상 관저로 보내달라는 요구였다. 의사가 뮌헨에서 출발하는 시각과 베를린에 도착하는 시각을 전보로 알려 달라고 했다. 모든 경비는 당연히 수상 관저에서 지불한다고 되어 있었다. 경우에 따라 의사에게 적당한 수준으로 선불을 해 주며 베를린 수상 관저의 세금 등급에 따라 계산하겠다는 내용이었다.

1880년 5월의 어느 날, 뮌헨 사회에서는 스캔들 하나가 발생했다. 의대 강사인 에른스트 슈베닝어 박사가 연애 스캔들에 연루되어 강단에서 쫓겨난 것이다. 학생들을 가르치는 교수라면 윤리적으로도 흠잡을 데 없어야 한다는 것이 그 이유였다.

슈베닝어 박사의 전문 영역은 병리학이었다. 지능이 뛰어난 그는 장학금으로 외국 유학까지 다녀왔으며 서른이 되기도 전에 대학 교단에 설 수 있었다.

그러나 얼마 안 가서 그는 동료들 사이에서 미움을 사고 말았다. 당시 의학계의 정설이나 도그마에 강력한 반대 의사를 표명했기 때문이다. 그는 강의 시간을 통해 그가 잘못되었다고 생각하는 의료진 양성과 지식의 과대 평가, 의사라는 직업이 갖고 있는 예술가적인 기질과 인간적인 면에 대한 등한시, 그리고 무엇보다도 환자에 대한 자연 치료를 소홀히 하고 있음을 신랄하게 비판했다.

슈베닝어 교수의 강의를 들었던 의대생들은 그가 제시하는 모범적인 의사의 모습에 대단한 매력을 느꼈다. 동료들은 처음에 그의 등 뒤에서 손가락질을 하는 정도에 그쳤으나 나중에는 아예 그를 가리켜 노골적으로 '돌팔이'라고 했다. 그러나 그에게서 개인 진료를 받았던 환자들은 모두 그를 '기적의 의사'라고 칭송했으며 그는 가는 곳마다 성공을 거두었다. 그 성공은 환자들에 대한 사랑과 전통적인 민간요법을 통해 얻어진 것이었다. 예를 들면 물을 사용한다든가, 다이어트, 단계적으로 긴장도를 높이는 체력 단련 등 이었다. 그는 "의사가 되는 것은 인술가, 즉 사람을 능숙하게 다루는 예술가가 되는 것이다."라는 말을 자주 했다.

프로이센 대사는 슈베닝어 박사의 이름을 베를린에 보고할 것인지 말 것인지 오랫동안 망설였다. 그러나 그는 마음 한 구석이 개운치 않으면서도 결국 슈베닝어 의사를 추천했다. 그를 간략하게 돌팔이와 기적의 의사라는 별명으로 소개하면서 이런 애매모호한 인물이라면 그 고위 인사가 누군지는 몰라도 주치의로 받아들이기는 어렵지 않겠느냐는 뜻도 내비쳤다.

그는 주치의를 필요로 하는 사람이 누구인지 한 가지 사실에 비추어 추측할 수 있었다. 얼마 전부터 공화국 수상 오토 폰 비스마르크 후작이 병에 걸렸다는 소문이 끊이지 않았던 것이다.

베를린에서 슈베닝어 박사를 손꼽아 기다린다는 연락을 받았을 때 프로이센 대사가 놀란 것은 무리가 아니었다. 물론 아무도 그 사실을 알아서는 안 된다는 단서가 붙어 있었다.

완전히 비밀에 붙여져야 했다. 당사자인 슈베닝어 박사조차 베를린 행 기차에 몸을 실으면서도 자신의 환자가 누군지 전혀 짐작할 수 없었다. 멀고도 긴 여행이었다. 환자를 찾아가는 기나긴 여행, 그것도 일종의 중간 정거장을 거쳐야 하는….

이 중간 정거장은 당시 유럽에서 막강한 힘을 행사하고 있던 거물의 주치의가 되기 위해서는 꼭 거쳐야 할 관문이었다.

에른스트 슈베닝어 박사가 베를린의 바이마르 공화국 수상 관저에 나타났을 때 베를린 전체가 발칵 뒤집어지는 듯했다. 바이에른 주재 프로이센 대사가 한 가지 잊은 것이 있었기 때문인데 간략한 신상 소개서가 빠져 있었던 것이다.

다른 곳도 마찬가지이겠지만 베를린에서는 의사에 대해 좀 다르게 생각하고 있었다. 무릇 의사란 몸이 갸냘프고 이지적인 용모에 정확한 고급 독일어를 구사하는 그런 인물로 상상하는 것이 통례였다. 그런데 지금 사람들 앞에 나타난 이 의사는 전혀 다른 타입이었다. 거인 같은 몸집에 온통 시커먼 수염으로 뒤덮인 얼굴, 그래서 지적이라기보다는 아주 투박한 인상을 주는 데다 도무지 알아듣기 힘든 뮌헨 사투리를 그대로 사용하는 사람이었다. 그러나 그의 두 눈은 말할 수 없이 부드럽고 주의력 깊어 보였고, 어느새 무아지경에 빠져들 듯한 활기를 발산하고 있었다. 그 눈은 왠지 모르게 사람을 강하게 끌어당기는 힘을 가지고 있었다.

그는 어디서 태어났을까? 오버팔츠 지방의 프라이슈타트라는 소도시가 그의 출생지였다. 그렇다면 이 오버팔츠 지방은 어디에 있는가? 그리고 그의 아버지는 대체 무엇을 하던 사람이었을까? 의사? 그럴 수도 있으리라. 사실 그랬다. 그의 아버지는 오버팔츠 지방의 프라이슈타트 의사였다.

슈베닝어는 기적의 의사였을까? 아니면 돌팔이였을까? 후자에 가까웠던 것 같다. 하지만 그는 의학부 졸업고시를 최고 점수로 통과했다. 그가 학기 내내 받았던 점수 중에 최고의 점수였다. 그를 파악하는 데만 24시간이 걸렸다. 그러자 슈베닝어 박사는 기다리는 데 지친 나머지 이런 식으로 소중한 시간을 낭비할 수 없다고 생각하여 다음 열차 편으로 뮌헨으로 돌아가겠다는 의사를 밝혔다. 사람을 불러 놓고 이게 무슨 대접인가? 자신이 언제 이곳으로 오게 해달라고 조르기라도 했느냐는 식이었다. 자신을 찾는 환자는 지금도 넘쳐난다고 했다. 그리고 고위 인사가 누구든 간에 자신이 관심 갖는 것은 오로지 그가 앓고 있는 질병밖에 없다고 딱 잘라 말했다. 그리고 그 질병은 모든 사람을 평등하게 만든다나….

그의 이러한 언행은 수상 관저에서는 어울리지 않았다. 수상 관저를 가득 채운 여러 신하들 중에서—일반 관리든 아니면 고위 직함을 달고 있는 높은 사람이든, 그것도 아니면 언뜻 봐도 별로 중요하지 않은 사람임을 금방 알 수 있도록 소박하게 차려입은 평민이든, 또는 요란한 소리를 내는 훈장을 잔뜩 붙인 화려한 제복으로 자신의 별 볼일 없는 지위를 위장하는 사람이든—슈베닝어 박사처럼 감히 최후 통첩을 제시하는 사람은 아무도 없었던 것이다. 그런데 이 바이에른 사람은 아마도 제 정신을 잃은 듯했다. 어느 열성이 지나친 관리는 벌써 박사를 위해 뮌헨행 열차의 침대칸을 예약해 놓았다.

그러나 그 침대칸은 밤새 빈 채로 달렸다. 그의 항의가 있은 지 한 시간 후에 드디어 고위 인사를 진찰하게 되었던 것이다. 그 환자는 다름 아닌 빌헬름 비스마르크 백작, 그러니까 수상의 둘째 아들이었다. 그는 스물여덟 살에 불과했지만 이미 독일제국의회 의원이었고 부친의 긴밀한 참모이기도 했다. 신하들은 세상이 어떻게 돌아가는지 도무지 이해할 수 없게 되었다.

슈베닝어 박사는 마치 엄청난 인간 괴물과 마주하고 있는 기분이었다. 몸무게가 자그마치 236파운드에 달하고 심한 관절염과, 지방과다증, 심장지방경색증으로 시달리고 있는 보기에도 끔찍한 모습이었다. 그것은 적어도 앞으로 살길이 창창하다고 믿고 있는 환자 자신에게는 심각한 상황이었다. 슈베닝어 박사는 뮌헨에서도 그와 유사한 환자를 치료한 경험이 있었다. 그리고 그 치료는 성공했었다. 그랬기 때문에 그는 무엇이 문제이며 어떻게 하면 완치될 수 있는지 정확히 알고 있었다. 물론 한 가지 단서가 붙었다. 환자 자신이 그의 처방에 따라 줘야 한다는 것이었다. 즉 환자가 지금껏 생활해 오면서 즐겨 왔던 여러 가지 습관을 버릴 자세가 되어 있어야 했다.

슈베닝어 박사는 빌헬름 비스마르크 경에게 1년간의 요양 생활을 하도록 처방했다. 수분 섭취를 줄이고 빵과 밀가루 음식, 과일, 고기 등은 정확히 지정된 양만 먹고 샐러드와 야채를 충분히 섭취하도록 지시했다.

슈베닝어 박사는 환자가 자신을 신뢰한다는 것을 진심으로 느낄 수 있었다. 그는 뮌헨으로 떠나기 전에 수상이 몸소 자신을 불러, 수 차례에 걸쳐 권위 있는 다른 의사들의 대진을 받았으나 결국 아무런 효과도 보지 못한 아들 빌헬름이 과연 나을 것 같으냐고 물어 주기를 은근히 바랐다. 그러나 그 만남은 이루어지지 않았다. 그리고 그는 사실 아첨할 만한 사람이 못 되었다. 자신을 불러서 이곳까지 왔고 이제 처방을 내렸으니 더 이상 베를린에 머무를 이유가 없었던 그는 즉시 뮌헨으로 돌아왔다.

열 달간 의사와 환자는 서로 얼굴을 보지 못했다. 그 기간 동안 이른바 '우편 치료'가 이루어졌다. 환자는 자신의 상태에 대해 편지를 썼고 의사는 필요하다고 생각되는 경우 새로운 지시 사항을 서신으로 전달했다.

베를린에서 아무도 믿지 않았던 것이 현실로 나타났다. 슈베닝어 박사는 베를린과 뮌헨이라는 거리상의 장벽을 넘어 지속적으로 환자에게 영향력을 행사했다.

일년 후 빌헬름 비스마르크는 60파운드나 체중을 줄였다. 이제 그는 176파운드밖에 나가지 않았고 허리둘레도 거의 80센티미터 가까이 줄어들었다. 지방과다증도 없어졌고 관절염 증세도 사라졌다. 백작은 자신의 주치의를 베를린으로 초대하여 역까지 직접 마중을 나왔다.

"나는 그를 첫눈에 알아보지 못했다."

슈베닝어 박사는 훗날 『비스마르크에 대한 회상』에서 이렇게 쓰고 있다. 그러나 남몰래 간직하고 있던 기대는, 그러니까 이제 철혈 재상이 자신을 만나 줄 것이라는 희망은 이번에도 이루어지지 않았다.

"적어도 감사하다는 말정도는 할 수 있었을 텐데."

그는 베를린에서 스피쳄베르그 남작 부인이 그를 초대했을 때 그렇게 말하기도 했다.

"앞으로 그러실 거예요. 베를린에서는 모든 것이 뮌헨보다 오래 걸릴 뿐이에요."

남작 부인이 대답했다.

슈베닝어는 그 말을 수긍했다. 환자를 보여 주기까지 자신을 수상 관저에서 얼마나 오래 기다리게 했는지 기억났던 것이다.

남작 부인의 말이 옳았다. 1882년 봄, 그는 자신의 책상 위에 놓인 한 통의 편지를 발견했다. 발신인은 베를린에 파견된 바이에른 대사 포데빌스 백작이었다. 오토 폰 비스마르크 후작이 포면에 있는 바르친 영지로 자신을 초대한다는 내용이었다. 그리고 수상이 이제 아들의 병을 고쳐 준 의사를 직접 만나고 싶어한다는 추신이 있었다. 베를린에서 벌써 만났어야 했지만 국정이 너무 바빴다는 변명도 끼어 있었다. 슈베닝어 박사는 당시만 해도 그 말을 이해하지 못했다.

베를린대학의 내과 전문의인 동시에 샤리테(자선병원) 병원장이요, 문화부 참사관이자 의료제도를 위한 학술회 대표위원이기도 했던 프레리히스 교수는 오랫동안 건강이 좋지 않았던 공화국 수상을 진단했다. 그 진단 결과는 사형선고에 가까웠다. 위암과 간암, 길어야 일년을 살까? 아니면 기껏해야 6개월밖에 못 살거라는 것이었다. 이 진단 결과는 당연히 비밀로 붙여질 수 없었다. 비스마르크는 유명한 샤리테 병원의 의사들 사이에서 은밀히 논의되고 있던 이 결과를 알게 되었다. 이렇게 우울한 진단도 그에게는 별로 대단하지 않은 것처럼 보여졌다. 적어도 겉보기에는 아주 무심해 보일 정도였다. 그에게 의사들은 신이 아니었다. 말하자면 그들의 진단이 무조건 옳다고 볼 필요는 없었던 것이다. 그리고 그 의사들은 2년 전 자신의 아들 빌헬름에게도 불치병이라고 진단을 내리지 않았던가? 그렇지만 그때 슈베닝어라는 의사가 나타나지 않았나…. 그리고 베를린 교수들의 진단은, 그것이 프레리히스 박사든 에른스트 폰 레이든 박사의 진단이든 공중누각처럼 허물어지지 않았던가….

슈베닝어에게 자신의 상태를 물어 보고 싶었다. 그리고 그에게 치료를 받을 지 말 지를 결정하기로 했다.

슈베닝어는 비스마르크한테서 받은 첫인상에 관해 그의 책 『비스마르크 회상』에 아주 부정적으로 기록하고 있다.

"내가 본 수상의 모습은 불면증과 신경쇠약과 안면근육통, 그리고 심한 위장 장애로 말미암아 신체적으로나 심리적으로 완전히 쇠약해진 모습이었다. 짐작컨대 245파운드쯤 될 듯한 무거운 몸은 몹시 쇠약해 있었다."

슈베닝어는 아침 식탁에 오르는 엄청난 양의 찬 고기와 파이, 달걀 요리, 캐비어(철갑상어의 알젖), 훈제 고기 등을 보았다. 비스마르크는 밤에 잠을 잘 자기 위해서 포도주와 꼬냑 그리고 진한 맥주를 엄청나게 마셨다. 그는 산책이라고는 몰랐고 한밤중까지 잠을 자지 않고 활동을 해 정오가 되어서야 잠자리에서 일어났다.

두 사람 다 서로를 관찰하며 탐색전을 벌이는 듯했다. 수상은 의사를, 의사는 수상을. 그것은 이틀 낮과 이틀 밤 동안 계속된 소리 없는 키재기였다. 슈베닝어는 비스마르크가 자신을 이곳 바르친으로 초대한 이유는 늦게나마 감사의 말을 전하기 위해서가 아니라 의사로서의 조언을 구하기 위해서라는 것을 눈치챘다. 그러나 그는 서두르지 않았다. 첫마디는 수상이 먼저 꺼내야 했다. 그러나 사흘째가 되도록 아무 이야기가 없자 이만큼 머무른 것도 지나친 호의를 받은 감이 없지 않다면서 이제 떠나야 한다는 뜻을 넌지시 비쳤다.

슈베닝어는 비스마르크의 반응을 이렇게 서술하고 있다.

"그러자 그는 지나치는 말로, 하지만 이상할 정도로 심각한 말투로 지금까지 자신을 보살펴 온 의사들의 의견과 관련하여 자신의 건강 상태를 슬쩍 언급했다. 나는 그에게 조언을 할까 말까 망설였다. 그래서 나는 그저 생활 습관을 완전히 바꾸기만 한다면 그래도 일말의 성과는 거둘 수 있으리라고만 강조했다. 하지만 지금까지 해 오던 생활 방식대로 산다면 오랫동안 소홀히 다루어진 신체의 자연성이 조만간 폭풍처럼 그 힘을 드러내거나 어쩌면 불행한 결과를 가져올 지도 모른다고 했다. 내 생각을 알고 싶어하던 가족들에게는 아무런 거리낌 없이 솔직히 털어놓았다.

'만약 각하께서 이런 식의 습관을 계속해 나가신다면 앞으로 6개월이나 9개월 후에는 무너지고 말겁니다. 그리고 그 결과에 대해서는 참으로 안타까움을 표하지 않을 수 없습니다.'

나는 그 말만 남기고 그곳을 떠났다."

두 거인은 서로를 탐색하려고 노력했다. 한쪽에는 말 그대로 '강철 같은 철혈'의 정신을 가진 철혈 재상이 있었다. 독일 제국을 주무르던 인물은 열여섯 살 때 자살을 시도하기도 했었다. 24시간 동안 아무런 근심없이 선명한 행복을 맛 볼 수 있는 날은 인생에 단 하루도 되지 않을 것이라고 생각한 게 그 동기였다. 정신과 의사이자 신경외과 교수인 에른스트 크레취머 박사는 다음과 같이 정신 감정을 내린 적이 있었다.

"이것이야말로 비스마르크의 실제 모습이다. 신경쇠약을 앓고 있는 두뇌를 가진 거인, 완고한 시골 귀족인 동시에 계몽된 세계 시민, 고상함과 조야함, 그리고 교양과 깊은 감수성, 격렬한 쾌활함, 침울한 예민함이 서로 뒤얽힌 복합체, 굴절되지 않은 농부의 직감을 지닌 세련된 문예 애호가, 신경쇠약이 찌르는 가시로 인해 자신의 의지력에 상처를 입는 천재."

다른 쪽에는 '바이에른의 거인'이 있었다. 베를린에서는 벌써 슈베닝어를 그렇게 불렀다. 그는 지금까지 의사와 환자 상호간의 기본적인 신뢰면에서 조금이라도 의심이 가는 환자는 단 한번도 맡은 적이 없었다. 그는 베를린 교수들의 암 진단에 대해서는 믿지 않았다. 양쪽 다 비스마르크가 건강 때문에 무너질 것을 예상했지만 원인에 대한 진단은 각기 달랐다.

그 일은 마침내 1883년 봄에 일어났다. 슈베닝어는 급히 베를린으로 불려 갔다. 그는 이제 알았다. 수상이 드디어 자신에게 굴복하게 되리라는 것을….

첫번째 진찰 때 비스마르크의 부인인 요한나와 두 아들, 그러니까 헤르베르트와 빌헬름이 배석하려고 하자 슈베닝어 박사는 강력하게 거절했다. 그는 의사와 환자 상호 관계에 대한 나름대로의 생각을 가지고 있었다. 이 일과 관련하여 그는 훗날 그의 저서 『의사』에서 이렇게 회고하고 있다.

"의사는 무엇보다도 자신의 환자와 단 둘이 있을 것을 요구할 권리가 있다. 의사는 환자의 가까운 가족까지도 진찰실 밖으로 내보낼 수 있다. 가족들이 몰라야 할 어떤 비밀 이야기를 환자와 나누려고 그러는 것이 아니다. 다만 그는 한 인간과 단 둘이 남기를 원할 뿐이다. 지켜 보는 구경꾼 없이, 주변의 어떤 다른 일로 주의력을 빼앗길 필요 없이 환자와 서로 눈을 맞대고 환자의 인간성을 자신의 인간성에 맞춰 보려 는 것뿐이다. 대수롭지 않은 대화가 오고 갈 수도 있는 이 순간 동안 가장 표피적인 진찰이 이루어진다. 중요한 것은 두 사람이 서로를 재어 본다는 것이다. 이러한 과정은 우선 부드럽게 소리 없이 자신의 내면을 상대에게 열어 보이기 위해서 필요하며 두 번째는 서로의 격렬한 고투 를 준비하기 위해서이다. 한적한 곳에서 마주친 두 사람이 서로를 훑어 보거나 아니면 링 위에 올라선 권투 선수들이 서로 강점과 약점을 간파 하는 것과 마찬가지이다. 이 두 만남의 앞에는 오로지 '하겠다'와 '우 리들은 서로 안 맞아' 라는 두 가지 대답이 놓여 있다."

초현대판 대학병원에서 과장의사가 지도의와 인턴, 의대생들을 떼거 리로 대동하는 회진을 생각한다면 이같은 그의 생각은 조금 진부하게 들릴지도 모른다. 아니면 의료보험 환자를 취급하는 모든 의사들이 진 찰실에서 의례 한 환자당 3분 내지 5분을 할애하는 현실을 생각해 봐도 마찬가지일 것이다. 파울 뤼트 박사는 이러한 의료 행위를 '순간 진료' 라고 불렀다. 이것은 가히 상상을 초월하는 의료 기술의 진보에도 불구 하고 20세기를 옥죄고 있는 '세기적 불모' 현상이라고 할 수 있을 것이 다.

슈베닝어 박사는 첫번째 진찰을 마치고 다음과 같은 사실을 확인할 수 있었다. 수상은 안면근육통과 편두통에다가 격렬한 위통과 소화 장 애에 시달리고 있었다. 우려되는 것은 반복되는 혈액순환 장애였다. 그 리고 간 부위에서도 위험한 증상을 발견할 수 있었다. 아마 그 때문에 프레리히스 박사가 암이라는 판정을 내린 듯했다. 그러나 슈베닝어 박 사가 보기에 그것은 단순히 담석과 신경, 기능 장애일 뿐 적당한 치료로 충분히 제거할 수 있을 것 같았다. 그리고 이러한 그의 생각은 나중에 적중한 것으로 판명되었다.

비스마르크는 이같은 그의 진단 결과를 매우 다행스럽게 생각했다. 오늘날과 마찬가지로 당시에도 무섭기만 했던 암이라는 병명이 깨끗이 자취를 감췄기 때문이다. 그는 할 일이 많아 아직까지는 더 살아야 했다. 러시아와의 관계도 조정해야 하고 영국과 독일을 어떻게 하든지 동맹 관계로 이끌어야 했다. 그가 아니면 도대체 누가 이런 일을 해낼 수 있단 말인가?

비스마르크가 이 첫번째 진찰 후 슈베닝어를 주치의로 받아들이기로 한 것은 그에 대한 신뢰의 결단만은 아니었다. 그것은 권력에 대한 욕구에서 비롯된 결단이었다. 아직도 할 일이 한없이 쌓여 있었던 것이다. 예순여덟이라는 나이는 비스마르크 같은 사람에게는 아직 일할 의욕이 한창 왕성할 나이였다. 슈베닝어는 그때 서른세 살이었다.

그는 슈베닝어가 제시하는 모든 조건을 수락했다. 슈베닝어는 비스마르크의 변덕스러움을 알고 있었기에 어느 정도 두려움을 가지고 있었다. 지금까지 어느 의사도 비스마르크에게 자신의 뜻을 관철시키지 못했다는 사실도 마음에 걸렸다.

비스마르크에게는 몹시 어려운 조건이었다.

"무조건 절 믿으셔야 합니다. 누가 뭐라고 속삭이더라도 절대로 포기하셔서는 안 됩니다. 그리고 가족이나 친지들의 아주 그럴싸한 충고도 완전히 무시해야 합니다."

비스마르크의 이전 주치의들은 그에게 생활 습관을 고칠 것을 권하기만 했다. 그러나 슈베닝어는 조언의 수준을 뛰어넘어 당당하게 요구했다. 다른 의사들은 항상 부탁하는 입장에 있었을 뿐 한 번도 요구한 적이 없었다. 다른 모든 사람들이 그랬듯이 그들은 신하였으니까. 그러나 슈베닝어는 신하가 아니었다. 비스마르크는 그 사실을 깨달았다. 그리고 이를 인정했다.

그러나 실제적인 최초의 힘겨루기는 벌써 첫날 밤에 벌어졌다. 비스마르크의 이전 주치의들은 통증을 줄여 주기 위해 그에게 모르핀을 투여했다. 무엇보다도 그의 불면증을 모르핀으로 다루어 왔기 때문에 그는 모르핀 중독에 가까웠다. 그래서 슈베닝어에게도 모르핀을 달라고 했다. 슈베닝어가 이를 거부하자 그는 화가 머리까지 치밀어 올라서 큰소리로 모르핀 투여를 명령했다.

슈베닝어는 조금도 동요하지 않고 그의 옆에 가서 앉았다. 그리고 이렇게 말했다.

"각하, 모르핀 없이도 잘 주무시게 될 겁니다. 자, 옷을 벗으시죠. 제가 침대 곁에서 보초를 서겠습니다."

그리고 나서 슈베닝어는 더운물을 넣어서 몸을 덥게 하는 탕파(湯婆)를 가져오게 해서 수상에게 찜질을 해 주었다. 그리고 의자를 침대 곁으로 끌어 놓고 거기 앉아 수상의 손을 잡고 최면을 걸듯이 아주 편안한 이야기를 들려주는 것이었다. 얼마 지나지 않아 비스마르크는 깊은 잠이 들었다.

그 후 여덟 시간이 흘러 햇살이 방안을 환하게 밝혀 줄 때에야 비로소 비스마르크와 슈베닝어 박사는 잠에서 깨어났다. 의사는 여전히 각하의 손을 붙들고 있었다.

비스마르크는 어리둥절해서 이렇게 물었다.

"당신이 나한테 무슨 짓을 한거요?"

"저요? 전 세상 모르고 잔걸요."

슈베닝어는 자신이 이겼다는 것을 알았다.

왜 그럴까? 그는 훗날 이에 대한 대답을 글로 남겼다.

"의사는 예술가다. 더 정확하게 말하자면 유능한 의사라면 예술가일 수밖에 없다. 의료 행위는 인술을 펴는 것이지 어떤 학문을 실행하는 것이 아니다. 의사가 되는 것은 오로지 휴머니티에서 비롯된다. 의사가 될 수 있는 능력은 오로지 두 인격체 사이에 서로의 가장 내면적인 내용을 이어주는 관계를 개척할 수 있는 능력으로부터 솟아난다. 아무 의사나 모든 환자의 의사가 될 수는 없는 것이다.”

이 글은 75년 전쯤에 쓰여졌다. 그러나 이 글이 담고 있는 진리는 오늘날까지도 변함없이 빛을 발하고 있다. 오히려 이 말이 조금 구식처럼 들리는 현실이 안타까울 뿐이다.

비스마르크의 불안스러운 변덕은 슈베닝어가 걸었던 최면으로부터 벗어날 수 없었다. 아니, 오히려 그 반대로 이제껏 단 한번도 저항에 부딪쳐 본 적 없고 오로지 다른 사람들의 복종만 경험해 온 그토록 강인해 보이던 사람이 처음 2주일 동안 낮이고 밤이고 자신의 곁을 떠나지 않는 그 강자를 받아들이게 되었다는 게 옳은 표현일 것이다.

슈베닝어는 다음과 같이 쓰고 있다.

“비스마르크로서는 내 치료방법이 의미하는 즉, 일종의 멍에를 지는 것이 결코 수월하지 않았다. 자기 마음대로 사는 데 익숙해진 사람은 뭔가 조심한다거나 자제해야 한다는 생각만으로도 편치 않은 법이다. 수십 년간 강건한 힘을 지녔다는 자신감으로 살아온 사람이 하루 아침에 그 자신만만하던 힘과 이별을 하려니 어려울 수밖에 없었던 것이다.”

치료는 정말이지 멍에였다. 슈베닝어는 즉시 비스마르크의 하루 식사량을 크게 줄였다. 수분 섭취를 제한하고 특히 비스마르크가 그렇게 즐기던 술을 과감히 제한했다. 그는 진통제를 거의 쓰지 않고 대신에 뜨거운 찜질, 물의 양을 점차적으로 높여 주는 부분 목욕, 가벼운 맛사지, 조심스러운 운동 연습을 활용했다. 그 밖에도 그는 안정을 취하도록 강요했다. 비스마르크는 이제 밤 10시면 잠자리에 들어야 했다. 슈베닝어가 처음 거둔 성과에 대해서는 비스마르크가와 출입이 잦았던 슈피쳄베르그 남작 부인의 일기장에 잘 기록되어 있다.

"대략 8일 정도는 그 거인이 말을 잘 들어 정말 많이 나아진 것처럼 보였다. 그런데 그는 몰래 4리터짜리 버터 우유를 한꺼번에 다 마시고 그 뒤에 꼬냑을 마시는 바람에 소화불량, 부기, 위통, 구토로 말할 수 없는 고충을 겪고 있다. 정말이지 그 강한 사람으로서는 너무도 가혹한 시련이다. 그토록 대찬 사람이 자기 자신의 의지를 꺾는 문제에서는 그렇게 유약한 모습을 보이니 차마 눈뜨고 볼 수 없을 만큼 슬프다."

슈베닝어는 이러한 조건 위반에 즉각 반응을 보였다. 그날 저녁 그는 수상에게 차분하면서도 확고한 어투로 이제 치료를 포기하고 당장 떠나겠다고 밝혔다. 후작 부인 요한나와 두 아들 헤르베르트와 빌헬름이 아무리 말려도 막무가내였다. 그렇지만 잠시 후 비스마르크를 덮친 담석산통이 그의 발을 붙들었다.

담석산통이 황달로 이어졌고 그것이 사라지자 슈베닝어는 키징엔으로 요양을 떠나는 비스마르크와 함께 갔다. 그 다음에는 가스타인 요양지까지 따라갔다. 더 이상 떠난다는 말이 나오지 않았다. 그는 그런 말로 비스마르크를 협박하는 것을 중단한 것이다. 비스마르크는 그를 선의로 대하고 의사의 말을 잘 따르는 환자가 되었다.

이렇게 열 달이 흘렀다. 슈베닝어가 처방한 신체적, 심리적 치료법은 분명 성과가 있었다. 비스마르크의 체중은 245파운드에서 202파운드로 줄었고 그것은 그만한 체격의 남자에게 정상이라 할 수 있었다.

슈베닝어는 1884년에 이르러 "그렇게 오랫동안 온갖 수단 방법을 가리지 않고 고쳐 보려고 했으나 아무런 소득도 없었던 신경 장애와 기능 장애는 서서히 없어지기 시작했다."라고 밝히고 있다.

"안면근육통과 편두통은 이전보다 더 미미해졌고 웬만큼 규칙적으로 잠을 자게 되었으며 식욕도 다시 생겼다. 위의 상태도 양호했다. 정맥 절류와 반죽처럼 물렁거렸던 다리도 많이 나아졌다. 그는 다시 걸을 수 있게 되었고 드디어 승마도 즐길 수 있게 되었다. 그는 가족과 친구, 모든 동료들의 한결같은 판단에 따라 흥겨운 마음으로 베를린으로 돌아갈 수 있었다. 그렇게 그리던 자신의 서재를 향해."

이렇게 해서 슈베닝어는 다른 의사들이나 일반인들이 자신을 기름 빼는 자, 물 빼는 자, 젖소 박사, 또는 심장 근육사라고 부르는 것을 태연히 받아 넘길 수 있었다.

그는 말수가 없는 태도 때문에 비스마르크로부터 '늙은 빨래 할멈이 죽은 무덤'이라는 별명을 얻기도 했다. 시커멓게 수염을 기른 이 남자는 이제 자신이 이 땅에 생존해 있는 가장 위대한 정치가에게 건강과 창조의 기쁨을 되찾게 해 주었다는 것으로 만족했다. 그는 자신이 그 일에 조금 기여했을 뿐이라고 고백할 만큼 겸손한 인물이었다.

"어려운 점은 내가 비스마르크 옆에 앉아 있다는 것이 아니라 비스마르크가 나를 자신의 곁에 앉아 있도록 해 주고 의사로서의 내 직분을 다 할 수 있도록 해 주었다는 데 있다. 나는 굽힐 줄 모르는 일관성으로 치료에 임했고 이를 통해서 어느 정도 성과를 얻을 수 있었다. 그러나 가장 결정적이고 가장 어렵고 가장 중요한 것은 이러한 의사로서의 내 감시를 묵묵히 감수하도록 그의 마음을 움직이고 그같은 태도를 유지하게 만드는 일이었다."

그러나 비스마르크는 다음과 같은 글에서 자신의 주치의인 슈베닝어에 대해 가지고 있던 깊은 유대 관계를 표명하고 있다.

"만약 슈베닝어가 없었더라면! 굳이 이름을 밝히고 싶지 않은 그 권위자들은 하나같이 나를 포기했다. 뿐만 아니라 그들은 어차피 암에 걸린 늙은이를 뭣 때문에 요양시킨답시고 고생을 시키려드느냐고 뮌헨에 있는 의사에게 귀띔했다. 그러나 이 의사는 신들린 사람이라 그가 오는 것만으로도 우리 모두는 신바람이 난다."

베를린의 의료계를 주름잡던 권위자들은 비스마르크가 쾌유되고 나서도 여전히 슈베닝어에게 거부감을 나타냈다. 프레리히스 박사와 폰 레이든 교수가 특히 그럴 수밖에 없었던 이유는 자신들이 내렸던 암 진단이 오진으로 판명되었기 때문이다. 그들은 수상에게 6개월이나 기껏해야 9개월밖에 못 살거라고 했던 것이다. 이제 1년 반이 지났는데 비스마르크는 그 어느 때보다 건강해졌다. 당시 다른 유명한 의사들은 수상의 정적이었다. 특히 추밀원 고문이던 루돌프 비르코프 교수는 그 선두에 서 있었다. 그러니 그들은 비스마르크의 주치의인 슈베닝어 또한 적대시했다. 단 한가지 점에서 만큼은 그들 모두 일치했다. 슈베닝어의 자연요법을 여전히 무면허 의사의 짓거리요, 슈베닝어를 돌팔이로 간주하는 것이었다. 그들은 모든 사실을 뻔히 다 보고서도 그랬다.

비스마르크가 자신의 주치의인 슈베닝어에게 감사 표시로 교수 직함을 수여하고 베를린대학 병원의 피부과 과장으로 임명하려고 한다는 사실이 알려지자 이를 막기 위해 모두 발벗고 나섰다. 이들은 이러한 조치를 수상이 자신들을 조롱하는 것으로 느꼈던 것이다.

추밀원 고문이자 독일 제국의회의 자유연합 의원으로서 비스마르크와 적대 관계에 있던 비르코프 교수는 '슈베닝어 스캔들'을 의원들 앞에서 토론거리로 내놓기까지 했다. 그러나 표결에 이르지는 않았다. 표결에 부쳐본들 질 것이 뻔했기 때문이다. 비르코프는 정치적인 표결 문제에서까지 패배하고 싶지는 않았던 것이다. 슈베닝어는 교수가 되었고 대학 병원 피부과장이 되었다.

그는 자신이 그 자리에 꼭 앉겠다고 나선 적도 없었다. 이제 그는 갑자기 명성을 얻게 되었고 그의 이름은 터키와 중국에까지 알려졌다. 그는 비스마르크의 동의하에 에센에 있는 휴겔 빌라에서 백발의 군수재벌

알프레드 크루프를 치료했다. 중국의 정치가 리홍장은 슈베닝어의 요양 치료를 받기 위해 독일로 왔다.

"복부를 이리저리 세게 눌러 주게, 그러면 난 아주 시원해."

통역관은 멀리 동방에서 온 환자의 만족감을 이렇게 독일어로 옮겼다. 터키의 황제 압둘 하마드는 요양을 잘 마친 후 자신의 보석 창고를 열어 사례비 대신 드릴 테니 아무거나 골라 잡으라는 것이었다. 슈베닝어가 둘러 보니 온통 휘황 찬란한 다이아몬드와 에메랄드, 진주와 금으로 가득했다. 코시마 바그너도 그를 바이로트로 불러 들였다. 슈베닝어는그의 오페라와 음악을 아주 싫어했으면서도 부름에 응해 도와 주었다.

그러나 슈베닝어가 어디에 머무르든 그의 주된 관심은 비스마르크였다. 그래서 자신이 그의 곁에 머무를 수 없을 때면 우편 치료를 했다. 여행중이면 숱한 편지로 조언을 보내서 걱정스러움을 떨치곤 했다. 1870년과 71년의 독불전쟁 이후, 빌헬름 대제 1세가 비스마르크에게 기증한 작센발트의 프리드리히스루에 있는 비스마르크의 문서실에는 슈베닝어가 보낸 편지가 말 그대로 산더미처럼 쌓여 있었다. 보통 넉 장이나 아니면 대여섯 장에 걸쳐 한 자도 흘려 쓰지 않고 또박 또박 자필로 쓴 편지는 그가 단어 하나, 표현 하나를 얼마나 신중하게 골라 썼는지 잘 보여 준다. 이 책이 나오기까지 단 한번도 외부에 공개된 적이 없었던 그의 편지를 몇 통만 소개해 볼까 한다. 슈베닝어는 자신의 편지를 비스마르크가 아니라 그의 부인인 요한나 후작 부인께 보낸 적도 많았다. 슈베닝어는 그녀가 비스마르크에게 영향력이 크다는 사실을 잘 알고 있었던 것이다. 그 편지들은 자신의 환자를 염려하고 끊임없이 격려해 주는 한 의사의 보살핌을 보여 주는 보기 드문 문서이다. 예를 들면 슈베닝어는 1884년 비스마르크에게 이렇게 쓰고 있다.

"존경하는 각하,

다시 베를린으로 돌아오시는 것과 관련하여 몇 가지 상고할 수 있도록 허락해 주시기 바랍니다. 각하께서는 지난해 신경계 전반에 걸친 장애와 쇠약 상태를 겪으셨습니다. 이러한 증세는 다행스럽게도 서서히 좋아지고 있습니다. 그것은 참으로 엄격하게 식이요법을 실시함으로써 고통을 감수하고 긴장을 유발하는 지속적인 정신 활동을 과감히 멀리한 채 야외에서 충분히 운동하신 결과였습니다. 지금까지 거둔 성과를 그대로 유지하고 이제 가까스로 되찾은 건강을, 그렇지만 여전히 위협을 받고 있는 각하의 건강을 유지하고 증진시키시려면 바람직한 식이요법뿐 아니라 과도한 정신적 긴장을 유발하는 활동과 근심에서 벗어나 충분한 휴식과 수면, 그리고 신선한 공기를 충분히 공급해 주시는 것이 어느 때보다도 시급합니다. 옛날의 습관으로 되돌아가시게 된다면 가까스로 되찾은 건강뿐 아니라 생명까지 위협받게 될 것입니다. 그러니 이런 위협을 물리치는 가장 좋은 방법이 무엇인지 항상 유념해 주시기를 간절히 부탁드립니다.

각하를 항상 따르는 에른스트 슈베닝어 교수 드림."

1887년 10월 16일에 슈베닝어는 몬테카를로에서 다음과 같은 편지를 띄웠다.

"구토증과 가슴앓이, 그리고 색깔이 없는 흰색 대변은 얼마 전에 제가 확인했던 대로 담즙이 너무 적은 양으로 불규칙하게 분비되기 때문입니다. 지금 조심스럽게 시도하고 계시는 식이요법을 장기적으로 실시할 경우, 이러한 증상은 곧 사라질 것이라고 저는 확신합니다. 그러니까 한꺼번에 여러 가지를 드시지 말고 기름기가 많은 소스와 밀가루 음식은 되도록 피하며 한동안은 소량의 고기와 생선, 달걀, 치즈, 조개, 캐비아, 빵만 드시는 것이 좋을 겁니다. 거기다 이곳의 화창한 날씨까지 각하께 보내 드릴 수만 있다면!

곧 돌아가 각하와 온 가족께서 평안하신 것을 보게 되면 그보다 더 행복한 일은 없을 것입니다.

무한한 존경과 감사를 표하며 에른스트 슈베닝어 교수 드림."

1888년 빌헬름 대제 1세가 사망했다. 몇 주 후 이미 후두암에 걸려 사경을 헤매고 있던 후계자인 프리드리히 3세는 젊은 빌헬름 3세에게 왕위를 물려주었다. 비스마르크의 시대는 끝났다. 서른한 살의 황제와 75세 노인은 서로를 이해하지 못했다. 모략가들이 앞으로 밀치고 나왔다. 비스마르크가 1890년 3월 9일 3시에 함부르크행 기차의 특등 객실의 창가에 서 있을 무렵 신문들은 대대적으로 이런 기사를 보도했다.

"마치 하인처럼 쫓겨나다."

기병 의장대가 등장했다. 근위대 기병 중대와 명예 기병대도 사열을 했다. 그러나 그것은 거짓 연극이었다….

슈베닝어는 자기 환자에게 심각한 상태가 생길까봐 몹시 걱정되었다. 그는 모든 여행을 취소하고 프리드리히스루에서 밤낮을 환자 곁에 머물렀다. 그리고 환자에게 자신의 생각과 회상을 글로 쓰도록 유도했다. 그 동안 그는 비스마르크에게 건강에 관한 한 큰 영향력을 끼쳐서 다행히 비스마르크는 별다른 건강 악화 없이 삶을 이어갈 수 있었다….

비스마르크 후작령을 관리하던 집사 율리우스 하이쓰는 훗날 이렇게 회상하고 있다.

"고기를 잡는 날 신선한 고기를 마음껏 먹는 잔치는 항상 특별한 행사였다. 하루는 그날을 맞아 후작께서는 든든한 음식을 즐기는 사람답게 삶은 돼지고기를 드시고 사랑하는 부인께 이 고기에 북부산 스납스(알코올 농도 42퍼센트)를 곁들이는 것도 나쁘지 않을 거라고 하셨다. 그러자 후작 부인께서는 시골 색시답게(후작께서는 부인을 늘 그렇게 부르시곤 했다.) 그가 그토록 원하는 북부산 스납스를 갖다 주려고 하셨다. 그러나 방을 나서던 그녀는 하필이면 복도에 서 있던 슈베닝어에게 들키고 말았다. 슈베닝어는 상황을 알아차리고 '만일 후작 부인께서 남편에게 다시 술 마시는 습관을 길러 드릴 생각이라면 제가 더 이상 여기 있을 필요가 없습니다.'라는 말과 함께 그녀의 손에서 술병을 뺏아 창문 밖으로 내던져 버렸다. 그 술병은 마침 그 아래를 지나고 있던 내 얼굴을 아슬아슬하게 스치고 정원의 부드러운 잔디밭 위에 떨어졌다. 난 그 술병을 성 안에 되돌려 주고 사례금을 받았다."

슈베닝어는 많은 사람들이 우려했던 일이 생기지 않도록 막았다. 그 뒤로 비스마르크는 식사나 음주를 과도하게 하는 일이 한번도 없었다.

그래서 그는 1982년 2월 21일, 프리드리히스루에서 비스마르크의 사위인 란차우 백작에게 다음과 같은 편지를 쓸 수 있었다.

"후작과 후작 부인께서는 괜찮으십니다. 그리고 두 분 다 아주 밝게 지내십니다. 각하께서는 벌써 닷새 이상 수면제를 복용하지 않고도 잘 주무시고 계십니다. 지난 며칠 동안 두 번째 조반을 정오가 조금 넘어서 드시고 오찬은 저녁 7시로 늦췄습니다. 그리고 아침에 일어나셔서 식사 전에 포도주를 드시는 일도 없어졌고, 요며칠 사이에는 스납스를 전혀 드시지 않고 계십니다. 바깥 공기를 쐬러 나가시는 경우도 잦아졌습니다. 그토록 오랜 세월 동안 공을 들여 드디어 자리잡게 된 이러한 작은 변화들은 아마도 보다 큰 결실을 가져다 줄 것입니다. 제 개인적으로는 각하께서 지금보다 조금 더 일찍 일어나셔서 그에 따라 하루 일과를 조정한다면 더 바랄 것이 없겠지만 이 정도의 성과로도 일단은 충분히 만족스러워하고 있습니다. 그렇게 보면 모든 것이 다 좋은 상태입니다. 만약 이대로 지속된다면 27일경에는 몬테카를로로 떠날 수 있을 것 같습니다…"

그의 바람대로 그는 떠날 수 있었다. 물론 사소한 재발이 전혀 없었던 것은 아니었지만 슈베닝어는 언제나 가장 심각한 상황은 발생하지 않도록 미리 방지할 수 있었다. 오늘날 돌이켜 보면 마치 동화처럼 들리는 인내와 효과적인 치료법 덕분이었다.

그러나 그도 죽음까지는 어쩔 수 없었다. 1898년 7월 30일 자정이 되기 1시간 전 철혈 재상은 이 세상을 뜨고 말았다. 권위 있는 의사들은 그에게 기껏해야 9개월밖에 살 수 없다고 했지만 그는 15년을 더 살았다. 슈베닝어는 그의 눈을 감겨 주었다⋯. 사망 원인은 폐렴과 노쇠, 심장 쇠약이었다.

『생각과 회상』에서 비스마르크는 자신이 슈베닝어에게 빚진 것에 관해 이렇게 기술하고 있다.

"나는 건강의 파산에 이르렀다. 그 파산은 날 마비시켰으나 슈베닝어 박사가 나타나 내 질병의 원인을 정확하게 짚어 내어 올바르게 치료해 주었다."

당시 의료계의 권위자들로서는 '바이에른의 거인'에 대한 자신들의 견해를 바꿔야 할 이유를 찾지 못했다. 그들에게 슈베닝어는 여전히 돌팔이였다. 그러나 슈베닝어 자신은 새로운 의학 시대가 도래하고 있음을 미리 내다보고 있었다. 그 새로운 시대는 아주 느린 속도였지만 꾸준히 한 걸음씩 다가오고 있었다. 그는 대학 병원의 의대생들을 가르치면서 어느 강의 시간에는 자신이 생각하는 의학의 미래상을 다음과 같은 말로 표현한 적이 있다.

"아직까지는 시작 단계이고 결코 지배적인 위치에 있지 않지만 내가 지향하고 있는 이러한 방향에 따라 20세기에는 훨씬 큰 발전을 보게 될 것입니다. 생리학적 방향에 머무르게 되면 우리는 진보를 거듭하고 있는 기술과의 협력하에 다른 모든 보조 수단, 말하자면 공기, 빛, 물, 음식, 의약품, 혈청 등을 이용하는 의학의 찬란한 결과를 아무런 편견 없이 지혜롭게 사용함으로써 환자 치료에도 보다 풍요로운 결실을 얻게 될 것입니다."

에른스트 슈베닝어 교수를 추모하는 자리에서 그의 제자인 빈치 교수는 이 위대한 의사상을 다시 한 번 이렇게 강조한 바 있다.

"슈베닝어 교수는 참으로 곧은 성품을 지닌 분이셨습니다. 그분에게는 자신의 확신에 어긋나는 일을 한다는 것은 상상할 수 없는 일이었습니다. 병원을 개업하면서 수술대에서 효과가 없는 것으로 충분히 밝혀진 방법들은 과감히 포기한다는 입장을 가지고 계셨습니다. 의사로서의 날카로운 직감 외에 그분에게 천부적으로 주어진 특별한 재능은 조금도 흔들릴 줄 모르는 건전한 인간 이성이었습니다. 많은 사람들은 학문 연구로 인해 자신들의 건전한 이성을 잃어버리고 특정한 학계 전통에 매몰되어 삶을 그대로 보지 않고 학문의 안경에 비쳐지는 대로 받아들이고 맙니다. 그러나 슈베닝어 교수는 쉬지 않고 학문의 안경만 걸치기에는 너무도 독보적인 천재였습니다. 그렇기 때문에 그분은 흔들림 없는 확신 속에서 학계의 지배적인 견해에는 아랑곳하지 않고 과감하게 가장 간단한 보조 수단을 환자 치료에 도입했습니다. 즉 가장 고통스러운 폭넓은 식이요법, 혈액순환과 체온조절 작용, 그리고 훗날 유명해진 그분의 뜨거운 부분 찜질 등이 그것이었습니다. 이러한 수단이 주는 효력에 대한 확신 안에는 슈베닝어 교수가 의사로서 가졌던 강력한 최면 능력도 깔려 있었습니다. 이러한 힘의 가장 중요한 부분은 어딘지 모르게 신들린 듯한 그의 인품 자체에서 솟아나는 것이었습니다."

죽음의 환상과
살아 남기 위한 투쟁

빨간 알약과 녹색 알약
맥모런 윌슨 박사의 첫번째 거짓말
주치의는 모런 경으로 승격되다
내가 만일 아무런 권력도 못 가지게 되면, 그때는 내가 죽는 날이다
"내 탕파가 어디 있지?"
"각하께서 지금 그걸 깔고 앉아 계십니다!"

처칠 (Winston Churchill, 1874~1965)

영국의 정치가. 귀족의 아들로 태어나 육군사관학교를 나온 뒤 쿠바전쟁과 보어전쟁에 참전하였다. 일찍부터 정계에 나서서 자유당, 보수당의 내각에 참여해 1900년에 국회의원에 당선, 상공 장관과 해군 장관을 지냈다. 1940년에는 연립 내각의 수상이 되어 제2차세계대전을 승리로 이끌었다. 이듬해 미국의 루즈벨트 대통령과 회담하고, 이어 카이로 회담, 테헤란 회담, 얄타 회담, 포츠담 회담에서 크게 활약하였다. 1945년 총선거에서 패하였으나 1951년 총선거에서 다시 수상이 되었다. 그림과 문필에도 능하여 1953년에 『제2차세계대전 회고록』으로 노벨 문학상을 받았다. 1955년에 정계에서 물러난 뒤 91세로 일생을 마쳤다.

1945년 성 마리아 의과대학의 강의실은 맨 끝줄까지 사람들로 가득 찼다. 복도에는 어린 의학도들이 서로 밀치고 있었다. 그것은 6년간의 전쟁을 치르고 드디어 유니폼을 다시 입게 된 나이 든 의학도들도 마찬가지였다. 그들 가운데 대부분은 강의실 연단에 서 있는 사람과는 초면이었다. 그렇지만 그의 이름은 다 알고 있었다. 모런 경이었다. 모두들 학장인 모런 경이 1940년 5월 윈스턴 처칠의 주치의가 되었다는 사실도 잘 알고 있었다. 외과의는 아니었지만 그는 참으로 탁월한 내과의였다. 빠르고 정확한 직감으로 올바른 진단을 내릴 줄 아는 뛰어난 의사였던 것이다. 언뜻 봐서는 도무지 예순두 살의 노인으로 보이지 않았다. 전쟁은 드디어 끝이 났다. 몇 주 전, 하원선거에서 사람들은 나이 칠순의 처칠을 선출했다. 그는 자신의 의무를 다했다. 이젠 평화가 찾아들었다. 노동당 사람들이 어떻게 나오든 하등 상관이 없었다.

수많은 비밀로 둘러싸인 남자가 강단에 서서 1945년 가을부터 46년 봄까지 이어지는 겨울학기의 첫 강의를 시작했다. 주치의? 하지만 그건 이미 지난 과거의 이야기다. 피카딜리쇼 무대의 조명이 다시 번쩍이기 시작했다. 한밤에 갑자기 화재가 일어나는 일은 더 이상 없었다. 그리고 V2 로켓의 폭발도 없었다.

찰스 맥모런 윌슨 박사는 그러니까 모런 경은 벌써 한 시간째 강연을 계속하고 있었다. 수백만 인구가 밀집해 사는 대도시 런던의 한 서점에는 그의 저서가 진열대 위에 올라 있었다. 그 제목은 『용기의 해부학』 용기라는 단어는 지난 6년간 얼마나 자주 사용되었던가. 이제는 닳고

닳아 아무도 그 단어를 더 이상 듣고 싶어하지 않는다. 이 단어에는 너무나 많은 죽음과 파괴가 달라 붙어 있었다. 그리고 참호 속에서 숱한 밤을 지새게 했던 단어이기도 하다. 그러니 이런 제목은 이와 관련된 수많은 일들을 연상시킬 것이 뻔하지 않겠는가? 1940년 5월 처칠이 수상이 되고 그가 유일하게 약속할 수 있었던 '피와 눈물'을 연상시키는 책 제목이 아니고 무엇이겠는가?

모런 경이 강의를 마쳤다. 그는 자신의 원고가 놓여 있는 연단을 떠났다. 그 눈빛은 다른 어느 동시대인들보다 이러한 격동기를 몸으로 직접 체험한 사람임을 암시해 주었다.

전세계의 위인 중 한 명의 주치의였던 모런 경. 다름 아닌 처칠의 주치의였던 그가 자신이 겪은 일들을 털어놓게 될 날이 언제일까? 처칠에 관해서, 그리고 당연히 스탈린과 루즈벨트, 그리고 드골과의 회동에 관해서도 뭔가 우리들에게 들려줄 이야기가 있지 않을까? 그 사람이라면 능히 그럴 수 있을 것이다. 그는 처칠의 주치의, 처칠의 그림자, 처칠의 친구이자 조언자로서 항상 처칠과 가까이 있었다는 것을 누구나 다 안다.

갑자기 강의실이 쥐죽은 듯 조용해졌다. 개강 강의에서 항상 하게 되어 있는 의무를 모두 잊어버렸던 것이다. 모런 경은 제자들의 한가운데에 서 있었다. 그건 성 마리아 의과대학의 강의실에서 단 한번도 볼 수 없었던 일이었다. 그리고 이런 고요함 또한 처음 있는 일이었다. 숨쉬는 것도 멈춘 듯한 고요함이었다. 모런 경은 안쪽 통로를 향해 몇 걸음 앞으로 옮겨 놓았다.

"우리의 삶은 별로 재미가 없어."

그는 아주 나직한 목소리로 말했다. 마치 집에서 아내 도로티와 대화를 나누는 것 같은 목소리였다.

"우리는 인생의 행복을 찾기보다는 일에만 몰두하고 있어. 행복에는 열정이 있어야 해. 여러분들이 너무 일만 많이 하면 여러분은 우둔해질 거야. 그리고 한번 우둔해지면 행복해질 수 있는 열정을 더 이상 얻을 수가 없어.”

그 뒤로 약 20년이 지난 1966년 5월, 당시 그 이야기를 들었던 의대생들은—물론 이들은 벌써 오래 전부터 영국의 보건국과 국립 의료기관의 고위직에 올라 있었다.—모런 경의 말 뜻을 이해할 수 있었다. 이제 『생존을 위한 투쟁』이라는 모런 경의 회고록을 읽을 수 있게 되었기 때문이다.

그보다 1년 전인 1965년 1월, 전세계의 수억이 넘는 텔레비전 시청자들은 윈스턴 처칠이 외로운 무덤으로 가는 마지막 행렬을 지켜보았다.

25년간 주치의이자 친구요, 조언자로서 처칠을 수행했던 모런 경의 모습은 화면에 나타나지 않았다. 도저히 물리칠 수 없는 죽음 앞에서 그의 주치의는 침묵해야 했다. 하지만 윈스턴 처칠을 자그만치 아흔 살까지 장수할 수 있게 한 것은 오로지 모런 경의 공로였고, 그것은 한마디로 기적이었다.

사실 처칠은 그보다 더 일찍 죽으려고 했었다. 사람들이 자신에게서 권력을 빼앗아 가고 전쟁도 앗아 가고 친구이자 주치의였던 찰스의 약속마저 신뢰할 수 없게 되었을 때 그는 더 이상 살고 싶지 않았다.

“그 누구도 또 어떤 것으로도 윈스턴 처칠 같은 사람을 이길 수 없다.”는 주치의의 장담을 더는 믿기 어려웠던 것이다.

그들은 서로를 좋아하지 않았다. 주치의는 한 나라의 수상을 좋아하지 않았고 수상 역시 의사를 좋아하지 않았다. 말하자면 두 사람은 서로의 의견에 상관없이 주치의와 환자의 관계를 맺게 된 것이었다. 그건 모두 국가정책 차원에서 이루어진 일이었다. 1940년 5월 24일 이후 런던에서는 하루가 멀다 하고 화재가 계속되었다. 전쟁은 많은 사람들이 보기에 이미 패배한 것처럼 보였다.

"윈스턴 처칠은 예순다섯 살이 되었다. 사람들은 그를 수상으로 만들고 나서 나를 그의 주치의로 세웠다. 이것은 그의 아이디어가 아니었다. 몇몇 각료들은 그가 매우 중요한 인물임을 확신하고 있었으므로 누군가 그의 건강을 늘 점검해야 한다고 믿었던 것이다. 그런 상황에서 나는 처칠이 나를 어떻게 맞아줄지 떨리는 가슴으로 제독의 관저로 향했다. 오후 시간이었는데도 그는 침대에 누워 무엇인가 읽고 있었다. 그는 내가 방문한 것을 알고도 읽는 걸 멈추지 않았다. 얼마 후—내게는 그 시간이 엄청나게 길게 느껴졌다.—그는 문서를 치우고 다급한 목소리로 말했다.

'나한테는 아무 문제도 없는데 사람들이 왜 이렇게 부산을 떠는지 이해가 안돼요.'

그는 다시 보고서 읽는 일에 몰두했다. 그러다 이윽고 읽던 것에서 눈을 떼고 이불을 걷어 치우며 거칠게 말했다.

'난 소화불량이요. 그리고 이게 그 치료법이고.'

그는 내게 호흡법을 보여 주었다. 뚱뚱하고 하얀 배가 아래위로 불룩였다. 그러자 문을 두드리는 소리가 들렸다. 수상은 얼른 이불을 덮었다. 그의 여비서 중 한 사람인 힐 여사가 들어왔다. 나는 얼른 인사를 하고 그 자리를 물러났다. 나는 내게 맡겨진 임무가 마음에 들지 않았다. 이런 일이 그리 오래 갈 것 같지도 않았다."

찰스 맥모런 윌슨 박사는 1940년 5월 24일 그의 일기장에 위와 같이 써 놓았던 것이다.

"사실 일생에 그런 오진은 처음이었다. 그는 주치의로서 자신의 임무가 그리 오래 가지 않으리라고 믿었다. 그러나 그것은 25년간이나 계속되었다. 윈스턴 처칠이 2주간의 의식불명 상태를 뒤로 하고 숨을 거두던 1965년 1월의 어느 날까지….”

참으로 진기한 한 쌍이었다. 처칠은 예순다섯 살이었고 주치의인 찰스 맥모런 박사는 쉰일곱 살이었다. 두 사람 모두 이렇게 말할 수 있었을 것이다.

“난 내 인생을 살았다. 그리고 충분히 이루었다. 그러니 이제는 천천히 일할 때다. 직무 수행 중에 죽고 싶은 사람이 어디 있겠는가?”

이러한 표현은 그 두 사람에게 적절한 것 같다. 그러나 다른 한편으로는 두 사람 모두가 자신들의 그림자를 뛰어넘을 수 없었음을 보여 주고 있다. 두 사람 다 자신이 받은 부름을 따를 수밖에 없었으니까 말이다. 나이는 잊혀졌다. 사람들의 요구에 따라 각자 자신의 임무 수행에 임했다.

처칠과 맥모런 박사에게 제2의 인생이 시작되었다. 의사가 국가 수상보다 호흡이 긴 게 뭐 그리 놀라운 일이겠는가? 주치의로서 자신의 임무에 충실하기 위해 빨간 알약과 녹색 알약으로, 그리고 또 다른 그만의 비방으로 자신의 환자에게 활력을 불어 넣고 번번이 건강을 회복할 수 있도록 해 준 이 의사를 감히 누가 책임 추궁할 수 있겠는가? 그러나 수상의 정신만큼은 빨간 알약과 녹색 알약에 반응을 보이지 않았다.

바로 그것이 윈스턴 처칠과 찰스 맥모런 사이의 비극이었다. 그들이 서로 만난 것은 각자 이 세상에서 이룩할 만큼 이룬 뒤였다. 그들은 세계사가 만들어지던 순간에 서로 만났다. 그 시기는 신체뿐 아니라 정신까지 주요한 역할을 하던 때였다.

이 특별한 경우를 살펴보자. 찰스 맥모런 박사는 자신의 환자 윈스턴 처칠과 함께 세계사를 만들어 내었다. 그는 자기 환자의 몸은 치료할 수 있었지만 그의 정신은 고칠 수 없었다. 세포는 반응을 보였지만 뇌는 의학계의 천재까지도 피해갔다.

수상과 의사, 이 두 사람이 1940년의 5월까지 이루지 못한 것이 무엇이 있겠는가!

윈스턴 처칠의 약력

1900년: 스물여섯 살의 최연소 의원으로 보수당 하원의원에 당선
1904년: 보수당에서 자유당으로 이적
1906년: 경제성 장관. 철저한 독신주의자였던 클레멘타인 호처와
   결혼하다
1910년: 내무성 장관
1911년: 최고 제독
1917년: 국방성 장관
1919년: 군사 및 항공성 장관
1920년: 식민성 장관
1924년: 자유당에서 보수당으로 다시 당적을 옮기다
1929년까지 재무성 장관
1939년: 다시 최고 제독
1940년: 수상겸 국방성 장관

무미건조한 수치의 결산표이기도 하지만 격동의 삶을 살았던 한 남자의 결산표이기도 하다. 전선을—이 경우 정당이 되겠지만—자주 바꾼 사람. 어쩌면 그는 행운을 찾는 모험가였을지도 모른다. 그러나 행운은 길거리에서 주울 수 있는 것이 아니다. 그는 행운을 얻기 위해 싸워야 했다.

찰스 맥모런 윌슨 박사의 약력

1913년: 런던대학의 의과대 평의회 회원,

캠브리지와 버밍햄대학의 의학고시 위원.
보건성의 고문
1920년: 성 마리아 의과대학 학장
1940년: 왕립 물리대 학장

1년 반이 지나갔다. 처칠은 매일 맥박을 짚게 하는 일 외에는 주치의를 필요로 하지 않았다. 그건 맥모런 박사 같은 명의에게 너무 하찮은 일이었다. 그런 정도라면 어느 간호사나 의대생이라도 할 수 있는 일이었기 때문이다.

드디어 결단의 순간이 찾아왔다. 그러나 오늘날까지도 이에 관해서는 의사들의 의견이 분분하다. 맥모런 윌슨 박사가 의사로서의 서약을 깼다는 주장을 펴는 의견도 만만치 않다. 그가 순전히 정치적인 시각에서 의도적으로 빈간적인 처사를 감행했다는 것이다. 오늘날 그 사건은 이론적 토론거리이며 의학계 모래판의 놀이감이기도 하다.

그렇다면 대체 어떤 일이 있었던 것일까?

1941년 12월, 전쟁은 세계대전으로 파급되고 말았다. 1년 반 동안 윈스턴 처칠은 이 세상에서 가장 고독한 사람이었다. 그는 미국의 프랭클린 루즈벨트 대통령을 전쟁에 참여시키기 위해 갖은 노력을 기울였으나 허사였다. 그때 일본군의 '펄 하보어 침공'은 하루 아침에 정치 국면을 뒤집어 버렸다. 일본은 전투에 돌입했고 히틀러는 미국에 전쟁을 선포했다.

독일 출신의 정치부 기자로서 당시 런던에 머물고 있던 세바스찬 하프너는 이렇게 기록하고 있다.

"이 소식을 접한 윈스턴 처칠의 반응을 묘사하는 기록은 많다. 그 보고서들은 하나같이 이러한 모습을 보여 주려 했다. 다시 말해서 머리가 허옇게 센 노인을 갑자기 어린 소년으로 둔갑시키는, 그야말로 무너진

둑 너머로 기쁨이 넘쳐흐르고 그 도가 지나쳐 자만에 빠질 정도였다. 그는 몇 번이고 이렇게 외쳤다.

'이제 우리는 드디어 해냈어!' '이제 전쟁은 이긴 거나 마찬가지야!' 드디어! 정확하게 꼬집어 언급되지는 않았지만 그날 저녁 윈스턴 처칠이 술에 만취되었을 거라는 인상은 모든 기록에 나타나 있다."

12월 12일 요오크호가 그리노크항에 정착했다. 그 안에는 윈스턴 처칠이 타고 있었다. 처음으로 루즈벨트 미국 대통령을 만나러 가는 위험한 여행을 목전에 두고 있었다. 그리고 각료들의 명령에 따라 그의 주치의인 찰스 맥모런 윌슨 박사도 그 배 안에 있었다. 12월 22일 요오크호는 체사픽 베이에 닻을 내렸고 45분 후 록히드 비행기는 워싱턴에 닿았다. 처칠은 루즈벨트와의 첫번째 회담을 가졌다. 찰스 맥모런 윌슨 박사는 자신이 미국 대통령에게서 받은 인상을 다음과 같이 묘사했다.

"착륙 후 주변을 둘러보던 나는 커다란 승용차에 기대 서 있는 한 남자를 보았다. 수상은 그에게 나를 소개해 주었다. 그가 바로 루즈벨트 대통령이었다. 유난히 큰 그의 머리에 나는 놀라지 않을 수 없었다. 처칠이 루즈벨트에 대해 당당하고 풍채가 좋다고 하는 말은 모두 그의 머리 크기에 해당하는 말일 것이다. 사실 루즈벨트의 다리는 어린 시절에 앓은 소아마비 때문에 성장부진 상태였으니까. 그는 내게 아주 친절하게 인사를 건넸다. 그리고 내가 의사였으므로 당연히 화제는 팔하보어의 희생으로 옮겨갔다. 사실 화상으로 많은 사람들이 사망했던 것이다."

찰스 맥모런 박사는 메이 플라워 호텔 방에서 자정을 조금 앞둔 시간에 호텔측의 전화 연락을 받았다.

"수상께서 오라십니다. 차가 기다리고 있습니다."

주치의는 백악관의 처칠 방에서 거의 두 시간을 기다려야 했다. 방 안은 온통 담배 냄새가 배어 있었다. 헝클어진 이불이 위로 젖혀져 있었고 바닥에는 영국 신문과 미국 신문이 어지럽게 널려 있었다. 이윽고 문이 열렸다. 수상이 방 안으로 들어섰다. 그는 어이없다는 표정으로 주치의를 바라봤다. 자기가 주치의를 불러 놓고도 잊어버렸던 것이다.

그는 평소와 다를 바 없이 맥박을 재기 위해 주치의를 부른 것이다. 의사의 진단 결과는 정상으로 나왔다. 그러나 수상은 오늘밤에는 충분히 푹 자둬야겠다며 수면제를 달라고 했다. 내일 있을 루즈벨트와의 회담이 쉽게 성사되지 않으리란 생각에 신경이 곤두서 있기 때문이었다. 이제 미국이 전쟁에 참여하게 되었으니 어떻게 하면 하루 속히 히틀러를 굴복시킬 수 있겠는가 하는 것이 현안이었다.

찰스 맥모런 박사는 처칠의 흥분을 알 수 있었다. 그는 '빨간' 알약 두 개를 처방했다. 그것은 바비투어소어(barbitursaure)를 함유한 수면제였다. 그는 자신이 할 수 있는 데까지 최선을 다해 임무를 수행했다. 그러니 이제 되돌아가도 되었다. 호텔로 돌아오는 박사의 마음은 영 씁쓸했다. 다른 사람은 다 괜찮지만 처칠의 주치의 노릇은 정말 하기 싫었다.

닷새 후, 1941년 12월 27일 오전 10시. 찰스 맥모런 박사는 아침 식사를 하고 있었다. 그때 급히 백악관으로부터 오라는 연락을 받았다. 이번에는 차도 없었다. 그는 하는 수 없이 택시를 타고 10분만에 백악관에 도착했다. 처칠은 침대에 누워 있었다. 얼굴은 두려움으로 일그러져 있었다. 이번에는 지난 18개월 동안 되풀이 되던 맥박을 재는 일이 아니었다.

찰스 맥모런 박사가 먼저 물어볼 필요도 없이 수상이 대뜸 먼저 지난밤 이야기를 꺼냈던 것이다. 너무 덥길래 창문을 열려고 하는데 갑자기 왼쪽 팔에서 심장으로 이어지는 부분에서 심한 통증이 느껴졌다고 한다.

"그게 뭐요? 내 심장에 문제가 있는 거요?"

수상은 처음으로 자신의 주치의에게 질문을 던졌다. 예순여섯 살의 대단한 위력가가 이렇게 물은 것이다. 그리고 얼른 토를 달았다.

"이젠 괜찮소. 이젠 아무렇지도 않소."

맥모런 박사는 윈스턴의 심장을 진찰했다. 그리고 숨소리도 들어 보았다. 의사인 그에게 그 증상은 분명히 심장혈관부전증이었다. 상태는 심전도의 확인도 필요 없을 정도였다. 자신이 의대생이었을 때 배운 지식에 의하면 이런 경우 적어도 6주간의 침대 요양이 필요했다. 그러나 한낱 의대생이 아니라 지금 그는 처칠의 주치의로서 이마에는 구슬 땀이 맺히고 온갖 생각이 한꺼번에 밀어 닥쳤다.

"영국 수상이 병든 심장을 끌고 다니는 예측불허의 상이군인이라고 온 세상에 공포해야 하는가? 그것도 하필이면 드디어 미국이 참전하게 된 이 시점에서…. 그 결과는 실로 엄청날 것이다! 그리고 이렇게 건강하지 못한 심장을 가지고 있다는 현실인식은 처칠처럼 환상적인 성격을 가진 사람에게 어떤 영향을 끼칠지 분명하지 않은가. 내가 두손 놓고 있는 상황에서 그가 만일 심각한 발작을 일으키게 된다면, 아니 그 정도가 아니라 불길한 종말로 이어진다면 그때는 사람들이 그를 쉬게 하지 않아서 죽게 만든 거라고 네게 책임을 물을 게 뻔하다."

맥모런 박사는 손에 청진기를 들고 깊은 생각에 잠겼다. 그리고 자신을 향한 처칠의 눈을 바라보았다. 뭔가는 얘기를 해 줘야 하기에 그는 이렇게 말했다.

"그리 심각한 건 아닙니다, 각하. 혈액 순환이 조금 느릴 뿐입니다. 정말 대단한 건 아닙니다."

그것은 거짓말이었다. 처칠을 죽음으로 몰고 갈 수도 있는 거짓말이었다. 자신이 학교에서 배운 모든 의학 지식을 등지고 이러한 결단을 내리도록 용기를 불어 넣었던 것은 대체 무엇이었을까? 그는 이에 관해서는 침묵을 지키고 있다. 다행히도 그는 운이 좋았다. 그의 힘으로는 막을 수 없었으나 어쨌든 처칠은 쉽사리 생명을 잃지는 않았다.

12월 28일 처칠과 그의 주치의는 비행장으로 달리고 있는 중이었다. 몹시 무더운 날이었다. 수상은 자동차의 창문을 열었다. 그리고 숨을 헐떡이며 숨을 몰아 쉬었다. 그리고 한 손을 맥모런 박사 무릎 위에 올려 놓았다.

"이렇게 박사가 내 곁에 있으니 얼마나 마음 든든한지 모르겠소."

맥모런은 그를 마주 볼 수가 없었다. 처칠은 몇 분 있다가 또 이렇게 말했다.

"찰스, 내가 일을 해야 할 때는 내 심장에 정신을 쓸 수가 없소."

"그 지긋지긋한 각하의 심장 따위는 잊어버리십시오."

의사의 대답이었다. 의사가 '지긋지긋한'이라는 단어를 마치 욕설처럼 내뱉었다는 사실을 수상은 눈치채지 못했다.

처칠은 회담에서 성공을 거두었다. 히틀러로 하여금 한시라도 빨리 무릎 꿇게 하기 위해서 루즈벨트와 의견 일치를 본 것이다.

제2차세계대전 당시 윈스턴 처칠은 대략 25만 킬로미터를 행군했으리라 짐작된다. 찰스 맥모런 윌슨 박사는 의료 가방을 들고 항상 그의 곁에 있었다. 1943년 2월, 처칠이 북아프리카를 여행하고 나서 폐렴에 걸렸지만 의사에게는 큰 걱정거리는 아니었다. 히틀러와 스탈린은 러시아 내륙에서 전쟁을 치르고 있었다. 처칠은 자신이 원하던 것을 성취할 수 있었다. 그리고 룸멜을 무찔렀고 지중해를 되찾았다. 미국은 영국 편을 들어 북아프리카에서 싸우고 있었다. 지중해를 뛰어넘는 것은 시간 문제일 뿐 더 이상 가능성의 문제는 아니었다.

그러나 1943년 테헤란에서의 3개국 정상 회담은 처칠의 계획을 모래탑처럼 와르르 무너지게 했다. 루즈벨트는 스탈린의 요구 조건을 수락하고 독일을 제압하기 위해 서부 전선의 침공을 감행하기로 결정한 것이다. 그러기 위해서는 강력한 연합군을 동부에서 철수시켜야 했다. 처칠은 갑자기 외톨이로 남게 되었다. 이탈리아에서 북쪽으로 치고 들어가 작센을 거쳐 슐라이센과 동프로이센으로 밀고 가려던—그렇게 해야 러시아군의 서부 진격을 막을 수 있었으니까—그의 구상은 물거품이 되었다.

스탈린과 루즈벨트는 협상이 끝난 후 11월 30일 처칠의 69번째 생일을 축하해 주었지만 그날 저녁 영국 수상은 깊은 우울증에 빠지고 말았다. 한밤중에 그는 주치의를 불러들여 맥박을 짚게 했다. 100이 넘는 맥박수가 나오자 의사는 불길한 예감에 사로잡혔다. 그래서 처칠에게 과도한 음주를 삼가라고 경고했고 지나치게 일을 많이 하는 것도 금지시켰다. 그러나 수상은 그의 말을 흘려 들었다. 그리고 붓기 때문에 앞으로 툭 튀어나온 눈으로 독백을 시작했다. 장차 다가올 러시아와의 전쟁에 관해….

"그건 이 전쟁보다 더 처참한 전쟁이 될 거야. 하지만 그때는 이미 나는 그 자리에 없을 거야. 난 잠을 자고 있을 테지. 수백 년 동안 잠을 잘거야."

맥모런 박사는 처칠이 그날 이후 전혀 딴 사람으로 변해 버린 것 같이 느껴졌다. 횡설수설하는 늙은 노인이 된 것 같았다. 의사는 수상에게 다음날 아침 아이젠하워를 만나러 튀니스로 가는 것을 극구 만류하였으나 허사였다.

그 다음 3주 동안에 벌어진 일은 오랫동안 세계의 가장 비밀스런 사령탑의 일로 남아 있었다. 그리고 그 3주가 흐르고 난 후 맥모런 박사는 모런 경으로 바뀌었다. 하지만 그러기 위해 그는 어떤 대가를 치러야 했던가!

아이젠하워는 카르타고의 어느 별장에 머무르고 있었다. 그 주위에는 병원이라고는 없었고 훈련받은 간호사도 한명 없었다. 물론 약국은 두

말할 필요도 없었다. 여기서 모런 경은 위인의 생명을 지키기 위해 몸 바친 주치의들 가운데 아마 가장 외로운 투쟁을 벌였으리라. 모런 박사의 예측대로 도착한 그날(1943년 12월 12일) 아침부터 처칠의 체온이 38.3도로 올랐다. 다시 폐렴이 발병한 걸까? 병리학자 한 사람을 부르려고 모런 박사는 카이로로 무전을 쳤다. 박사는 혈액 검사 없이는 정확한 진단을 내릴 수 없었다. 그리고 엑스레이 검사도 하지 않으면 안 되었다. 천만다행으로 튀니스에서 운반 가능한 엑스레이 기기를 찾을 수 있었다. 모런 박사는 하루 종일 처칠의 침상을 지켜보고 있었다. 그는 가물거리듯 잠에 빠져 들고 있었다. 새벽 1시 모런 박사가 방을 나가려고 막 일어서서 불을 끄자 처칠의 목소리가 들려 왔다.

"가지 마시오, 찰스. 제발 여기 있어 주오."

12월 13일 정오 무렵 병리학자가 도착했다. 풀버태프트 박사는 두 명의 간호사를 대동하고 카이로에서 왔다. 그리고 잠시 후 엑스레이 전문기사 소이어스 박사가 튀니스에서 기계를 갖고 도착했다. 혈액 검사 결과는 정상이었다. 백혈구 증가 증세는 없었다. 엑스레이 검사 결과 왼쪽 허파 바닥에 굉장히 큰 검은 부분이 드러났다. 그러나 이들 중 어느 한 사람도 검사 결과를 세계에서 가장 까다로운 환자로 꼽힐 만한 처칠 앞에 서는 숨길 수가 없었다. 수상은 한번도 환자로서 잠자코 있은 적이 없었기 때문이다.

"만일 내가 박사 혈액을 빼서 현미경 아래 밀어 넣는다면 백혈구가 몇 개나 보일 것 같소?"

수상이 병리학자에게 물었다.

"1입방 밀리미터당 6천에서 1만 개쯤 될 겁니다."

"그럼 나는 얼마나 되오?"

"9천9백 개입니다."

처칠은 그 대답에 만족했다. 그러나 왼쪽 허파 바닥에 관한 물음이 떨어지자 병리학자가 입을 열기도 전에 모런 박사가 먼저 선수를 쳤다.

"조그만 울혈 현상일 뿐입니다."

그는 수상에게 설퍼마인제를 주사할 수 있다는 것을 알고 있었다. 그러나 그는 그 방법을 쓰지 않고 즉시 런던으로 전보를 띄웠다. 미들섹스 병원의 심장 전문의 베드포드 박사가 즉각 카이로로 날아왔다. 모런 박사는 직감이 빠른 의사답게 처칠의 심장에 문제가 생기리라는 것을 예측하고 있었다.

아니나 다를까 처칠은 그걸 느끼고 있었다. 철저한 자기 관찰자이기한 처칠은 벌써 다음날 아침 모런 박사에게 이렇게 말했다.

"내 심장은 아주 제멋대로요. 마치 끊임없이 어디에 부딪치고 있는 것 같소. 어떻게 좀 막을 수 없겠소?"

수상의 얼굴에는 두려움이 어려 있었다. 그러나 그 두려움은 어느 새 사라져 버렸다. 모런 박사는 말라리아를 퇴치하는 키닌처럼 이런 상황을 대비한 특수 약품인 디기탈리스(Digitalis, 강심제)를 주겠노라고 말했다. 이것은 곧 환자와 의사 사이의 솔직한 대화였고 또 그 결과 두 사람은 서로 신뢰하는 사이가 되었다.

4시간 후, 심장의 흥분은 잠잠해졌다. 그렇다고 위험까지 사라진 것은 아니었다. 그것은 누구보다도 모런 박사가 더 잘 알고 있었다. 어떻게 해야 할 것인가? 런던의 각료들에게 알려야 할까? 아니면 기다리는 게 상책일까? 전문가들을 부를까?

의사에게는 가장 고독한 시간이었다. 누구도 당시 그의 절박한 상황을 그대로 느낄 수는 없을 것이다. 모런 박사는 그때 느꼈던 점을 단적으로 들려준다. "난 카타르고의 폐허 사이를 떠돌아 다녔다."라고.

그는 몇 년 후 이렇게 회고했다.

"정말 할 수 있는 것은 모두 다 한 것일까? 어떤 사람이 한 의사로부터 충분한 치료를 받을 수 있다고는 믿지 않는다. 이제 내 환자 없이 혼자서 런던으로 돌아가게 된다면 내가 내렸던 결정을 추궁받게 될 것이다. 윈스턴 처칠이 그의 일을 완수하기도 전에 내가 손 아래 죽어간다면 그때는 얼마나 큰 분노 섞인 원성을 들을 것인가? 만약 일이 잘못되었다고 내가 총살을 당하게 된다면… 적어도 그렇게 되지는 않도록 나의 이성을 최대한 활용해야 할 것이다."

모런 박사는 1943년 12월 15일, 아주 간략한 환자 용태서를 런던으로 띄웠다.

"수상 각하께서는 감기 때문에 며칠 동안 침대에 머무르시게 되었습니다. 왼쪽 폐 옆에 가벼운 폐렴 증세가 나타났습니다. 다른 나머지는 양호하십니다."

그리고 모런 박사는 이런 전략을 계속 고수했다. 다음 6일 동안의 용태서도 다를 바 없었다. 자신이 통제할 수 있었던 것은 솔직히 시인했다. 즉 폐렴은 솔직히 보고했지만 정말로 제일 중요한, 언제 위험한 상태로 발병될지 모르는 심장 증세에 관해서는 입을 굳게 다문 것이었다.

이쯤 되면 그 안에 한 구절도 윈스턴 처칠을 언급하고 있지는 않지만 몇 년이 지난 뒤 『용기의 해부학』이라는 제목의 책을 펴낸 것도 이해가 될 만하지 않을까? 실제로 이 책은 자신이 의사로서 제1차세계대전을 겪은 체험담과 경험을 다루고 있다.

다음날들의 용태도 거의 똑같았다.

"수상께서는 어젯밤에 아주 편히 주무셨습니다. 폐렴은 더 이상 확산되지는 않았습니다. 폐렴 증상이 사라졌습니다. 수상의 체온은 다시 정상을 찾으셨습니다…"

심장 박동에 대해서는 여전히 단 한마디도 언급되지 않았다. 그만한 이유가 있었던 것이다. 하루가 다르게 나아졌기 때문이었다. 3시간에서 2시간 30분, 그러다 1시간 30분으로…. 12월 20일, 물론 일시적인 현상이지만, 모런 박사는 이제 드디어 해냈다는 것을 알게 되었다. 수상이 적어도 두 달 동안 완전히 긴장을 풀고 휴식을 취한다는 조건에서 말이다.

심장 전문의 베드포드 박사는 수상을 설득하려고 애를 썼다. 그러나 수상은 열도 없고 심장 진동도 없어진 마당에 그 말을 들을 리 만무했다. 그는 박사에게 소리를 질렀다. 그리고 모런 박사에게도 고함을 질렀다.

모런 박사는 소리없이 수상의 방을 나갔다. 그러나 문 가까이 이르러 다시 몸을 돌린 그는 앞으로 다시는 자신에게 고함을 지르지 말라고 경고했다. 그렇게 어리석게 구는 법이 어디 있느냐고 일침을 놓는 것도 잊지 않았다. 다음날 아침 처칠은 두 달 동안 쉬겠노라고 공언했다.

1943년 12월 27일, 처칠과 그의 부인, 그리고 모런 박사와 몇몇 수행원들은 햇살과 따스한 온기가 있는 마라케쉬로 향했다. 아침에 그들은 어느 곡창지대에서 야외 예배에 참석했다. 미사 도중에 비둘기 한 마리가 날아와 지붕 서까래 위에 내려 앉았다. 모두들 비둘기를 쳐다보았다. 아무도 입을 열지는 않았지만 마음 속으로 비둘기가 왔으니 곧 평화가 찾아올 거라고 기대했다.

마라케쉬의 해변에는 키가 큰 노인이 앉아 있었다. 쏨브레로(중남미에서 흔히 쓰는 창이 넓은 모자)를 머리에 쓰고 있었다. 그리고 그 옆쪽으로 눕는 의자 위에 그의 의사가 있었다. 모런 경, 그는 처칠의 의사인 것은 분명했다. 그러나 그는 의사 이상이었다. 그는 크롬웰에게 보스웰이 갖는 의미나 괴테에게 에커만이 갖는 의미와 똑같은 의미를 지닌 사람이었다.

윈스턴 처칠이 거의 천수를 다 누리고 장수하면서 앓았던 질병에 관해서는 많은 이야기를 할 수 있을 것이다. 그의 주치의 모런 경은 그 질병들을 제어할 수 있었다. 발작, 폐렴, 작은 수술들에 관한 보고는 한편으로는 조금 지루한 주제이기도 하고 다른 한편으로는 모런 경이 맞섰던 실제 문제를 하찮게 만들 염려가 있다.

귀족으로 승격한 주치의가 싸워야 했던 그 문제를 간단히 설명하자면 처칠의 노쇠증이었다. 기억력 쇠퇴, 그리고 조는 것이었다. 그럼에도 이런 진단을 받은 당사자는 여전히 권력을 지니고 있는 사람이었으니….

수천 년 동안 위인들의 건강을 보좌해 온 주치의들은 숱하게 있었지만 이러한 과제 앞에 놓였던 주치의들은 몇 사람 되지 않았다. 그리고 그 얼마 안 되는 주치의들도 결국에는 그러한 과제를 감당할 수 없어서 회의에 빠질 수밖에 없지 않았던가. 이 세상의 위대한 인물들이 한 자리에 만난 회담에 관한 보고서에는 여기에 관한 언급을 찾을 수 없다. 이러한 실상들은 비밀스럽게 베일이 깊게 드리워져 있는 게 현실이기 때문이다. 그러나 이제 모런 경은 그 베일을 걷어 올린다.

예를 들면 1945년 얄타 협정에 관한 이야기를 들어 보자. 처칠과 스탈린 그리고 루즈벨트는 향후 50년간 패배자들이 져야 할 의무를 규정하려고 했다. 히틀러는 아직 항복을 하지는 않았지만 이미 진거나 다름없었다.

무대는 니콜라우스 2세가 예전에 여름 별장으로 사용했던 리바디아 왕궁이었다. 주제는 어떤 최후의 일격이 히틀러로 하여금 빨리 항복하게 할 수 있을까? 그런 다음에는? 동서간의 경계는 어떻게 정하나? 등이었다. 모런 경도 그 자리에 있었다. 루즈벨트의 상태는 위험했다. 모런 경은 자신의 일기에 이렇게 기록하고 있다.

"모든 것이 루즈벨트가 현재 신체적으로 무너지고 있음을 증명해 주고 있다. 사람들은 내게 그 이유를 알고 싶어 한다. 나는 이미 1년 전에 퀘벡 회담에서 그의 체중 감량을 눈치챘었다. 그러나 그것은 정신적 고민이 몰고 온 신체적 이상이었다. 그는 거의 회의에 참석하는 법이 없었고 또 함께 그 자리에 있다 하더라도 항상 입을 멍청하게 벌리고 있었다. 이전에 회의 안건을 제대로 파악하지 못할 경우가 있다면 아마도 그의 이러한 약점 때문이었을 것이다. 이제는 날카로운 통찰력 같은 것은 사라진 지 오래다. 계속 지켜보건대 그가 자신의 맡은 바 임무를 완수하가기는 어려울 것 같다."

하지만 루즈벨트는 그의 환자가 아니었다. 루즈벨트의 주치의는 따로 있지 않은가. 모런 경은 윈스턴 처칠 수상의 비슷한 증상만으로도 충분히 골치를 썩고 있었다. 루즈벨트의 주치의인 로저 리 박사가 주는 은밀한 정보도 그에게는 별 도움이 되지 않았다.

"루즈벨트는 8개월 전에 심장 발작을 일으킨 적이 있다. 물론 울혈증에는 여러 가지가 있을 수 있다. 그러나 루즈벨트는 담석증과 호흡곤란으로 고통을 받고 있었다. 해부를 할 경우 내부기관의 출혈을 확인할 수 있을 것이다. 그는 오랫동안 정신 집중을 하고 나면 벌컥 성을 내는가 하면 신경이 몹시 날카로워지곤 했다. 뭔가 심사숙고해야 할 문제가 언급되면 그는 화제를 바꾸기 일쑤였다."

모런 경에게는 이러한 로저 리 박사의 의견서도 전혀 위안이 되지 못했다.

처칠은 예를 들면 안경을 자기 손에 들고 있으면서도 개인 비서에게 이렇게 묻기도 했다.

"소이어스, 내 안경이 어디 있나?" 또는 "소이어스, 내 탕파는 어디 있지?"

그것을 자신이 깔고 앉아 있다는 것은 까마득히 잊어버리고는 그렇게 천연덕스럽게 묻는 것이다.

3국 정상의 얄타 회담에서 의사들에게 아무런 근심거리도 만들지 않았던 사람이 딱 한 명 있었다. 다름 아닌 스탈린이었다. 그래서 세계사는 스탈린이 원하는 대로 방향이 잡혔는지도 모르겠다. 그는 다른 두 정상보다 커다란 장점을 가지고 있었기에 가능했던 일이다. 정신적, 신체적 힘을 온전히 지니고 있었으니까.

모런 경은 2월 12일, 얄타에서 2만 톤짜리의 배를 타고 처칠과 함께 세와스토폴로 향하던 날, 이렇게 일기를 기록했다.

"수상은 자신의 무력함을 잘 알고 계신다. 그런데도 나는 그를 도와드릴 수가 없다…."

권력이 윈스턴 처칠의 기력을 쇠진시켰다. 모런 경은 처칠 손에서 권력이 빼앗기게 될 순간을 생각하며 두려움으로 몸을 떨었다. 1945년 7월 26일, 애슬리가 노동당과 함께 선거에서 압도적 승리를 거두었다. 모런 경이 두려워했던 일이 드디어 닥쳤다. 처칠은 심각한 우울증에 빠진 것이다.

"찰스, 내가 큰 충격을 입지 않았다고 주장해도 그건 소용 없는 짓일세. 나머지 여생 동안 아무 일도 없이 빈둥거릴 걸 생각하면 참을 수가 없네. 차라리 루즈벨트와 함께 죽어 버렸던가 아니면 비행기 추락사가 더 낫겠어. 아! 찰스, 축복은 곧 저주도 되는 거야. 당신은 나를 살게 해 주었는데 그런데 이제 나는…."

1940년, 모런 경은 처칠의 주치의가 되던 어느 봄 날부터 지금까지 단 한번도 본적이 없었던 자기 환자의 눈물을 보게 되었다. 그 위대한 노인의 눈물을….

그러나 처칠의 우울증은 모런 경의 예상과는 달리 그리 오래 가지 않았다. 그 위대한 노인은 여전히 영국 하원의 보수당 당수로서 두 주먹을 다시 한 번 불끈 쥐고 과감히 일어섰다. 그는 그림을 그리고 여행도 다니고 영국을 비롯하여 전세계가 가장 어려웠던 시기에 대한 회고록을 쓰기 시작했다.

"날 버리면 안 되오."

그는 권력을 뺏기기 얼마 전에 모런 경에게 그렇게 말하기도 했다.

처칠은 서혜 헤르니아 수술을 일흔다섯 살의 고령이면서도 마치 마흔 다섯 살 정도의 사람처럼 잘 넘겼다. 1949년 8월 몬테카를로에서 얻은 가벼운 심장 발작도 큰 문제가 되지 않았다. 그저 모런 경에게 어떤 것이 심장 발작을 일으키는 지 물어 보았을 뿐이었다.

그래서 모런 경은 그에게 대뇌피질에서 척수로 흐르는 신경 다발이 두뇌의 중심부에서 만나는데 이 부분에 피가 고일 경우 완전 마비증세를 일으킬 수도 있다고 설명해 주었다.

"아주 운이 좋으셨습니다. 운동 신경에 문제가 되는 미세혈관에 영향이 미치지 않은 것이 천만다행입니다. 그렇지 않았더라면 마비 현상이 일어났을 겁니다."

발작 고비를 무사히 넘긴 그날 이후 처칠에게는 단 한가지 목표밖에 없었다. 다시 한 번 권좌에 오르는 것, 그리고 다시 대영 제국의 수상이 되는 것이 그의 목표였다. 다시 한 번만—그리고 마지막으로….

1949년 8월 25일자 모런 경의 일기에는 다음과 같이 기록되어 있다.

"그는 포기하지 않을 것이다. 아마도 필사적으로 전력 투구하리라. 그러나 한 가지는 분명하다. 내가 할 일은 지금부터 시작이다."

1951년 10월 27일, 처칠은 드디어 자신이 원하던 목표를 달성했다. 하원의원 17표 이상의 차이로 보수당은 다시 한 번 정권을 장악하게 되었다. 윈스턴 처칠은 일흔일곱의 고령으로 다우닝가로 들어가게 되었다.

그의 주치의는 이 날을 이렇게 적고 있다.

"세계의 심각한 위협에 맞서 싸웠던, 누구도 감히 길들일 수 없는 수상의 불 같은 열정은 이제 고령의 겸손함과 어우러지고 있다."

처칠이 권좌로 돌아온 지 채 8개월이 지나지 않아 그 종말이 보이기 시작했다. 1953년 6월 24일 자정을 앞둔 시간 주치의 모런 경은 수상의 부름을 받았다. 몇 주 전 스탈린이 서거했는데, 이제 세 거물 중 마지막으로 남은 처칠도 심각한 발작으로 인해 무기력한 상태가 된 것이다. 그는 더 이상 말을 할 수 없을 뿐 아니라 걸음도 옮길 수 없었다. 사흘 후, 영국 신문에는 영국 수상이 과로로 인해 한 달 동안 직무를 수행할 수 없다는 보도가 실렸다. 정치가들은 그가 물러나 주기를 기다렸다. 모런 경도 처칠의 죽음을 잠잠히 기다릴 수밖에 없었다.

그럼에도 불구하고 처칠은 이번에도 이기기 위해서 혼신의 힘을 기울였다. 그는 이따금 병적 상쾌감까지 느끼고 있었다.

"다른 어느 누구도 할 수 없는 어떤 일을 나는 해낼 수 있을 것 같은 기분이 드오. 어쩌면 나는 이 세계에 다른 방향을 제시할 수도 있을 것 같소. 완전한 평화는 아니라 해도 세계가 긴장을 해소할 수 있는 그런 방향 말이요. 미국은 할 수 없소. 미국은 강대국이긴 하나 미개한 나라요…."

또한 암울한 비관주의적인 순간도 있었다.

"하루 아침에 내가 이런 몰골로 변할 수 있다는 게 도저히 믿기지 않소. 다 떨어진 누더기 조각 신세라니. 이제 나는 숨이나 쉬고 배설이나 하는 몸뚱아리에 지나지 않는 것 같소…."

모런 경은 13년 이상 주치의로서 돌봐 왔던 환자의 상태에 대해 진단을 내렸다. 그러나 그 내용은 처칠이 세상을 떠난 뒤에야 사람들에게 알려졌다.

"그는 심장 발작 이전의 모습으로는 결코 되돌아 갈 수 없을 것이다. 동맥의 응혈이 두뇌로 피가 흐르지 못하도록 가로막고 있다. 그리고 사실 이것은 그의 활동의 궁극적인 원천이었다. 이제 그의 뇌에는 점점 혈액이 감소될 것이다. 순환이 조금이라도 동요를 보이면 그는 활동의 욕을 잃고 아무것도 제대로 파악하지 못할 것이다. 아니면 다리를 움직일 수 없거나 다른 불상사도 생길 수 있을 것이다. 그는 폭발 직전의 화산 위에서 살고 있는 것이다.”

1954년 여든 살이 된 윈스턴 처칠은 전세계의 명성을 한 몸에 누릴 수 있었다. 모런 경은 수상의 생신을 축하하러 가기 전에 자신과 환자 사이의 관계를 결산해 보았다.

“내가 그를 안 지도 꼭 15년이 되었다. 그 동안 펄 하보어의 공격 직후 워싱턴에서 생겼던 심장 발작이 있었고, 폐렴이 세 번, 그 중에 한 번은 매우 엄청나게 먹어댔었다. 심장 발작, 수술 두 번, 한 번은 두 시간짜리 수술이었다. 아랫부분의 유착 때문이었다. 프루리투스 세닐리스(Pruritus senilis, 피부염의 일종)가 가장 치료가 곤란한 피부 증상이었다. 그리고 일종의 결막염 형태는 작은 수술로 이겨낼 수 있었다.

윈스턴 처칠이 수년 간 진정제를 복용했다는 사실도 병상 카드에 기록해야 할지 모르겠다. 그는 수면제 없이 편히 잠을 잔 적이 없었다. 돌이켜 보면 그는 불면증에 몹시 시달렸던 것 같다. 그러나 두 번의 폐렴과 1953년 발작에 관한 소문들을 제외하고는 그가 앓았던 온갖 질병을 일반인들과 정치 세계에 비밀로 유지할 수 있었던 것은 내 몫이 컸다고 자부한다.”

그러니까 그것이 윈스턴 처칠의 주치의로서 그가 지녔던 의무 중에 최우선적인 과제였던 것이다.

그가 여든 살 되던 생일 날, 윈스턴 처칠은 수없이 악수를 나누고 수없이 감사하다는 인사말을 되풀이했다. 모런 경에게는 처칠이 이렇게 말했다.

“내가 이렇게 여든 살이 된 것은 경의 공로가 크오.”

다른 모든 것은 이 세상의 위대한 인물이었던 윈스턴 처칠과 그 주치의 모런 경의 인생에서 그저 후주곡에 지나지 않았다. 1955년 윈스턴 처칠은 스스로 수상직에서 물러났다. 다우닝가 10번지를 떠나기 앞서 처칠은 모런 경에게 이렇게 말했다.

"어쩌면 앞으로 2, 3년 더 살 수 있을지도 모르지. 제발 그 종말이 아무런 고통 없이 예기치 않게 찾아와 줬으면!"

그의 눈에서는 눈물이 조용히 흘러나왔다. 그는 몸을 돌려 다시 한마디 덧붙였다.

"경이 이렇게 오랫동안 나를 움직일 수 있도록 도와준 것이 놀랍기만 하오. 날 위해서 이렇게 몸을 바쳐 일해 주니 정말 감동스럽기 한량없소."

그는 그 후로 10년을 더 살았다. 1965년 1월, 영원히 깨어날 수 없었던 2주간의 의식불명 상태에 빠져들기 전 그는 여전히 자신의 주치의로 일하고 있던 모런 경의 손을 잡고 이렇게 말했다.

"곧 다시 오시오, 친구!"

1965년 1월 24일 처칠의 임종을 지켜본 사람은 단 두 명밖에 없었다. 그의 부인과 주치의 모런 경이었다.

"호흡이 약해지고 힘들어졌다. 아침 8시 호흡이 멎었다. 그의 곁에 앉아 있던 메리가 나를 바라보았다. 나는 일어나서 그를 굽어보았다. 그는 숨을 거두었다."

처칠의 나이 아흔한 살이었다. 주치의는 사망확인서에 서명했다.

그 당시 모런 경의 나이는 여든여섯 살이었다.

"저주스러운 이 날을 가능하면 조금이라도 뒤로 미루는 것이 내 의무였다. 그것이 의사로서의 나의 과제였다."

그것이 윈스턴 처칠의 주치의로서 모런 경이 자신의 의무에 관해 언급한 마지막 발언이었다.

빠르고 은혜로운 죽음에
이르는 머나먼 여정

프로이트의 비밀 숫자, 2467

무서운 사실은 구강암

시체를 상대로 한 시험 수술

16년 동안 열아홉 번에 걸친 한스 피힐러 박사의 수술 집전

막스 슈어 박사가 놓아 준 자비의 주사 두 대

프로이트 (Sigmund Freud 1856~1939)

오스트리아의 신경과 의사, 정신분석학의 창시자. 빈 대학 의학부를 졸업하고 뇌의 해부학을 연구하다가 파리에 가서 최면 요법으로 히스테리, 신경질 등을 치료하는 방법을 연구하였다. 그 뒤 그는 최면술 대신에 자유연상법(自由聯想法)으로 잠재의식을 일깨워 신경질환을 치료하는 방법을 개발하였다. 또한 꿈, 착각, 성욕 심리 분석 등 새로운 분야를 개척하였다. 1938년에 나치스에 의해 추방당하여 런던에 머무르다가 그 이듬해에 암으로 세상을 떠났다. 저서에 『히스테리 연구』, 『꿈의 해석』, 『정신분석학』 등이 있다.

　지그문트 프로이트 박사의 긴긴 죽음의 장정은 16년에 걸쳐 진행되었다. 그 시초는 1923년 따사로운 4월의 봄날, 오스트리아 빈의 외과의사인 마르쿠스 하에크 박사의 경솔한 수술로 시작되었다. 그리고 안개 자욱한 9월의 어느 가을날 런던에서 오랫동안 프로이트의 주치의로 일했던 막스 슈어 박사가 놓아 준 모르핀 주사 두 대를 통해 죽음에 이르게 된다. 처음 불안을 느낀 단계부터 마침내 구원의 손길이 닿기까지 16년이라는 세월 동안 무려 열아홉 번의 수술이 행해졌다. 정신분석학의 창시자인 프로이트는 가장 무서운 암이라 할 수 있는 구강암을 앓고 있었는데, 그의 난치병을 치료하기 위해 빈에서 열아홉 번이나 수술을 집도했던 사람은 한스 피힐러 박사였다. 이 구강암은 처음에는 구강에 작고 하얀 종기로 나타나지만 결국엔 입과 구강, 그리고 턱을 완전히 파괴함으로써 끝나는 질병이다.

　이 세상의 어느 위인도 프로이트가 당했던 고통만큼 끔찍한 통증은 겪지 않았으리라. 1923년 어느 봄날, 빈에서 자신의 상태를 어렴풋이 짐작했을 때 그의 나이는 예순일곱 살이었다. 친구이자 주치의였던 막스 슈어 박사의 모르핀 주사 두 대가 그에게 구원을 안겨다 주었을 때 그는 여든세 살이었다.

　"여보게, 슈어. 우리가 처음 나눴던 대화를 기억하는가? 그때 자네는 내게 이렇게 말했지. 때가 되면 날 저버리지 않겠노라고 말이야. 지금은 그저 고통의 연속일 뿐 아무런 의미도 없네."

　그 고통은 16년간이나 그를 쫓아다녔다. 그리고 그것은 편하게 읽어

낼 수 있는 성격의 이야기가 아니다. 프로이트가 그 16년 동안 그저 무의미하게 연명해 가기만 했더라면 더더욱 이 이야기는 읽을 가치도 없을 것이다. 신체에 대한 정신의 승리, 결국에는 썩는 냄새가 진동하는 몸뚱아리에 대한 정신의 승리…. 그 냄새가 얼마나 지독했던지 그렇게 프로이트를 따르던 애견 차우차우마저도 감당하지 못했다. 그리고 그 냄새야말로 끝없이 진전되고 있는 죽음의 상징이기도 했다. 의사들은 자신들이 할 수 있는 최선을 다했다. 그것이 큰 소득이 없었다면 그건 의사들의 탓이 아니다. 암은 지금도 여전히 극복하기 어려운 질병이 아닌가. 그러나 처음 질병을 발견한 의사가 실패하면, 그것도 대수술을 시도할 엄두를 내지 못하고 미뤄뒀기 때문에 그렇게 된 것이라면 다른 외과의들도 성공할 확률이 그만큼 적어지게 마련이다.

1923년 4월의 어느 저녁이었다. 프로이트는 진료시간을 막 마쳤다. 그의 환자들은 마음이 아픈 사람들이었다. 노이로제와 콤플렉스에 시달리며 극심한 불안과 히스테리로 인해 마침내는 신경 분열로 치닫는 그런 환자들이었다. 프로이트는 이러한 환자들을 괴롭히는 무의식적인 운동 원인을 추적해 내고자 했다. 하루에 이런 환자들을 8명이나 10명 정도 만나 상담을 하고 나면 그는 기진맥진했다. 그러나 빈의 베르그 가세 19번지에 있는 그의 연구실은 밤늦도록 불이 밝혀져 있었고 어떤 때는 자정을 훨씬 넘기기도 했다.

진료 시간은 프로이트의 하루 일과 중 일부일 뿐이었다. 그의 다른 일과는 집에 돌아와서도 계속되었다. 전세계에 있는 다른 의사들과의 서신 왕래가 그것이었다. 그는 자신처럼 인간의 영혼이라는 미지의 세계를 탐색하는 데 관심이 있는 의사들과 서신 교환을 하며 지냈다. 그리고 꿈의 분석과 히스테리, 노이로제, 최면, 쾌감 법칙, 죽음의 충동, 억제, 불안 등을 주제로 한 저술 활동에 여념이 없었다.

이렇게 밤마다 계속되는 그의 하루 일과에 몰두하고 있던 4월의 어느 날 밤, 그는 구강과 턱에 작은 종기가 생긴 것을 느낄 수 있었다. 6년만에 다시 찾아온 종기였다. 6년 전, 1917년에 처음으로 그런 종기가 생겼을 때 그것은 별것 아닌 백혈구 도금현상으로 나타났다. 그는 자신이 발견한 사실을 누구한테도 이야기하지 않았다. 그는 아내와 안나에게도 입을 다물었고 의사에게조차 한마디도 하지 않았다. 그러나 불안은 그를 놓아 주지 않았다. 이번에는 악성 종양일 것 같은 막연한 생각과 두려움이 그를 사로잡았던 것이다. 뚱딴지 같은 숫자가 그의 뇌리를 스쳤다. 2467.

그는 친구인 빌헤름 플리스 박사(베를린에 있던 이빈후과 의사)에게 농담처럼 이런 내용의 편지를 쓴 적이 있었다.

"자네는 내 책『꿈의 해석』에서 2467개의 오류를 발견할 수 있을 걸세."

그때는 프로이트가 묘한 숫자의 합성으로 자신이 죽을 날과 자신의 인생에서 중요한 의미를 갖는 다른 날들을 계산하는 데 재미를 붙이고 있을 때였다. 말하자면 그러한 시도는 무의식의 깊은 영역으로 파고 들어가는 작업이었다. 그러나 이 편지의 끝에서 그는 자신이 왜 하필이면 2467이라는 숫자를 떠올렸는지에 대해 생각해 보고 있었다.

"꿈에 관한 그 책에서 자네가 발견하게 될 2467이라는 숫자는 그 책에 있는 오류를 오만불손하게 임의로 평가하는 것을 뜻하네. 하기야 심리에서는 비결정적인 것, 임의적인 것은 하나도 없지. 그러니 자네는 나의 무의식 세계가 나의 의식 세계에 나타난 숫자를 결정하도록 서둘렀다고 짐작할 수도 있을 거야."

그리고 이것이 그의 설명이었다. 그는 스물네 살에 허락도 받지 않고 부대를 이탈한 이유로 군대 감옥에 갇혔던 적이 있다는 것을 기억해 냈다. 그리고 지금의 자신 나이가 마흔세 살이라는 데 생각이 멎은 그는 두 숫자를 합쳐서 67이란 숫자를 만들고 여기에 24라는 숫자를 앞에 놓으면 2467이 되는 셈이니 이 2467이라는 숫자는 결코 우연이 아니라 오히려 무의식 더하기 의식이 빚어낸 숫자라는 것이다. 훗날 프로이트는 67이라는 숫자를 이렇게도 해석했다. 자신이 예순일곱 살이 되면 연금 생활을 하게 될 테니까 그때 은퇴를 할 거라는 것이었다.

1923년 다시 그 종기가 구강과 턱에 나타나자 프로이트는 그 생각을 했다. 몇 주 있으면 67번째 맞는 자신의 생일이었다.

그래서 그는 이번에 의사들이 자신의 종기를 진찰하게 되면 무해한 백혈구 도금현상이라는 진단을 내리지 않고 오히려 악성 종양인 상피암, 구강암이라는 진단을 할 것이라는 불길한 추측에 사로잡혔다. 그것은 그의 경력에 종말을 뜻했다. 그의 삶에 종지부를 찍는 것이 아니라면 말이다.

그는 이러한 암이 얼마나 끔찍한 것인지 잘 알고 있었다. 그 암이 한 인간을 얼마나 처절하게 파괴시키는지 누구보다도 잘 알고 있었고 종국에는 도무지 참아 줄 수 없는 구린내만 풍기는 고물밖에 남지 않는다는 것도 알고 있었다.

종기는 점점 커졌다. 그리고 통증도 심해졌다. 마침내 프로이트는 빈에 있는 피부과 의사 막심 슈타이너 박사와 내과의인 펠릭스 도이취 박사에게 사실을 털어놓았다. 진단은 둘 다 똑같았다. 암이라는 것이었다. 그러나 두 의사는 프로이트에게 진실을 말할 용기가 없었다. 그래서 그들은 그것이 악성 백혈구 도금현상이라고 말하고 그 종기를 떼내는 작은 수술을 받을 것을 권했다. 그것만 절단하고 나면 퇴원할 수 있다고 말했다.

그러나 일은 전혀 다르게 꼬였다. 전세계적인 명성을 날리고 있던 프로이트가 왜 빈에서 제일 유명한 외과의인 턱 전문의 한스 피힐러 교수에게 수술을 받지 않고 엉뚱하게 병리학 교수로 이름은 나 있었으나 외과의로는 알려지지 않은 마르쿠스 하에크 박사에게 수술을 받았는지는 여전히 수수께끼로 남아 있다. 그래도 굳이 해명을 해 보자면 이는 궁극적으로는 진실을 말할 용기가 없었던 슈타이너 박사와 도이취 박사의 '자비로운 거짓말'이 원인이라고 할 수 있다.

마르쿠스 하에크 박사는 4월 20일 수술실도 아닌 자신의 병원 응급실에서 수술을 시작했다. 그때까지도 프로이트는 자신의 아내한테도 수술 사실을 알리지 않고 있었다. 사소한 일로 안나를 걱정시킬 필요가 뭐 있겠느냐는 생각에서였다.

프로이트와 동행한 도이취 박사는 나중에 이렇게 회고했다.

"우리는 함께 병원으로 향했다. 수술만 끝나고 나면 곧 퇴원할 수 있으리라 생각했다. 그러나 그는 기대 이상으로 피를 많이 흘려서 병원의 조그만 병실의 간이 침대 위에 머물러야 했다. 다른 병실이 없었던 것이다. 한마디로 희비극적인 우연에 의해 그는 발육부진의 난쟁이와 한 병실에 있게 되었다."

그런데 바로 이 난쟁이가 몇 시간 후 프로이트의 생명을 구하게 될 줄이야! 물론 지금이야 16년간 프로이트가 서서히 죽어 갔다는 사실을 알고 있으니 차라리 그 난쟁이가 그의 생명을 구하지 않았더라면 그토록 모진 고통은 면할 수도 있었으리라는 생각이 든다.

가련한 사람 중에서도 가장 가련한 사람일지라도 프로이트가 하에크 박사의 응급실에서 겪었던 것보다 더 심한 푸대접은 받지는 않았을 것이다.

프로이트의 전기를 썼던 조네스는 이렇게 기록하고 있다.

"프로이트의 아내와 딸 안나가 병원의 연락을 받고 불려갔다."

"어쩌면 프로이트가 병원에서 밤을 보내야 할지도 모르기 때문에 몇 가지 소지품이 필요했던 것이다. 병동을 지키던 간호사가 점심 시간에는 면회가 금지되어 있다며 환자는 잘 있으니 집으로 돌아가라고 말했다. 다시 두 시간 후 병원에 이들이 도착했을 때 프로이트는 출혈이 심해져서 그가 도움을 청하기 위해 비상벨을 누른 뒤였다. 그러나 그 벨은 고장이 나 있었고 그는 말을 하거나 소리를 지를 수도 없는 형편이었다. 바로 그때 이 난쟁이 환자가 사람을 찾으러 달려갔고 얼마 후 간신히 출혈을 멎게 할 수 있었다. 어쩌면 이 난쟁이 환자가 프로이트의 생명을 구한 것인지도 모른다. 이제는 안나도 집으로 돌아가지 않으려고 했다. 그래서 밤새도록 아버지 곁에 지키고 앉아 있었다. 프로이트는 피를 많이 흘린 까닭에 지쳐 있었고 약 기운으로 절반은 마비된 상태로 극심한 통증에 시달리고 있었다. 밤새도록 그의 상태가 불안했기 때문에 안나와 간호사는 병동 의사를 불렀다. 그러나 의사는 침대에서 일어날 생각을 하지 않았다.”

모든 것을 직접 지켜보았던 증인들은 하에크 박사의 태도를 무책임한 행위로 결론지었다. 훗날 프로이트의 주치의가 되었던 막스 슈어 박사가 그랬듯이 의사들은 이렇게 설명하려고 했다. 여기서 슈어 박사의 의견을 들어보자.

“하에크 박사가 국부 수술로 만족한 것은 그가 상황을 절망적인 것으로 보고 포기했다고밖에 설명할 수가 없다. 암이 번지는 걸 막을 수 없다는 것을 그가 몰랐을 리 만무하니까 말이다. 그래서 형식적인 수술에 임했을 뿐이다. 하에크 박사가 그리 작다고 할 수 없는 수술을 응급실에서 집전하고 출혈 후에 의사나 간호사가 보살펴 주지도 않고 그대로 방치해 둔 책임을 묻지 않을 수 없다. 그 환자가 세계적인 명성을 누리고 있는 환자가 아니었다 하더라도 마찬가지다.”

다음날 아침 프로이트는 퇴원을 했다. 제거된 종기를 조사한 결과 명백히 상피암이었다. 하에크 박사는 프로이트를 빈 의과대학 방사선과 과장인 구이도 홀츠크네흐트에게 넘겼다. 방사선 치료를 받기 위해서였다. 하에크 박사의 보조의가 프로이트의 국부 라듐 치료를 맡았다. 무의미한 수술 후 이러한 치료의 결과는 조직 파괴와 극심한 통증이었다.

며칠 후 프로이트의 67번째 생일이 되었다.

"사람들은 내가 무슨 스타라도 되는 것처럼 성대하게 생일을 축하해 주었다."

프로이트는 그렇게 무감동하게 자신의 심정을 친구에게 털어놓았다. 그리고 1899년에 무의식으로부터 썼던 마법의 숫자에 대한 기억. 이제 그 무의식이 현실로 나타났다. 2467!

프로이트는 사람들이 자신을 속였을지도 모른다는 두려움에 떨 만큼 의사로서의 직감을 가지고 있었다. 아무런 해가 없는 백혈구 도금이라 고? 그러나 그는 의사들을 비난하는 말은 단 한마디도 입에 올리지 않 았다. 하에크나 슈타이너, 또는 도이취에 대해서 한마디도 힐책하지 않 았다.

그가 실제로 느꼈던 감정은 그들이 아닌 다른 사람에게 고백했던 것 이다. 두 사람의 헝가리 친구인 카타 박사와 라요스 레비 박사가 그들 이었다.

"내 고통과 수술에 관해서는 할 말이 없소. 두 사람이 다 알고 있는 것 외에는."

6월에 그는 그들에게 편지를 써서 부다페스트로 보냈다. 그때는 딸 안나와 로마 여행을 앞두고 있었던 때였다.

"예순일곱 살이 된 남자의 머리 위로 떠돌던 불안이 이제는 물질적인 표현을 얻게 된 거요. 그리 슬픈 생각은 들지 않소. 한동안 현대 의학 에서 할 수 있는 온갖 수단으로 저항을 할 테고 그 다음엔 버나드 쇼우 의 경고를 상기하게 될 거요. '영원히 살려고 애쓰지 말라, 결코 성공 할 수 없을 테니….'"

실패로 끝난 수술 이후, 베르그가세 19번지에 있는 프로이트의 병원 은 문을 닫았다. 그는 환자들에게 자신이 진료를 다시 시작하게 되면 그 즉시 알려주겠노라고 연락했다. 그러나 그때가 언제가 될런지 스스로도 아무런 예측도 할 수 없었다.

그는 여름을 라바로네에서 보냈다. 그곳은 로마의 남티롤에 있는 산골이었다. 그러나 남부의 쾌활함도 그의 가슴에서 암울한 예감을 씻어주지는 못했다. 곧 두 번째 수술을 받아야 하리라는 불길한 예감이 찾아왔다. 구강 출혈이 갑작스럽게 반복되는 바람에 그는 무척 고통스러웠고 기력까지 잃었다. 그의 육신은 라듐 치료의 후유증에서 완전히 벗어나지 못했다. 그는 턱과 구강 안에 새로운 종기가 생기는 것을 느낄 수 있었다.

한편 빈에서는—물론 프로이트는 그 사실을 몰랐지만—펠릭스 도이취 박사가 애통해 하며 가슴을 뜯고 있었다. 프로이트에게 진실을 말하지 못한 건 얼쩔 수 없었어도 제일 유명한 한스 피힐러 박사에게 수술을 받도록 고집을 피우지 않은 과오 때문에 몹시 후회했던 것이다. 프로이트가 로마에서 자신의 상태가 악화되었음을 알리는 편지를 보내자 그는 두 번째 수술이 불가피하다는 것을 깨달았다. 그는 피힐러 박사를 찾아 하에크의 수술에 대한 이야기와 함께 조직검사 결과 악성으로 나타났다는 것, 라듐 치료의 미심쩍은 결과 등을 들려주었다. 피힐러 박사는 아무 말 없이 이야기를 들으며 오랫동안 깊은 생각에 잠겼다. 그리고 프로이트의 재수술 여부는 직접 진찰을 해 본 후에라야 결정할 수 있다고 덧붙였다.

막스 슈어 박사는 그 외과의를 다음과 같이 묘사한 바 있다.

"피힐러 박사는 제1차세계대전 당시 빈 의과대학에 신설된 턱외과의 과장으로 재직하면서 중상을 입은 병사들을 숱하게 수술했던 사람이었다. 그 수술에서 그는 아직까지 아무도 시도해 보지 않은 새로운 방법을 과감히 도입함으로써 놀라운 성과를 얻었다. 그는 필요할 경우 당시로서는 그리 흔치 않았던 근치요법도 마다하지 않는 외과의였다."

9월이 되어 햇살이 따사로운 남부에서 빈으로 돌아온 프로이트는 기력도 없고 심한 통증으로 완전히 녹초가 된 상태여서 굳이 도이취 박사가 긴 말로 설득할 필요도 없이 한스 피힐러 박사의 진찰에 응했다.

"그는 준비가 되어 있었다. 그리고 그에게 볼 수 있었던 것은 거의 스토아 학파 같은 냉철한 운명주의였다."

도이취 박사는 당시 프로이트의 태도에 관해 이렇게 기술하고 있다.

9월 26일 서로 정반대되는 방향의 두 거물 의사가 맞대면을 하게 되었다. 한 사람은 상처밖에 모르는 현실적인 의사 한스 피힐러 박사로서 종기와 절단의 전문가로 노련한 솜씨를 발휘해 외과용 메스를 잘 다루는 사람이었다. 그러나 프로이트는 마음을 다루는 의사로서 꿈과 노이로제, 콤플렉스를 분석하고 사람의 무의식을 의식의 상태로 끄집어 내려고 노력하는 의사였다.

진찰 결과 피힐러 박사는 오른쪽의 부드러운 구강 옆에 새로 커다랗게 생긴 분화구 모양의 농화성 종기 외에도 볼과 아랫턱에 종양이 퍼져 있다는 것을 확인했다. 하에크 박사의 첫번째 수술은 구강이 오므라들게 만들었다. 진실의 순간이 다가왔다. 피힐러 박사는 그 진실을 외면하지 않았다. 첫번째 만났을 때도 그랬고 그 다음의 16년이라는 세월이 흐르는 동안도 그랬다. 그 세월 동안 그는 프로이트의 외과의로 머물렀다. 슈타이너나 도이취도 감히 입에 올리지 못했던 말을 피힐러 박사는 대담하게 뱉었다.

"구강암입니다."

이 진실의 순간을 프로이트가 과연 어떻게 받아들였는지는 아무도 알 수 없다. 그가 담담하게 받아들였을 뿐 아니라 오히려 희망을 버리지 않았다는 간접적인 암시만 찾아볼 수 있을 뿐이다. 9월 26일 친하게 지내던 의사 막스 아이팅톤에게 쓴 편지를 보면 다음과 같은 구절이 나온다.

"오늘은 내 신상에 관한 새로운 소식을 알고 싶어하는 박사의 욕구를 충족시켜 줄 수 있을 것 같소. 이제 두 번째 수술을 받기로 결정했소. 윗턱 수술이 될 거요. 그곳에 새로운 것이 형성되었기 때문이오. 수술은 한스 피힐러 박사의 집도로 이루어질 거요. 이 분야에서는 제일 알아주는 실력자이지요. 그리고 나중을 위한 인공 보장법도 잘 알아서 처리해 주는 의사요. 그의 말에 따르면 수술이 끝난 후 4, 5주 지나면 다시 식사도 할 수 있고 말도 할 수 있다고 하오. 그러면 아마 11월 1일쯤 다시 병원 일을 할 수 있을 것 같소.”

숙명론과 낙관론이 평형을 이루고 있었다. 진실을 알고 난 이후 두려움이나 회의의 흔적은 보이지 않는다. 사실 프로이트가 울상을 지은 적은 한번도 없었다. 1884년 좌골 신경통을 앓게 되었을 때 의사들이 오랫동안 침대에 머물러야 한다는 처방을 내리자 그는 무척 감동적인 편지를 쓴 적이 있었다. 당시 약혼녀 마르타 베르나이스에게 함부르크로 보낸 그 편지에 담겨 있는 다음과 같은 내용은 낭만적으로 이러한 그의 성격을 잘 보여 주고 있다. 아니 어쩌면 희비극적인 방식이라 해도 괜찮을 것이다.

“오전에 나는 곤혹스러운 통증과 함께 누워 있으면서 엉망으로 자란 수염 때문에 무서워질 때까지 거울을 보았소. 그러자 분노가 치밀어올라 드디어 그 수염을 뒤덮어 버렸소. 나는 결심을 했소. 다시는 좌골 신경통에 걸리고 싶지 않소. 그리고 다시 인간이 되어 질병이라는 사치품을 갖는 것을 포기하겠소. 그 즉시 나는 옷을 갈아입고 이발사에게로 갔소. 그리고 다시 내 수염이 잘 다듬어진 정원 울타리처럼 보이게 되었을 때 나는 안도의 한숨을 내쉬었소. 점점 몸이 나아졌소. 따뜻한 물로 목욕을 하고 나자 아주 상쾌한 기분을 느낄 수 있었소. 난 실험실로 뛰어 올라갔소. 그리고 오후에는 커피하우스에서 체스를 두기도 했소. 드디어 내 의지로 아픔을 극복했다는 사실이 그렇게 기쁠 수가 없었소. 물론 이 일을 어떻게 설명해야 할지는 모르겠지만 이것은 확실하오. 민고 있소. 물론 고통과 걸을 때마다 오는 고통이 내일 아침에 말짱하게 사라질 거라고 믿지는 않지만 오늘보다 더 심하지만 않다면 일을 할 수 있을 거고 그렇게 되면 낫게 될 거요. 잘 자오, 나의 공주님. 이제 좌골 신경에 대해서는 한마디도 하지 맙시다.”

28세 된 남자의 낙관주의, 거기다 당시에는 애인까지 있었다. 긴 세월이 지난 지금 자신이 암에 걸렸다는 무서운 진실을 알게 된 이 날 저녁에 보낸 편지에도 그러한 낙관주의가 엿보이고 있다.

하지만 좌골 신경통을 갖지 않기로 결심하는 것이야 암에 걸리지 않기를 바라는 결심보다 훨씬 수월했을 것이다.

한스 피힐러 박사는 프로이트를 진찰하고 나서도 수술 날짜를 곧 바로 알려 주지 않았다. 그는 그저 예비 수술을 한 다음에라야 근치 수술을 할 수 있다는 말만 암시했다.

프로이트와 같은 의사는 이런 말을 듣고 자신의 상태가 심각하다고 결론지을 수밖에 없었다.

그 다음날 일어난 일에 대해서 프로이트는 아무것도 알 수 없었다. 그의 사망 이후 한스 피힐러 박사가 비밀을 지키기로 한 의무를 벗게 되고 한편으로는 프로이트의 딸인 안나로부터 해명을 요구받게 되었을 때에야 비로소 그간에 있었던 사실이 세상에 알려지게 되었다. 참으로 무시무시한 사실이 드러난 것이다.

프로이트를 진찰한 한스 피힐러 박사는 수술 준비에 착수했다. 그는 프로이트의 수술이 자신이 지금껏 해 왔던 어떤 수술보다 대수술이 될 것이라는 사실을 잘 알고 있었다. 그는 미리 해부용 시체를 가지고 프로이트의 수술시 필요한 절단 작업을 하나하나 시험해 보았다. 자신의 생각으로 프로이트의 생명에 위협을 주지 않으면서도 암의 발원지를 최대한 제거해 내기 위해 꼭 필요한 절단 단계를 시험해 본 것이었다. 피힐러 박사가 드디어 시체의 실험을 통해 자신을 얻게 되자 그는 곧 위턱과 아래턱의 인공턱을 만들기 시작했다. 프로이트가 수술받고 나서 갖게 될 의턱이었다. 그리고 수술 날짜를 정했다. 1923년 10월 4일이었다.

그러나 그는 프로이트가 국부 마취상태로 누워 있는 상황에서 대수술을 할 엄두를 내지 못했다. 우선은 암의 확산을 막는 것이 급선무라 여긴 그는 바깥쪽의 대경동맥(머리로 이어지고 있는 경동맥)을 절단하고 앞쪽 목 부분에서 아래턱 선과 인후선의 확대된 부분을 절단했다.

일주일 동안 피힐러 박사는 그의 환자인 프로이트 박사를 쉬게 해 주었다. 그런 다음 10월 12일 그는 대수술을 실시했다. 당시 피힐러 박사는 국부 마취만으로는 충분치 않다는 사실을 잘 알고 있었다. 이번에 프로이트는 신경조직에 작용하는 강한 진정제인 진통제를 맞아야 했다.

수술은 6시간이 더 걸렸다. 프로이트는 깊은 잠 속에 빠져 있었다. 맥박수는 64로 떨어졌다. 피힐러 박사가 간략하게 적은 기록을 보면 다음과 같은 사실을 알 수 있다.

"오른쪽 위턱 대부분 제거, 아래쪽 턱의 큰 부분 제거, 오른쪽 경구, 볼과 혀의 점막 제거, 접합 불가능한 점막 부위는 피부 이식, 인공 보조기 착용…."

이쯤 되면 시체를 가지고 연습할 만한 대단한 수술이었다. 그럼에도 불구하고 그는 수술이 끝날 무렵 혹시라도 실수가 생기지 않았을까 하는 불안을 떨칠 수 없었다. 무엇보다도 그는 경구 안의 안쪽 날개근육을 통째로 들어냈어 했던 게 아닐까 하는 후회로 몹시 불안해졌다.

보통 사람은 이런 수술을 받고도 어떻게 살아 남을 수 있는지 상상이 안 갈지도 모른다. 그러나 프로이트는 이 수술을 견뎌냈다. 그는 이틀 동안 고열로 고생했지만 점점 열도 내렸다. 항생제와 인위적인 정맥내의 영양공급 같은 방법은 아직까지 알려져 있지 않았다. 유동액은 직장을 통해 공급되고 영양분은 코에 끼워 넣은 관을 통해 유입되었다. 이

것 역시 극심한 통증을 수반하는 번거로운 조치였지만 생명 유지에는 필수적인 방법이었다.

이 수술이 끝난 지 16일이 지난 후 피힐러 박사는 프로이트 박사를 퇴원시켰다. 그리고 매일 집으로 왕진을 왔다. 그러면서도 그는 여전히 자신의 수술이 암을 충분히 뿌리 뽑지 못한 것이 아닌가 하는 염려를 떨칠 수 없었다. 결국 그의 불길한 예감은 현실로 나타나기 시작했다. 11월 7일 프로이트를 진료한 그의 메모를 보면 이식된 점막 부위에서 경미하지만 화농되고 있는 자리를 발견했다. 그는 표본을 떠서 검사를 의뢰한 후 절망에 사로잡혀 결과를 기다렸다. 검사 결과는 악성이었다. 그러니까 암은 여전히 자라나고 있었던 것이다. 프로이트의 훗날 주치의였던 막스 슈어 박사는 다음과 같이 기록하고 있다.

"다른 의사들 같았으면 이제는 두 손 들었을 텐데. 피힐러 박사는 프로이트에게 진실을 밝히고 재수술을 권했다. 프로이트는 동의했다. 수술은 바로 그날 오후에 들어갔다. 또다시 부분 마취와 진통제 투여가 실시되었다. 아래턱과 경구 부위의 다른 부분을 절단했다. 이 수술로 인해 큰 출혈이 있었다. 그제서야 피힐러 박사는 자신이 병을 근본적으로 고칠 수 있게 수술을 제대로 시행했다는 자신을 가질 수 있었다. 그리고 그의 그러한 생각은 옳았다."

프로이트 역시 피힐러 박사가 보장하는 사실을 믿었다. 위기를 상징하는 마법의 숫자 2467은 이제 잊혀졌다. 새로운 삶의 희망이 프로이트의 가슴을 부풀게 했다. 자신의 진료 시간을 다시 갖게 되고 환자들을 상담할 수 있게 된다는 꿈에 들뜬 것이다. 그가 스스로 또 다른 수술을 받길 원했던 것도 이러한 맥락에서 이해해야 할 것이다. 그 수술은 1923년 11월 17일 이른바 '회춘'을 목적으로 실시되던 작은 수술이었다.

세계적으로 명성을 날렸던, 물론 전혀 이견이 없는 것은 아니었지만 어쨌든 정신분석학의 원조인 프로이트가 사경을 헤매다가 두 번의 대수술을 받은 후에 가까스로 먹고 이야기할 수 있게 되자, 당시 빈에서 사회적으로 배척받고 있던 의사에게 도움을 청했다는 사실이 많은 사람들에게는 이상하게 보일지도 모른다. 그 문제의 의사는 오이겐 슈타이나흐였다. 전공분야는 생식선과 그 효과에 대한 연구였다. 그는 소위 혈관수술법을 개발했다. 그는 고환에서 나오는 정관을 묶고 호르몬 생산을 자극시켰다. 그는 이것이 노년기 남성의 생식력의 기반을 증대시킨다고 믿었다.

당시 전세계에서 부유한 노인 갑부들이 그를 찾아 빈으로 몰려왔다. 그것은 아이를 갖고 싶어서가 아니라 자신들보다 훨씬 젊은 여성들과 결혼해 자신들이 얼마나 왕성한 정력을 가졌는지 보여 주기 위해서였다.

물론 이것은 세상의 배척을 받고 있던 슈타이나흐 박사의 일면일 뿐이다. 이러한 면은 당시 남자들에게 성적 능력을 강화시켜 주는 '섹스 의사'라는 묘한 명성을 안겨다 주었다.

슈타이나흐 박사는 다섯 명의 자녀를 거느린 예순일곱 살의 프로이트를 이와는 전혀 다른 이유에서 수술해 주었다. 당시 암은 노화현상에서 생겨나는 결과 중의 하나로 간주되었다. 그렇기 때문에 정관을 묶게 되면, 즉 슈타이나흐 식의 회춘 수술을 받게 되면 암의 재발을 막을 수도 있다는 결론이 나온다.

암을 앓기 몇 해 전에 프로이트는 자신의 저서인 『쾌락 원칙의 저편』에서 슈타이나흐 박사를 위대한 발명을 한 의사로 칭송한 바 있다. 즉 남성 호르몬이 만들어 내는 고환의 내면세포의 기능을 발견했고 정관을 묶음으로써 한 사람의 전체 유기체를 젊게 만들 수 있는 발명을 했다는 이유에서였다.

그러나 슈타이나흐 박사는 일반 사람들에게 잃어버린 성적 능력을 되찾게 해 주는 의사라는 낙인이 찍혀 있었다. 그러한 잘못된 평가로 인해 슈타이나흐 박사는 큰 고통을 겪어야 했다. 그는 큰 부자가 되었지만 침통하고 몹시 고독한 사람으로 남을 수밖에 없었다. 그는 그 분야에서 대단한 발견을 한 과학자로서 연구에 심혈을 기울인 대표적인 사람이었다. 그는 자신의 발명이 일반적으로 신경질적인 반응 속에서 선풍을 일으키고 왜곡되는 것을 지켜볼 수밖에 없는 아픔을 겪어야 했다. 슈타이나흐 박사가 이 작은 수술을 직접 실행하는 경우는 없었다. 대부분의 환자는 보통 자신들의 외과의를 빈으로 불렀다. 프로이트의 정관을 묶는 수술을 누가 주관했는지는 오늘날까지도 베일에 가려 있다. 그러나 프로이트에 대한 비방은, 특히 프로이트 박사를 '늙은 유태인 호색가'라고 몰아부친 나치 당국의 비방은 1923년 11월의 어느 날에 그 기원을 두고 있다. 나치 정권에서는 프로이트가 인간의 영혼에 관해 헛소리를 지껄이고 자신의 진료 침대 위에 누워 있는 환자들을 강간해 왔다는 비난을 했다.

적어도 천 년을 두고도 그 이름이 잊혀지지 않을 이 세상의 위인들 중에서 프로이트처럼 지독한 비방을 들은 사람도 아마 없을 것이다.

프로이트는 진정으로 성 능력을 위해서가 아니라 무서운 암으로 인한 죽음을 막으려는 의도에서 받은 그 수술이 실제로 암의 재발을 막을 것이라고 여겼는데, 그의 생각이 옳았음은 앙드레 라르비에르 박사의 보고서가 잘 증명해 준다. 라르비에르 박사는 프랑스의 회춘 분야 권위자였는데 슈타이나흐 박사의 방법에 관해 다음과 같이 말하고 있다.

"슈타이나흐 박사는 고환의 외부 분비를 막고 내부 분비를 촉진시킨다. 유기체는 이러한 체액의 손실을 막음으로써 노쇠 현상을 억제시킨다. 이 기관의 활동은 오로지 호르몬 기능의 유도에 따라 전 생산물을 혈액의 흐름에 쏟아 붓게 된다. 아이를 원하는 연령층을 이미 벗어난 환자들에게는 바람직하지 않은 심리 반응이 나타날 염려가 없다."

다시 프로이트에게로 돌아가 보자. 그는 이 수술이 자신의 두 가지 염원을 충족시켜 줄 것으로 기대했다. 우선 그 첫째는 피힐러 박사의 수술을 받은 이후 암을 이기는 것이었다. 그러나 그에게 가장 중요한 것은 병원 문을 다시 열어 자신의 환자들과 다시 만날 수 있다는 것이다. 그의 책상 위에는 환자들이 보낸 편지가 산더미처럼 쌓여 있었다. 벌써 1년이 넘도록 위로의 편지를 보냈어야 할 환자들이었다.

"아직은 안 됩니다. 제발 양해해 주십시오. 사람이라면 한 번쯤 아플 수도 있는 것 아니겠습니까…".

피힐러 박사의 수술은 성공적이었다. 모든 암의 발원지는 제거되었다. 유명한 턱외과의는 그렇게 자신 있게 확신할 수 있었다. 그러나 프로이트의 여생은 고통의 삶이었다.

그의 의사였던 막스 슈어 박사는, "그의 신체적 상태는 말 그대로 극심한 통증과 고통 사이를 오갈 뿐이었다."라고 회고했다.

그 이유는 이랬다. 피힐러 박사가 아니라 다른 누구라 하더라도 만족스러운 인공보조기를 만들 수는 없었기 때문이다. 설령 그것이 완벽한 상태로 만들어졌다 해도 구강과 콧구멍이 꼭 맞게 끼워지면 염증을 일으켰다. 이러한 염증은 참기 어려운 통증을 가져와 결국에는 작은 수술을 하게 만들었다. 그렇다고 압박감을 줄이기 위해 인공 기구를 조금 작게 만들게 되면 프로이트는 말하고 먹고 특히 담배를 피우는 데 불편했다. 의사들이 아무리 경고를 해도 프로이트는 흡연을 중단하지 않았다. 니코틴 중독은 그만큼 심각한 상태였기 때문에 그로 인해 암의 종양을 가져올 수밖에 없다는 것을 잘 알면서도 금연을 할 수 없었다. 설사 암까지는 안 된다 하더라도 종양과 혹을 유발할 것이 뻔한 사실인데도 그랬다. 그는 온갖 고통과 통증에도 불구하고 1924년 1월 2일 드디어 병원 문을 다시 열었다. 그렇게 해서 하루에 환자를 6명씩 진료했다. 이것은 얼마나 큰 자기극복이 뒤따랐는지 피힐러 박사가 시술한 수술 횟수를 보면 잘 알 수 있다.

'1923년 11월과 12월에 16번의 인공보조기 교정, 1924년에는 74번의 교정, 그리고 1925년 69번, 1926년은 48번의 검사….'

이 고통의 메모는 1939년까지 이어진다.

프로이트의 환자는 이에 관해 전혀 몰랐다. 그러나 프로이트는 자신과 가까운 사람들에게 만큼은 자신이 얼마나 고통스러운지를 털어놓았다.

막스 아이팅톤에게 보낸 편지에서 그는 이렇게 쓰고 있다.

"난 지쳤네. 그리고 쉬고 싶어. 제일 좋은 방법이라면 일과 의무를 포기하고 조용한 구석에 은둔하고 마지막 밤을 기다리는 것일 게야. 턱의 일부를 인공보조기로 대신하는 것은 아주 간단한 것처럼 보이지. 씹고 삼키는 것은 그런대로 할 수 있네. 그러나 내가 식사하는 모습은 아무도 봐줄 수가 없어."

인공보조기로 인한 고통의 목록에는 1926년 또 다른 내용이 첨가된다. 그것은 피힐러 박사가 시술해야 했던 서른 번의 종양제거 수술이었다. 그것은 니코틴 중독의 결과였다.

막스 슈어 박사의 보고에 따르면 이렇다.

"이 혹의 하나 하나가 모두 외과 치료를 받아야 했다. 절단과 전기 치료, 아니면 이 두 가지의 복합 치료였다. 수술 부위를 피부 이식으로 덮으려고 했다. 대부분은 부분 마취로 행해졌다. 그리고 수술은 거의 한 시간이 넘게 걸렸다. 그렇지만 큰 수술만 대학병원에서 시행되었다."

이따금 이러한 수술 후 프로이트는 담배를 끊으려고 노력하기도 했지만 이틀이나 사흘 뒤면 번번이 포기하고 말았다. 자신의 자아를 통제하려고 그렇게 안간힘을 쓰던 그도 이 부분에서는 실패하고 만 것이다.

그 고통과 아픔의 세월 속에서도 그는 쉬지 않고 일했다. 책을 펴내고 환자를 치료하는 데 온 힘을 쏟았다. 그러나 정치권에 검은 구름이 끼기 시작했다. 1933년 5월 11일, 빈의 신문들은 베를린을 위시하여 다른 독일의 여러 도시에서 유태인들과 반민족주의 노선의 작가들이나 학자들의 서적을 불태웠다는 소식을 보도했다. 프로이트의 책들이 화염에 휩싸였을 때 어둠 속에서 한 목소리가 울리고 있었다.

"나는 영혼을 파괴하는 성생활에 대한 과대평가를 반대하기 위해서, 그리고 인간 영혼의 고상한 면을 위하여 프로이트의 이름으로 된 책을 이 불꽃에 맡기노라!"

프로이트 자신도 깊은 좌절에 빠져들었다. 그는 몇 주일 후 이렇게 썼다.

"아무리 전쟁 중이라 하더라도 거짓말과 빈말이 이렇게 거침없이 온 세상을 지배하지는 못할 것이다. 세상은 커다란 정신병원으로 변하고 말았다. 그 중 가장 나쁜 병동은 독일이다."

프로이트의 고통스러운 싸움은 중단될 줄 몰랐다. 1936년 의사들이 다시 암을 발견했을 때 그는 1923년 자신의 죽음이 시작되던 그 해와 똑같이 냉정하게 아무런 감정의 동요 없이 담담하게 받아들였다.

1938년 5월 11일 빈으로 공격해 들어온 나치군들을 그는 용케 피할 수 있었다. 거기에는 파리 주재 미국 대사인 윌리엄 불리트의 숨은 공이 컸다. 프로이트의 집이 게슈타포에 의해 수색당하고 프로이트 자신이 체포당할 처지에 놓였을 때 미국의 대통령 루즈벨트와 베니토 무솔리니까지 개입하여 프로이트와 그의 가족들의 석방과 망명 허가를 요구했다. 상황이 거의 절망적으로 변하자 딸 안나는 아버지에게 이렇게 물었다.

"차라리 우리 모두 자살을 하는 게 낫지 않겠어요?"

그러자 프로이트는 이렇게 대답했다.

"무슨 소리냐? 저들이 원하는 것이 바로 그것이라는 것을 뻔히 알기 때문이냐?"

1938년, 그는 온 가족과 함께 빈을 떠날 수 있었다. 런던의 레젠트 공원 근처에 있던 집에 정착한 그는 일을 다시 계속했다. 상태가 좋으면 환자들도 받고 새로운 수술도 받았다.

이윽고 1939년 중엽 더 이상은 수술을 받아도 아무 소용이 없을 지경에 이르게 되었다. 그의 의사 막스 슈어는 이렇게 서술하고 있다.

"병은 계속 진행되었다. 결국 광대뼈 위의 피부는 염증을 수반한 탈저 증상을 나타내기에 이르렀다. 그리고 마침내 구멍이 뚫려 구강과 외벽 사이에 있는 연결 부분이 벌어지고 말았다. 프로이트의 침대에는 모기장을 쳐야 했다. 그 냄새가 모기를 꼬이게 만들었기 때문이다. 프로이트를 무척이나 따랐던 개 차우차우마저 프로이트의 방에 밀어 넣으면 얼른 구석으로 도망치곤 했다. 그만큼 냄새가 지독했던 것이다."

9월 21일 프로이트는 자신의 주치의인 슈어 박사의 손을 잡았다. 그는 런던까지 그를 따라온 사람이었다. 주치의 역시 프로이트와 마찬가지로 유태인이었고 빈에서 똑같은 위험에 처해 있었다. 프로이트는 주치의의 손을 잡고 이렇게 말했다.

"슈어 박사, 우리가 처음 만나서 나눴던 대화를 잊은 것은 아닐 테지요. 때가 되면 날 저버리지 않겠다고 약속했던 그 말 말이오. 이젠 고통밖에 없소. 이것은 아무런 의미도 없소."

슈어는 잊지 않고 있다고 대답했다.

"고맙소."

프로이트의 대답이었다.

1939년 9월 22일에서 23일로 넘어가는 밤, 슈어 박사는 자신의 환자인 프로이트 박사에게 2cc의 모르핀을 주사했다. 프로이트는 깊은 수면으로 빠져들었다. 일그러지고 파괴된 그의 얼굴에서 긴장이 풀렸다. 얼마 후 슈어 박사는 똑같은 양의 모르핀을 다시 주사했다. 프로이트는 새벽 3시에 숨을 거두었다. 장장 16년이라는 긴 세월 동안 진행되었던 그의 죽음이 드디어 끝이 난 것이었다.

죽기 며칠 전 그는 이전에 자신이 맡았던 여환자 마리 보나파르트에게 이런 편지를 남겼다.

"내 세상은 이전에도 그랬지만 또다시 고통으로 가득 찬 섬이 되었습니다. 냉담한 망망대해를 떠도는 작은 섬 말입니다…."

그날 밤 런던에 폭탄이 투하되었고 하늘은 붉게 불타올랐다.

감정의 불길에
사로잡혀 타 죽다

틴호벤 박사의 진단은 성병
자신의 귀를 자르는 사람이라면 미친 사람이다
환각과 도대체 어떻게 싸울 수 있겠는가?
자발적으로 쌩 레미 정신병원에 들어간 빈센트
"좀더 나은 의사들을 못 만난 것이 나의 불행이었다…"

고흐 (Vincent van Gogh, 1853~1890)

네덜란드의 화가. 목사의 아들로 신학 공부에 열중하다가 1880년 28세에 화가의 길로 들어섰다. 초기에는 렘브란트와 밀레의 영향을 받아서 어두운 느낌의 그림을 그렸다. 그 후 1886에 파리에서 베르나르와 같은 인상파 화가들을 사귀면서부터 타는 듯한 화풍으로 태양과 해바라기 주로 그렸다. 1888년에 남프랑스의 아를에서 고갱과 생활을 같이 하면서, 고흐 예술의 개화기를 맞게 된다. 그 후 그는 후기 인상파의 원색화법 거두로서 근대의 가장 대표적인 화가의 한사람이 되었다. 그러나 말년에 정신병에 걸려 요양 중 자살하려다 실패하고, 치료를 받다가 세상을 떠났다. 주요 작품에 〈감자를 먹는 사람들〉, 〈해바라기〉, 〈자화상〉 등이 있다.

네덜란드의 브라워스 그라흐트의 덴 하아그에 자리한 병원 6호실 9번 철제 침대 머리맡에 다음과 같은 글귀가 적힌 검은 명패가 걸려 있었다.

'빈센트 반 고흐, 1853년 3월 30일 그로트 춘더트에서 출생.'

6호실 안에는 침대가 열 개 놓여 있었다. 창가에는 커튼도 없었다. 시립병원의 4등실에 누워 있는 사람이라면, 자신이 그나마 거기에 누워 있게 된 것만도 다행으로 생각해야 했다. 그 병실에 있던 열 명의 환자들 가운데 대부분이 빈민의료 혜택을 받는 사람들이었다.

1882년의 어느 화창한 6월. 빈센트 반 고흐는 벌써 14일째 시립병원의 6호실에 누워 있었다. 다른 아홉 명의 환자들과 마찬가지로 그 역시 이름 없는 환자에 불과했다. 과장 의사인 틴호벤 박사에게는 이 방에 있는 열 명의 환자들이 별반 달라 보이지 않았다. 단 한사람 별난 사람이 있다면 빈센트 반 고흐라는 환자로 빈민의료 혜택을 요구하지 않는다는 것이었다. 그는 치료비와 식비로 10굴덴을 선불했다. 그것은 14일치 입원비에 상당하는 금액이었다.

틴호벤 박사는 빈센트 반 고흐라는 환자의 행색이 도무지 병원비를 선불로 계산할 만한 사람으로 보이지 않아 이상하게 여겼다. 조금도 다듬지 않은 구릿빛 수염에 갖은 풍파를 다 겪은 듯한 얼굴, 그건 영락없는 떠돌이의 모습이었다.

매일 아침 틴호벤 박사는 4등실인 6호실을 방문했다. 순식간에 치뤄지는 회진이었다. 오래 머물 이유가 없는 방이었던 것이다. 그 방에 누위 있는 열 명의 환자들이 앓고 있는 병명은 똑같이 성병이었다. 치료법은 이미 정해져 있었고 회진은 단순한 요식 행위에 불과했다. 해열제 네 알, 가끔 주사 몇 대, 어떤 때는 명반수(명반을 물에 풀어 녹인 액체, 소독·살충제로 쓰임)나 정화수를 놓기도 했다. 그리고 열 조절. 그렇게 매일 아침 6호실 회진이 다 끝나면 의사들은 재빨리 의료보험 환자가 아닌 자비 환자들이 기다리고 있는 다음 병실로 이동했다.

회진은 아침에 한 번 있었다. 그리고 면회는 일주일에 두 번씩 수요일과 일요일에 오후 2시부터 4시까지 허용되었다. 손님이 찾아오는 유일한 환자는 빈센트였다. 그 구릿빛 수염의 '떠돌이' 환자에게만 방문객이 있었던 것이다. 올 사람도 없고 사랑하는 사람도 없는 다른 남자들은 빈센트의 침대 곁에 의자를 끌어당겨 놓고 앉아 있는 여인을 뚫어져라 응시했다. 아름다운 여인은 아니었다. 마마 자국에 곰보가 된 얼굴이었다. 그리고… 임신중이었다. 그런데도 남자들은 빈센트를 부러워했다. 아무도 없는 것보다야 저런 여자라도 있는 편이 훨씬 나았으니까. 그렇게 처량한 고독보다야 어쨌든 올 사람이 있다는 것이 얼마나 행복한가….

빈센트는 수요일과 일요일을 손꼽아 기다렸다. 그는 자신이 '씨엔'이라고 부르던 창녀 클라시나 마리아 호로니크가 오는 날을 학수고대했다. 그는 하아그의 구시가지에 있는 좁다란 골목길에 자리한 쉥크가 138번지에서 몇 달째 그녀와 동거하고 있었다.

목사의 아들이고 한때는 목사가 되려고 했던 그가…. 그뿐 아니라 그는 나중에는 설교가가 되려는 생각도 했었다. 그러나 사람들은 그의 '수습기'를 연장시켜 주지 않았다. 그는 모든 것을 너무 심각하게 받아들였다. 그는 자신의 설교를 듣는 가난한 사람들보다 더 가난해지기를 원했다. 그것은 너무 지나친 것이었다. 적어도 교구청에서는 그렇게 생각했다.

빈센트가 그녀를 만난 지는 몇 달밖에 안 되었다. 그 당시 그는 다른 두 여인으로부터 버림받은 상처로 인해 실망과 좌절을 느끼고 있었다. 한 곳에 가만히 있지 못하고 여기저기 방랑이나 하는 사람이라고 퇴짜를 맞은 것이었다. 그러나 그도 지속적인 관계와 안정을 갈망하고 있었다.

"남자가 높은 파도 위에서 영원히 머무를 수는 없는 거야."라고 동생 테오에게 편지를 쓰기도 했다. 동생은 파리의 화랑에서 봉급을 많이 받고 있었다. 빈센트에게 매달 돈을 보내주는 것도 그였다. 빈센트에겐 해변가의 오두막과 따뜻한 불, 그리고 불가에 앉아 있는 한 여인과 아이가 필요했다.

자신이 모든 것을 바쳐 사랑했던 아가씨로부터 버림을 받고 화가로서도 성공을 거두지 못한 그는 외롭고 고독했다. 이런 심경을 가진 그가 씨엔을 만난 것은 어느 카페였고, 그가 6호실 병실에서 매주 수요일과 일요일에 애타게 기다리는 사람도 바로 씨엔이었다.

그녀는 매력이 없었다. 마른 체격에 창백한 얼굴, 그리고 임신한 것이 틀림없었다. 또 하나 분명한 사실은 그녀가 반쯤은 술에 취해 있다는 것이다.

그녀는 빈센트 곁에 앉아서 창녀들이 으레 남자들한테 하는 그런 식의 이야기를 읊었다. 어제는 어땠고 오늘은 어떻고, 그리고 내일은 어떨 거라는 그런 이야기를… 목사의 아들이자 목사가 되는 데 실패한 빈센트는 그녀를 몹시 동정했다.

"그게 어떤 것인지도 모르는데 그녀가 어떻게 선한 일을 할 수 있겠어? 그녀가 혼자였다면 이미 끝나 버린 거야…"

빈센트가 테오에게 보낸 편지의 한 구절이다.

그는 억누를 수 없는 동정심에서 그녀를 집으로 데리고 왔다. 그녀는 그의 모델 노릇을 했다. 그녀를 보살펴 주고 그녀가 곧 낳게 될 아이가 훌륭한 병원에서 태어날 수 있도록 뒷바라지하고 싶었다. 그러나 그가 알지 못하는 사실이 하나 있었다. 그 아이가 그녀의 네 번째 아이라는 것이었다.

그녀는 그녀대로 다른 생각이 있었다. 대체 어떤 사람이 돈을 주고 임신중인 창녀와 잠자리를 하려고 들겠는가? 그녀는 냉정하게 계산을 해 보았다. 출산까지는 아직도 6개월이 남아 있었다. 다시 정상으로 되돌아오려면 6개월이나 더 있어야 했던 것이다. 그러니 1년 동안 이 구릿빛 수염을 가진 남자와 동거하지 못할 이유가 어디 있겠는가? 집이 있겠다, 먹여 주겠다, 그리고 당연히 한 번씩은 그와 동침도 하고. 그러니 이 자에게 옛날 신파조의 사랑 연극이나 해 주지 뭘. 어차피 쑥맥인 그는 곧이곧대로 믿을 테니까.

그는 진실로 받아들였다. 그녀가 그에게 성병을 옮겼는데도 그녀의 사랑을 믿었다. 자기도 언젠가는 자신의 불안과 절망에 마침표를 찍어 줄 한 여인을 찾게 될 거라고 믿고 있었기에 그녀의 사랑을 진실로 받아들였던 것이다. '창녀나 자기 같은 화가나 똑같은 운명을 지닌 사람들이 아니던가?' 그는 그런 생각에 빠져 4등실 병실에 누워 씨엔을 목메어 기다리는 것이다.

그녀가 그의 옆에 앉으면 행복에 겨워 그녀를 쓰다듬고 키스를 해 주었다. 그녀도 그 놀이에 동참하는 수밖에 없었다. 12개월 간의 연극일 뿐이니까….

4등실 환자 빈센트 반 고흐는 의사의 진료에 대해 동생 테오에게 다음과 같이 썼다.

"이 방에 있는 환자들한테는 비싼 병원비를 내는 환자들보다 훨씬 일을 간단하게 속성으로 처리하는 것 같아. 나한텐 잘된 일이야. 아마도 이 방에서는 비싼 방에서보다 환자를 아프게 다루는 것 같아. 환자와 말을 주고받거나 인사조차 하지 않고 요도관을 방광에 무작정 쑤셔 넣는 것 같거든….”

그에게는 그런 것이 아무렇지도 않았다. 그저 그렇게 확인하는 데 지나지 않았다. 그는 단 한가지 소원밖에 없었다. 조금이라도 빨리 병원에서 퇴원하는 것, 물론 완쾌되어서 말이다. 그는 그렇게 4주일 동안이나 병상에 누워 있었고 그 때문에 아무것도 할 수 없었다. 다른 아홉 명의 남자들과 한 방에 누워 있는 것은 아무 상관없었다. 그는 항상 가난한 자들과 배척받은 자들의 친구였고, 이른바 사회라는 조직과는 상관이 없는 아웃사이더였으니까. 그리고 씨엔과 동거하고 난 후부터는 덴 하아그에서 그와 관계를 맺고 있던 화가 한 명과 미술 거래상인들마저 그에게 절교를 선언하고 또다시 그에게 배척당한 자, 방관자라는 낙인을 찍어 버렸다.

그때문에 그는 그 6호실의 ‘실내용 변기 사회’에—그는 훗날 그들을 그렇게 불렀다.—속한 다른 어느 누구보다 고통을 겪고 있었다. 그러한 것이 거의 서른 살에 가까운 자신을 얼마나 큰 무게로 짓눌렀는지 그는 병상에서 동생 테오에게 편지로 심경을 토로했다.

“나는 내 자신을 완벽하게 여기는 것도 아니고, 많은 사람들이 나를 불쾌하게 생각하는 데 내 책임이 전혀 없다는 게 아냐. 내가 가끔씩 끔찍할 정도로 게으르고 우울하고 신경이 곤두서 있다는 건 나도 잘 알아. 난 사람들과 별로 어울리고 싶지 않아. 그리고 주변에 사람들이 있고 그들과 이야기를 나누는 건 아주 버겁고 난처한 일이야. 물론 전부가 다 그런 것은 아니지만, 이런 내 행동이 어디에서 유래하는지 너는 알고 있겠지? 모두 다 내 노이로제 때문이라는 것 말야. 지난날 너무 비참하게 살아왔기 때문에 신체적인 것 뿐 아니라 도덕적인 면에서도 심각한 노이로제에 걸리고 만 거야. 의사한테 물어 봐. 의사라면 이런 것을 모두 잘 이해할 수 있을 거야. 차가운 밤거리에서 밤을 보내고

'어디서 빵 한 조각을 얻을 수 있을까 하는 초조와 불안, 그리고 끊임없는 긴장감, 친구들과 가족들 때문에 일어나는 짜증스러운 일들이 내 성격을 별나고 변덕스럽게 만든 원인이 아니고 뭐겠어? 설령 이러한 것들이 100퍼센트 원인을 제공한 것은 아니라도 전체의 4분의 1은 차지할 거야. 내가 아주 심한 우울증에 빠진 것도 다 이 때문이 아니겠니?'

절규 같은 내용이었다. 자기보다 네 살이나 어린 동생 테오에게 그래도 자신을 이해해 달라고 간절히 애원했던 것이다. 테오는 그가 기댈 수 있는 유일한 사람이었다. 동생은 그에게 매달 150프랑을 송금했다. 빈센트는 그 대가로 자신이 그린 그림을 모두 동생에게 보냈다.

"만약 너까지 나를 저버린다면 난 씨엔을 잃게 될 거야. 내가 씨엔을 잃어버린다면 난 망가져 버릴 거야. 그리고 모든 것을 포기하게 될 거야."

파리에 있는 테오의 집에는 빈센트가 그린 그림들이 산더미처럼 쌓여 있었다. 아무도 그의 그림을 보려 하지 않았고 사려는 사람도 없었다. 다락방에 갖다 둔 그의 그림엔 먼지만 잔뜩 쌓였다. 그렇지만 150프랑은 매달 어김없이 도착했다.

6주가 지난 후 틴호벤 박사는 환자 빈센트를 퇴원시켰다. 완쾌된 것인지 아닌지는 분명치 않다. 기록이 남아 있지 않기 때문이다. 아무 이름도 없는 환자의 병상기록을 보관할 이유가 없었던 것이리라. 그리고 그 빈센트가 언젠가는 이 세상의 위대한 인물이 되리라는 조짐은 전혀 보이지 않았기 때문이리라.

빈센트는 작은 아틀리에로 돌아왔다. 씨엔과 얼마 후 레이든 병원에서 출산한 그녀의 아들이 있는 곳으로. 그러나 힘겨운 분만 때문에 씨엔의 생명은 극도로 위험했었다.

빈센트는 병원에서 퇴원하자마자 미친 듯이 일에 파묻혔다. 해뜰 무렵의 나무 한 그루를 그리기 위해 새벽 4시에 집을 나가서 해가 저물어야 돌아오는 경우가 허다했다. 하루 종일 아무것도 먹지 않아 지친 몸을 이끌고 돌아오곤 했다. 테오가 그에게 보내는 돈으로 그는 방세를 내고 그림 도구를 샀지만 씨엔이 대부분 그 돈을 다 썼다.

그러나 빈센트는 행복했다. 그는 씨엔과 자신의 친아들도 아닌 씨엔의 아들을 사랑했고 자신도 다시 사랑받고 있다고 믿었다. 가끔 회의를 느끼기도 했지만….

"그녀와 함께 있으면 가정을 가진 것 같은 느낌을 받는다. 마치 그녀가 나와 살림을 차린 것 같은 기분이야. 그건 우리 두 사람이 함께 자라난 것 같은 느낌이지. 이것은 진심이야. 물론 그녀와 나 자신의 어두운 과거가 드리운 그늘 때문에 뭔가 두려운 것이 여전히 우리들을 위협하고 있는 것처럼 느껴지기도 하지만."

이렇게 그는 동생 테오에게 자신의 심정을 털어놓았다.

어떤 때 빈센트는 씨엔과 헤어질 생각을 하기도 했다. 그러다가도 얼른 마음을 고쳐 먹었다.

"만약 내가 그녀를 버린다면 그건 그녀를 가까스로 구해낸 창녀촌으로 다시 처넣는 것이나 마찬가지야. 그녀가 그곳에서 완전히 몰락하게 내버려 둘 수는 없어."

그는 거울을 들여다볼 때마다 자신의 모습에 번번이 놀라곤 했다. 이제 겨우 서른밖에 안 된 사람이 노인처럼 보였던 것이다. 거의 아무것도 먹지 않았기 때문에 그의 체력은 갈수록 떨어졌다. 테오에게 그림을 보내기 위해 작은 아틀리에에서 우체국까지 가는 것도 힘겨운 적이 한두 번이 아니었다. 어떤 때는 술집에서 꼬냑을 한 잔 마시고는 완전히 취하곤 했다.

그런데도 그는 씨엔에게 바짝 달라붙었다. 그는 더 이상 혼자 살 수 없을 것 같았다.

"아무도 없는 것보다야 창녀라도 있는 것이 백 번 났지!"

그 다음 순간이면 어느새 회의에 빠져들곤 했다. 씨엔은 그를 전혀 이해하지 못했을 뿐 아니라 그에게 더 많은 돈을 요구했고 돈을 안 받고는 모델 노릇도 하지 않으려 했다. 그녀는 술집에 들어가 곤드레만드레 술을 퍼마시는가 하면 다른 남자들과 관계를 가지기도 했는지 출산 후 6개월 만에 또 임신이 되었다.

그러나 이제는 빈센트도 너무 지쳐서 이번에는 진짜 자신의 아이일지 모른다고 기뻐할 여력이 없었다. 게다가 그는 씨엔이 다시 덴 하아그에 있는 창녀촌에 들어가려고 지원했다는 사실을 알게 되었다.

그녀를 구해 보려고 무진 애를 썼지만 그는 다음과 같은 매몰찬 답변만 들었다.

"그래요, 그래. 난 감정 같은 것도 없고 게으른 여자예요. 난 늘 그랬으니까 앞으로도 그럴 거예요. 그래요. 나는 창녀예요. 물에 빠져 죽는다면 모를까 나한테는 이 직업밖에 없어요."

씨엔에게는 빈센트와의 '12개월 간의 연극'이 끝난 셈이었다. 빈센트 반 고흐는 또 한 번 세상이 무너져 내리는 느낌이었다. 기가 꺾일 대로 꺾이고 가슴에 큰 상처를 안은 채 몸은 몸대로 망가진 그는 마치 도둑처럼 덴 하아그에서 도망쳤다. 아틀리에는 문이 닫혔고 그림들은 바닥에 아무렇게나 나뒹굴고 있었다. 그때가 9월 11일이었다.

가을은 매우 일찍 찾아왔다. 우편마차의 한가운데에 몸을 실은 그는 드렌트의 황무지로 향했다. 썩어가는 나무 등걸이 즐비하고 이탄층(부패와 분해가 완전히 되어 있지 않은 식물의 유해가 진흙과 함께 소택지의 수제에 퇴적한 지층)에 구멍이 뻥뻥 뚫려있는 삭막한 곳이었다.

통계학자들이 훗날 확인한 바에 의하면 빈센트는 덴 하아그에 있던 시기에, 그러니까 씨엔과 함께 보낸 몇 달 동안 유화 20점과 거의 200점이 넘는 스케치와 수채화, 석판화를 그렸다. 그러나 아무도 그 그림들을 가지려 하지 않았다. 그건 매매할 수 없는 작품들이었다.

씨엔으로부터 받은 아픔은 그를 몇 달 동안 괴롭혔다. 그러다 그녀에 대한 기억도 서서히 퇴색해 갔다. 화가로서 인정을 받아야 한다는 조바심이 그 다음의 불안한 시기를 지배하게 된다. 그는 더 이상 동생 테오로부터 적선을 받고 싶지 않았다. 그는 자신의 미래를 내다보기라도 한 것처럼 자신에게 시간이 얼마 남지 않는 것을 예측하고 있었다.

덴 하아그를 떠난 지 며칠 후 그는 호게벤의 어느 여인숙에 앉아 있었다. 그곳은 삭막한 황야 속에 있는 외로운 장소였다고 테오에게 고백하고 있다.

"내가 앞으로 일할 수 있는 시간을 따져 보면 내 몸이 그래도 앞으로 6년에서 10년은 더 견뎌낼 수 있지 않을까 싶다. 몸을 사리고 흥분과 어려움을 피해 갈 의도는 없다. 조금 더 살고 덜 살고는 내게 아무런 의미가 없어. 그렇지만 한가지 분명한 것은 얼마 안 되는 시간 동안 내가 특별히 해야 할 일이 있다는 사실이야. 30년을 우물쭈물하다 보니 스케치와 그림의 형상으로 기억을 남겨 놓아야만 이 세상의 관심을 받게 될 거라는 생각이 든다. 내 그림은 어느 특정 그룹이나 학파의 마음에 드는 것이어서는 안돼. 하지만 내 그림에서는 아무런 사심 없는 극히 인간적인 감정이 풍겨 나와야 해. 오래 살게 된다면 더 바랄 것이 없겠지만, 그렇게 될 것 같지는 않구나. 앞으로 몇 년 간은 뭔가를 꼭 해야 하는데…."

빈센트가 이 구절을 쓴 것은 1883년 어느 가을날이었다. 뭔가를 할 수 있는 시간은 그에게 겨우 7년밖에 남아 있지 않았다.

이제 세월은 3년밖에 남지 않았다. 그의 인생에는 더 이상 여인이 등장하지 않았다. 누군가와 잠자리를 하고 싶다는 생각이 들 때면 그는 아무런 감정을 투자할 필요 없이 창녀에게로 갔다. 그에게 중요한 것은 일뿐이었다. 씨엔과 헤어지고 난 그 시기 동안은 험난한 길이었다. 2년

간 부모집에 기거했다. 목사인 그의 아버지는 사랑에 주린 아들이 집으로 돌아오자 묵묵히 받아 주었다. 그러나 어느 날 아침, 아버지는 목사관에서 교회로 가는 길에 대동맥 파열로 객사했다.

네덜란드는 그를 더 이상 붙들어 두지 않았다. 벨기에가 그를 유혹했다. 루벤스의 고향인 안트베르펜 시. 그는 1885년 이미지가 194번지의 물감 파는 가게 건너편에 작은 방 하나를 빌렸다.

"루벤스가 보고 싶어 미칠 지경이다. 불 속에 뛰어들어야 한다는 느낌 안에는 뭔가 특별한 것이 들어 있어. 그리고 방세는 한 달에 25프랑밖에 안 들어."

그는 파리에 있는 테오에게 그런 편지를 썼다. 이제 더 이상 집에서 살 수 없게 되어 다시 동생의 도움이 절실했던 것이다. 동생의 도움 없이는 빵 한 조각도 살 수 없었다.

누에넨의 고향집에서 그가 그린 그림은 모두 240점의 스케치와 유화 180점이었는데 어머니는 그가 놓고 간 그 그림들을 모조리 궤짝에 넣어 브레다에 있는 어느 푸줏간 주인한테 주었고 이 푸줏간 주인은 궤짝을 어느 고물상에게 선물했다. 고물상은 자신이 보기에 가치 없어 보이는 것은 모두 태워 버리고 그래도 쓸 만하다 싶은 것은 수레에 싣고 다니면서 길거리에서 팔았다. 한 점에 10센트씩 덤핑 판매를 한 것이었다. 그런데 모븐이라는 재단사가 그 수레에 실린 빈센트 반 고흐의 작품을 거의 통째로 사들였다. 그렇게 해서 그 유품만이라도 훗날 세상에 나올 수 있었던 것이다. 물론 빈센트 반 고흐가 이 세상을 하직하고도 오랜 세월이 흐르고 난 뒤였지만, 그 재단사의 상속인들은 훗날 갑부가 되었다.

그러나 반 고흐는 테오에게 1프랑, 2프랑씩 늘 도움을 받으며 살았다. 1886년 2월 그는 이런 편지를 보냈다. 이 편지를 인용하는 이유는 이 편지가 2년 후 완전히 파탄 지경에 이른 반 고흐가 계속 쇠약해지는 모습을 잘 보여 주고 있기 때문이다.

"의사는 나더러 무조건 좀더 힘차게 살아야 한다고 하는구나. 그래서 원기를 회복할 때까지는 일을 하지 말라고 말야. 완전히 힘이 다 빠졌다는 거지. 게다가 내가 담배를 너무 많이 피워서 문제를 더 심각하게 만들어 버렸어. 담배를 피우면 배고픈 것도 덜 느끼니까 많이 피운 거지. 이런 현상은 갑자기 나를 덮쳐 왔다고 할 수 있어. 나는 몸에 열이 오르고 기운이 다 빠진 것을 느꼈지만 그래도 일은 해나갈 수 있었어. 조금 불안스러운 건 번번이 이가 하나씩 부러지고 갈수록 몰골이 엉망이 되고 있다는 거야. 이제 이 문제는 그런대로 해결되기를 기대해 보자꾸나. 이빨을 좀 손보고 나면 그래도 훨씬 나아질 것 같다. 입 안이 항상 아프니까 음식을 급하게 삼켜 버리거든. 그나마 먹을 게 있을 때 말이다.

이번 달의 경우 방세(25프랑)를 미리 지불했고 식대 30프랑, 치과 치료 비용으로 50프랑을 선불했다. 그러고 보니 의사의 진료를 받고 그림 재료를 사야 하는데 돈이 6프랑밖에 남지 않았다. 이번 달은 아프지 않아야 한다는 게 가장 중요한 일이다. 이건 쉽게 피할 수 있는 성질의 것이 아니고 아차 하면 일어날 수 있는 일이다. 그렇지만 두고 봐야지. 나는 항상 내 자신이 농부들처럼 질긴 면을 가지고 있다고 믿고 있거든. 그들 역시 특별히 좋은 음식을 먹지도 못하지만 목숨을 연명하고 평생 동안 고된 노동을 하잖니…."

굶어 죽지 않기 위해서 그는 테오에게 돈을 구걸해야 했던 것이다. 화가로서 인정받기 위한 악전고투, 그건 그의 힘에 부쳤다. 안트베르펜의 화가 아카데미에 입학하게 된 그는 잠시나마 희망에 부풀었다. 드디어 해내게 될 것이라고 철썩같이 믿었다.

함께 화가 수업을 받던 빅토르 하게만은 훗날 이렇게 회상하고 있다.

"나는 온갖 풍상을 다 겪은 듯하고 신경질적이며 차분한 구석이라고는 한군데도 없던 그를 분명히 기억하고 있다. 그는 꼭 시한 폭탄처럼 안트베르펜 아카데미를 벌집처럼 들쑤셔 놓아 학장과 스케치 선생을 당황하게 만들었다. 그는 마치 열병에 걸린 듯 엄청난 속도로 그림을 그려서 다른 학생들을 모두 놀라게 만들었다. 그의 물감은 말 그대로 화폭에서 바닥으로 떨어졌다.”

빈센트에게 그것은 아주 짧은 동안의 희망이었다. 스케치 시간에 학생들이 밀로의 비너스를 그리는 과제를 받았을 때 빈센트는 특히 허리의 둘레를 강조했다. 그것을 본 선생이 화를 벌컥 내며 빈센트의 그림에 연필로 죽 그어 버리고는 절대로 어겨서는 안 되는 예술의 규칙을 상기시켰다. 그러자 빈센트는 격분해서 소리쳤다.

“그러니까 당신은 젊은 여자가 어떻게 생겼는지도 모른다는 거군요. 제기랄, 여자는 허리와 엉덩이 그리고 아이를 품을 수 있는 골반이 있어야 하는 거요.”

그 시간 이후로 빈센트는 안트베르펜을 증오했다. 그는 파리로 도피했다. 동생인 테오가 있는 곳으로 가서 이미 명성을 얻고 있던 사람들과 만나게 된다. 툴루즈 라우트레스, 베르나르드, 피사로 그리고 특히 폴 고갱을 사귀게 되고 그들의 그림과 함께 자신의 그림도 전시하지만 이전과 마찬가지로 팔지는 못했다. 그는 절망과 좌절감 때문에 건강에도 해롭고 혼탁한 압생트주에 자꾸만 깊이 빠져들고 만다. 그리고 레피끄가 54번지에 사는 동생의 집에 얹혀 살면서 자신을 지금까지 굶어 죽지 않도록 돌봐 준 동생 테오의 생활을 엉망으로 만들었다. 도저히 참을 수 없었던 테오는 누이에게 편지를 썼다.

“형을 감당할 수가 없어. 제발 빨리 여기를 떠나 줬으면 좋겠어. 형한테는 두 가지 본성이 들어 있는 것 같은데, 하나는 아주 섬세하고 재능 있고 선한 본성이고 다른 하나는 안하무인격으로 아주 이기적인 본성이야. 분명한 것은 형은 스스로에게 적처럼 군다는 거야. 다른 사람의 인생을 망치는 데 그치는 게 아니라 자기 자신의 삶도 망쳐 버리고 있어…."

2년 동안의 파리 체류. 그 후 그는 이전에 다른 도시들을, 그러니까 런던, 암스테르담, 안트베르펜, 덴 하아그를 증오했던 것과 마찬가지로 파리도 진저리를 쳤다. 프랑스의 남부, 찬란한 햇살이 드는 시골에 가면 모든 게 다 좋아질 거라고 생각한 그는 테오에게 작별 인사도 하지 않고 파리를 떠났다. 파리는 눈과 추위, 서리로 꽁꽁 얼어붙었으나 아를에서는 찬란한 햇살이 그를 반겼다. 그를 무너뜨릴 그 태양, 여윌 대로 여윈 그의 몸에 독소로 작용하게 될 태양, 압생트주를 너무 많이 마셔 몽롱해진 그의 정신에 독소로 작용하게 될 그 태양.

그가 아를에 도착한 것은 1888년 2월이었다. 이제 그에게 남은 시간은 2년 남짓한 시간뿐이다.

대부분 농부인 아를 주민들은 그를 정신병자 취급했다. 그는 남프랑스의 차가운 북서풍 속에서도 그림을 그렸다. 그리고 다른 사람들이 모두 시원한 그늘로 몸을 숨길 때 작열하는 태양 아래서 그림을 그렸고, 달빛 아래의 실측백나무를 그리기 위해서 마치 그림자처럼 한밤중에도 나돌아다녔다. 아를 주민들은 그를 그냥 빈센트라고 불렀다. 반 고흐라는 이름이 시골 사람들에게는 발음하기가 어려웠던 것이다. 그래서 그 때부터 자기 그림에도 빈센트라는 이름만 표기했다.

언제 어디서 불쑥 튀어나올지 모르는 그를 마을 주민들은 두려워했고 싸구려 술집에 앉아서 압생트주를 마시는 그와 우연히 부딪히는 것조차 달가워하지 않았다. 그를 두려워하지 않는 사람은 단 한사람밖에 없었다. 라헬이라는 이 아가씨는 빈센트가 더 이상 외로움을 달랠 수 없을 때마다 찾아가던 창녀촌의 아가씨였다. 라헬은 빈센트가 화대를 지불하지 않아도 상관하지 않았다. 그가 가지고 오는 작은 스케치 한 점은 충분히 그 만한 가치가 있다고 생각했다. 그녀야말로 그를 믿었던 유일한 인물이 아니었을까.

라헬과 그런 밤을 보낸 뒤면 그는 그림 그리는 일을 증오했다. 자신의 삶을 그림 그리는 일로 다 낭비해 버리는 것이 아닌가 하는 두려움을 느끼기도 했다. 포기의 첫 조짐이었을까? 빈센트처럼 예민한 사람에게 그것은 다름 아닌 삶의 포기를 의미한다. 그는 파리를 떠나온 뒤에도 여전히 자신에게 매달 돈을 부쳐 주던 동생 테오에게 이렇게 편지를 썼다.

"아! 사람은 역시 모든 것의 뿌리라는 생각이 든다. 물론 사람이 진정한 삶 속에 자신을 송두리째 던지지 않는 한, 이런 감정은 우울한 느낌으로 머무르고 말지. 말하자면 삶에서 멀찌감치 떨어져서 석고나 물감을 가지고 일하는 것보다는 육체를 움직여 일하는 것이 더 낫고, 그림을 그리거나 아니면 사업을 하는 것보다는 아이나 낳는 것이 훨씬 좋을 거라는 사실을 깨닫는다면…."

그는 그림 그리는 일을 증오했다. 그리고 자신의 육신도 함께 증오했다. 그 육신이 그를 너무 힘들게 만들었기 때문이었다. 그는 뭐랄까, 정확하게 자기 진단을 내렸다고 할 수 있다. 자신이 꿈꿔 왔던 시골의 아름다운 자연 풍경 속에서 보낸 처음 몇 달 간의 건강 상태를 꼼꼼하게 점검했던 것이다.

"아무것도 두렵지 않다. 만약 이 고통스러운 건강 문제만 없다면…. 내 앞길이 깜깜해 보인다는 것은 아냐. 다만 앞으로 다가올 수천 가지의 문제가 보인다는 거지. 그리고 이따금 나는 이런 생각도 해 본다. 어쩌면 그 수천 가지 문제들이 나 자신보다 훨씬 강한 것이 아닐까 하는…."

그리고 마을 전체가 에덴 공원이 되었던 신비스러운 5월에는 다음과 같은 우울한 글을 쓰기도 했다.

"이 지겨운 건강 문제만 아니라면 아무것도 무서울 게 없겠는데. 꼭 마차를 끄는 노새가 된 기분이다. 항상 똑같은 수레에 묶여 있노라니 이제는 지긋지긋하기만 하다. 그저 조그만 초원에서 햇살이나 좀 받으며 살고 싶다. 조그만 연못도 하나쯤 있으면 금상첨화겠지. 자유롭게 노니는 다른 말들과 함께 새끼나 낳고…."

그날 바로 그 달에 몸과 마음이 모두 지쳐서 굴복하는 듯한 선언을 하고 말았다.

"더 이상은 대항하고 싶지 않다. 한 인간이 병들어 그 병이 가벼운 병이 아니라 이제는 영원히 건강을 되찾을 가망이 없다는 것을 알게 된 기분이다. 이런 상태를 뭐라고 부르는지 모르겠다. 죽음에 임했다고나 할까? 아니면 영원에 직면했다고? 우리는 자신이 죽는다는 것을 느끼지는 못하지. 하지만 우리 자신이 실제적으로 얼마나 보잘것없는 존재인가라는 사실을 뼈저리게 느낄 수 있다. 화가의 대열에서 한 고리가 되기 위해 자신의 피와 청춘과 자유를 그 대가로 치뤄야 하기 때문이다. 그러면서도 기쁨이라고는 전혀 느끼지 못하는 꼴이란 마차를 끄는 노새와 전혀 다를 게 없다. 이 노새 역시 사람들을 가득 실은 마차를 힘겹게 끌고 가지만 그 사람들이 봄맞이 소풍을 나가느라 아무리 기쁨에 들떠 있다 하더라도 그들을 그곳으로 실어다 주는 이 노새가 그 기쁨을 누릴 수는 없을 테니까…."

1888년 6월, 시골의 태양이 견디기 어려울 정도로 뜨겁게 작열할 때였다.

"아파서는 안돼. 그러면 아를의 불쌍한 호텔 문지기보다 더 처량한 신세가 되고 말 거야. 그자는 죽었어. 여기 다른 사람들은 서로 왕래도 하면서 집안 일이 어떻게 돌아가는지 보면서 그저 무감각하게 살고 있어. 하지만 우리 같은 사람들은 머리 속에 혼자만의 생각을 끌어안고 외롭기 그지없는 생활을 하고 있지. 그래서 어떤 때는 자신도 그들처럼 차라리 저렇게 무감각해지기라도 했으면 하는 생각도 하게 된다…."

그러다 갑자기 모든 일이 좋은 결말을 가져오지 않을 것 같은 절박한 불안이 그를 덮쳤다. 1888년 7월 29일, 그가 테오에게 자신이 처한 상황에 대해 써 보낸 편지를 보면 이를 잘 알 수 있다.

"새로운 예술가들은 모두 고독하고 가난하며 미친 놈 취급을 받고 있다. 그러다 보니 결국은 진짜로 그렇게 되어 버린다. 적어도 사회 생활 면에서는…. 하지만 내가 흩어지고 몸이 더 괴롭고 더 심하게 부서지면 그만큼 더 참다운 예술가가 된다….

지나친 음주에 관한 한, 그것이 나쁜 것인지 아닌지 그건 나도 모르겠다. 비스마르크는 참으로 실제적이고 똑똑한 사람인가 보다. 그에게 어느 의사가 그렇게 말했다지. '술을 너무 많이 마셨고 위장부터 시작하여 두개골까지 평생 동안 너무 무리를 했다.'고…."

빈센트처럼 이렇게 자신의 절망적인 상태를 정확히 정의한 사람도 아마 드물 것이다. 여기서는 그가 비스마르크의 진단을 인용하고 있지만 실제로는 자기 자신에 대한 진단을 내린 것으로 볼 수 있다. 당시 심리 분석가가 있었다 하더라도 빈센트의 상태를 이보다 더 적절하게 표현하지는 못했으리라.

이러한 상태에서 대파국은 예고된 것이나 다름없었다. 거기에 불을 당길 불씨 하나만 있으면 충분했다. 그러나 이 불씨를 당기게 될 사람은 아직까지 파리에 있었다. 그는 다름 아닌 폴 고갱이었다. 빈센트는 벌써 몇 주 동안 고갱에게 자신이 있는 아를에 한 번 와달라고 매달리고 있었다. 자기가 라마틴 광장에 있는 노란색 집에 아틀리에를 얻었고 그 안에 작은 방도 만들어 놓았다고 했다.

만일 고갱이 아를에 와 준다면 모든 게 좋아질 거라고 그는 생각했던 것이다. 이제 더 이상 고독하지는 않을 테니까. 이야기를 나눌 수 있는 사람이 생기는 것이었다. 고갱은 오랫동안 망설였다. 그러다 드디어 아를로 떠나기로 마음을 굳혔다. 10월 20일, 그가 도착했다.

빈센트는 기뻐 어쩔 줄을 몰랐다. 자신의 아틀리에를 세계적인 위대한 예술가들의 만남의 장소로 만들 생각으로 꿈에 부풀었다. 그것은 환상이었을까? 아니면 실제로 실현 가능한 일이었을까? 빈센트에게는 그 꿈이 너무 빨리 문젯거리로 나타났다. 그에게 아를은 자신이 살아온 지난 35년 동안 둘러본 세상 중에 가장 신비로운 장소였다.

그러나 고갱에게 아를은 세상에서 가장 더럽게 생각되는 마을 중의 하나였다. 고갱은 남아메리카의 아름다운 마을, 파나마, 마르티니크 섬 등 많은 곳을 여행해 보았기 때문에 아를이 결코 신비롭지 않음을 느낄 수 있었다.

두 달이 채 지나기도 전에 두 사람의 관계는 곧 금이 갈 수밖에 없을 정도로 팽팽해졌다. 한 사람이 사랑하는 화가를 다른 사람은 증오하는 그런 식이었다. 저녁에 노란 집 옆에 있는 카페에 앉으면 두 사람은 압생트주를 놓고 날이 밝을 때까지 논쟁을 벌였다.

"엄청난 전력을 발산하는 논쟁이지."

빈센트는 동생 테오에게 그렇게 편지를 썼다.

"어떤 때는 둘다 다 써 버린 전기 배터리처럼 기진 맥진해지는 거야…."

아를에서는 모두들 성탄절을 준비하고 있었다.

12월 23일 고갱이 빈센트를 그려도 되겠느냐고 제안했다. 빈센트는 이에 응했다. 몇 시간 후 고갱이 그림을 보여 주었다. 빈센트는 한참 동안 그림을 쳐다보았다. 그러다 거의 맥빠진 목소리로 말했다.

"내 모습은 내 모습인데 미친 놈이군!"

재난의 순간이 닥쳐왔다. 불씨가 당겨진 것이었다. 다시 저녁이 되어 라마틴 광장의 카페에 앉은 두 사람은 말이 없었다. 완전히 다른 세상에 사는 사람들처럼 그렇게 갈라져 있었다. 그러다 갑자기 빈센트가 압생트 술잔을 고갱의 얼굴에 쏟아부었다. 뒤이어 술잔까지 내던졌는데 아슬아슬하게 고갱의 얼굴을 비껴갔다.

다음날 아침 빈센트는 지난밤에 무슨 일이 있었는지 어렵게 기억해 낼 수 있었다.

"무슨 일이었는지는 모르겠소…. 하지만 어쨌든 용서해 주시오."

그는 그렇게 말했다.

"용서해드리지요. 하지만 어젯밤과 같은 장면이 또다시 반복될 수도 있을 거요. 그래서 만약 내 얼굴이 상하게 된다면 그때는 나도 이성을 잃고 당신 목을 조를지도 모르겠소."

고갱의 대답이었다.

고갱은 그날 당장 아를을 떠날 준비를 서둘렀다. 저녁이 되어 그는 신선한 공기나 좀 쐬려고 집을 나왔다. 그가 라마틴 광장을 막 가로지르려는데 뒤에서 빠르게 다가오는 발걸음 소리를 듣고 뒤를 돌아다보았다. 한 손에 면도용 칼을 든 빈센트가 그에게 막 덤벼들 기세였다. 그러는 빈센트는 그때의 고갱의 눈빛에 대해 나중에 테오에게 이렇게 썼다.

"그 눈이 꼭 화성에서 온 사람의 눈 같더라."

아마 그 눈빛에 빈센트는 정신을 차린 듯했다. 친구인 고갱을, 자신의 적으로 변해 버린 그를 죽이려고 했던 걸까? 그 다음에 어떤 일이 일어났는지는 여전히 오리무중이다. 확실한 것은 빈센트가 집으로 달려갔다는 것이다. 그는 여전히 칼을 손에 든 채로 자신의 목숨을 끊으려고 했다. 경동맥을 끊으려고 했는데 정신이 다 나가 있는 바람에 귀 반쪽을 자르고 말았다.

몇 분 후 그는 피를 흘리며 한 손으로는 손수건으로 반쪽 귀를 잡고 다른 한 손에 잘려 나간 귓불을 들고 보다를가 1번지의 창녀촌에 나타났다. 그리고 자신이 지치고 절망에 빠질 때마다 찾곤 하던 라헬을 만났고 라헬에게 잘려 나간 귀를 주고 집으로 되돌아갔다.

사창가의 여주인인 비르지니 마담은 경찰에 연락해서 빈센트의 반쪽 귀를 증거물로 넘겼다.

몇 시간이 흐르고 난 뒤에야—성탄절 전야였으니까—경찰이 그곳에 나타났다. 사방에 핏자국 투성이였다. 계단이며 복도 할 것 없이 피에 흠뻑 젖은 수건이 널려 있었다. 그리고 시트로 몸을 둘둘 감은 채 죽은 듯이 꼼짝 않고 침대에 누워 있는 빈센트가 보였다.

성탄절 아침, 빈센트는 아를에 있는 병원으로 보내졌다. 펠릭스 레이 박사는 천신만고 끝에 빈센트의 상처를 치료하고 붕대를 감을 수 있었다. 미친 듯이 날뛰는 환자를 붙드느라 병원의 간호사 네 명이 달라붙어야 했다. 그리고 빈센트는 침대에 꽁꽁 묶여서 독방에 실려 갔다.

아를 주민들은 하루 뒤《포름 레푸블리카인》신문에 실린 다음과 같은 기사를 읽을 수 있었다.

"지난 일요일 네덜란드 출신인 반 고흐라는 화가가 공창 1번지에 나타나 라헬이라는 여자를 찾은 후 그녀에게 자신의 귀를 건네주면서 다음과 같이 말했다고 한다. 이것을 잘 보관하시오! 그 말을 남긴 뒤 그는 사라져 버렸다. 경찰은 이 사건을 신고받고 아마도 불쌍한 정신병자의 소행일 것이라는 짐작하에 아침에 그 사람의 집을 찾아갔다. 경찰은 거의 죽은 듯한 상태로 침대에 누워 있는 그를 발견하고 그 자리에서 병원으로 옮겼다."

바로 그날 고갱은 '세상에서 제일 더러운 마을'을 떠났다. 훗날 그는 이 일로 자책을 하기도 했지만 그러면서도 자신을 합리화하곤 했다.

"그 순간 내가 비겁했던 걸까? 그에게서 칼을 뺏고 흥분을 달래줬어야 했을까? 나는 그렇게 내 양심에 자주 물어 봤지만 지금도 양심의 가책을 느끼지는 않는다. 글쎄, 사람들이 내게 돌을 던진다 해도 할 수 없다."

빈센트는 무서운 고독 속에 갇혀 있었다. 고갱의 그 그림이 파국을 일으켰다. 정신병이 발병한 것이었다.

펠릭스 레이 박사가 대체 뭘 할 수 있었겠는가? 그는 스물세 살의 젊은 의사로서 이제 막 의학 수업을 끝낸 사람이었다. 그리고 이곳 병원은 그가 질병의 실상과 맞대면하는 첫 장소였다. 젊은 의사의 얼굴에서는 선량한 빛이 흘렀고 작은 코밑 수염과 턱밑의 작은 뾰족 수염은 선량한 인상을 한층 돋보이게 하여 아주 쾌활해 보였다. 그는 병원 실무에 임한 지 얼마 안 되었지만 벌써 하얀 가운 위에 메달을 걸고 있었다. 프랑스의 내무 장관에게 받은 것이었다. 가을에 아를과 시골 전역을 휩쓴 전염병 퇴치에 조금도 동요하지 않고 아주 용감하게 행동했기 때문이었다.

그러나 이러한 그의 용감성과 담대함은 빈센트의 병에는 그리 도움이 되지 못했다. 레이 박사가 갖고 있는 의학적 지식으로 기대할 수 있는 것은 오로지 귀의 상처를 치료하는 것 뿐이었다.

빈센트가 시달리고 있는 눈에 보이지 않는 질병은 아를에서 20킬로미터 정도밖에 떨어지지 않은 성 레미에 있는 쌩폴드 모솔레 정신병원 원장인 페이론 박사의 담당이라 할 수 있었다.

보조 의사인 레이 박사는 당연히 빈센트의 병상에 관해 자신의 상관인 우르파르 박사와 의견을 나누었다. 우르파르 박사는 아를에 있는 모든 시립병원을 관장하고 있었다.

"사나운 시각적, 청각적 환상 때문에 이따금은 발을 구르고 또 어떤 때는 소리를 지르고 어떤 때는 노래를 부르기도 합니다. 그리고 어떤 때는 완전히 넋이 나가 있습니다. 내 생각으로는 간질이 몹시 위험할 정도로 심각한 것 같습니다."

우르파르 박사는 이 네덜란드인에게 별 관심이 없어서 진찰 한번 하지도 않고 보조 의사의 소견을 근거로 이렇게 병상기록을 남겼다.

"일반적인 정신병 증상을 보이는 심각한 조울증."

그건 어쩌면 빈센트의 귀가 완쾌되는 대로 얼른 내보내고 싶어서였는지도 모른다.

그나마 다행스러운 것은 아를에 도착한 테오 반 고흐가 모든 비용은 자신이 대겠노라고 한 것이었다. 레이 박사는 테오에게 잘려 나간 귀를 봉합할 수도 있었는데 경찰이 너무 늦게 가져오는 바람에 불가능했노라고 밝혔다. 그랬으면 외상에 의한 탈저가 생겼을 거라고…. 그리고 그는 애석하다는 듯이 알코올로 채워진 프레파라트 유리컵을 보여 주었다. 그 안에는 빈센트의 잘려 나간 귓불과 아래쪽 귓바퀴가 둥둥 떠다니고 있었다. 빈센트를 만날 수 있느냐는 테오의 물음에 레이 박사는 지금과 같은 상태로서는 면회할 수 없다고 했다. 그리고 마지막으로 겉치레 말을 남겼다. 곧 좋아질 거라고, 특히 자신이 빈센트에게 신경을 많이 쓰겠노라고. 발작은 곧 사라질 거니까 안심하고 파리로 떠나시라고. 중요한 사실은 모두 꼭 연락해 줄 테니 아무 걱정도 하지 말라고 했다.

그 후의 경과를 간략하게 더듬어 보자. 빈센트의 귓불과 귓바퀴가 담겨 있던 프레파라트 유리컵은 1889년 11월까지 레이 박사의 방 안에 세워져 있었다. 그러다 그 보조 의사는 파리로 떠났다. 그의 후임으로 온 의사는 그 프레파라트가 아무런 해부학적 의미도 없는 것으로 간주하고—사실 그의 생각을 나무랄 근거도 없다—간호사를 시켜 화장실 변기 안에 버리게 했다.

이름도 없는 미치광이의 귓불과 귓바퀴, 이 이름 없는 미치광이가 몇 년 후 이 세상의 위대한 인물 가운데 한 사람이 될 줄이야 누가 알았겠는가?

빈센트는 독방에서 미친 듯이 날뛰며 나흘 밤낮을 보냈다. 레이 박사는 강한 브롬으로 환자의 흥분을 가라앉히려고 했다. 벌거벗은 석회벽과 창살이 달린 아주 작은 창문이 있는 그곳은 감방과 다름없었다.

평생 한번도 노래를 부른 적이 없었던 그가—별로 노래를 부를 만한 계기도 없었으니까—프랑스의 자장가를 불렀다. 아마도 아주 까마득히 먼 옛날을 회상하다가 가슴 깊숙이 묻혀 있던 어린 시절의 기억으로부터 나온 노래였으리라. 그러나 4일째 되던 날 그가 있던 독방은 완벽한 정적으로 휘감겼다. 레이 박사가 브롬을 투여하여 효과를 본 것이었다. 폭풍은 가라앉았다. 얼마 동안 지속될지에 대해서는 아무도 진단을 내리려 들지 않았다. 레이 박사나 우르파르 박사도 그 점에서는 마찬가지였다.

빈센트는 그 나흘이란 시간에 대해 기억하지 못했다. 그의 생각의 필름이 한 부분 끊겨 나간 것이었다. 그것은 존재하지 않았던 시간이었다. 그러므로 그때 벌어진 일들도 그에게는 일어나지 않았던 것이 되고 만 것이다. 그가 누워 있던 병실은 벽 쪽으로 침대가 두 줄로 늘어서 있었고 침대마다 커튼이 쳐 있고 어두운 석유 램프가 켜 있었다. 병실 한가운데는 쇠난로가 놓여 있었다. 그 해 겨울은 유난히 추웠다.

테오는 12월 말에 빈센트를 면회했다. 그러나 빈센트는 그를 알아보지 못했다. 레이 박사가 곧 나아질 거라고 그를 위로했지만 테오는 그 말을 믿지 않았다. 테오는 애인인 요한나에게 아를의 병원에 있는 형을 면회한 심정을 이렇게 써서 보냈다.

"형의 그런 모습을 보니 가슴이 찢어질 것만 같았어. 지금으로서는 아무도 형의 고통을 덜어 줄 수 없어. 희망이 별로 없어. 하지만 빈센트 형은 지금까지 살아 오면서 다른 어느 누구보다도 많은 일을 했어. 그리고 어느 누구보다도 많은 고통과 싸워 왔어. 다른 사람들이라면 감당하기 어려웠을 그런 고통을 받아 왔어. 그러니 이제 안식을 얻어야 한다면 할 수 없는 일일 테지. 그렇지만 그 생각만 하면 가슴이 찢어지려고 해….”

귀의 상처는 빨리 아물었다. 빈센트와 여러 번 이야기를 나눠 본 레이 박사는 환자가 다시 제정신으로 돌아왔다는 결론을 얻었다. 그래서 그를 퇴원시키기로 마음먹었다. 그는 직감적으로 빈센트에게 아직 희망이 남아 있다고 가정한다면 일을 하는 것이 재발을 방지할 수 있는 가장 좋은 처방책이라고 믿었다. 그는 빈센트에게 매일 아침 새 붕대로 바꾸러 와야 한다고 지시했다. 그 밖에도 그는 사람을 시켜 남몰래 빈센트를 감시하기로 했다. 그것은 젊은 의사가 내린 용기 있는 결정이었다. 그러나 위험한 결단이기도 했다. 만일 무슨 일이 생길 경우 혼자서 모든 책임을 다 짊어져야 했으니까.

한 달 반은 아무 일 없이 잘 지나갔다. 빈센트는 다시 일에 손을 대기 시작했다.

“지금 상황을 한 달 전과 비교해 보면 내가 생각해 봐도 이상할 정도야.”

그는 테오에게 1889년 1월 말에 그렇게 편지를 써 보냈다.

“사람이 팔 다리를 분질렀다 하더라도 다시 원상복구할 수 있다는 것은 알았지만, 사람이 머리를 때려 부수고 다시 원상태로 되돌아올 수 있으리라고는 생각도 못했다….”

열과 정신착란으로 횡설수설하는 작은 재발은 두 번 있었지만 병원에 며칠 있으면 다시 나아졌다. 레이 박사가 굳이 자신의 치료법을 바꿔야 할 이유가 없었다. 빈센트 역시 망가진 머리도 다시 나을 수 있다는 사실을 의심하지 않았다.

그러다 어렴풋한 희망의 불빛이 갑자기 사라지고 말았다. 아를의 우직한 주민들에게 빈센트는 이미 오래 전부터 골칫거리였다. 고갱과의 불미스런 일이 있고 난 후로 그들은 빈센트가 길거리를 지나가기만 해도 마치 악령을 피하듯 모두 도망쳤다. 다 낡은 외투에 붕대를 감은 귀, 온갖 물감으로 얼룩진 바지. 아이들은 그의 꽁무니를 쫓아다니며 '미친놈아!' 하고 놀려대며 돌을 던지기도 했다. 그러나 아이들을 나무라는 사람은 아무도 없었다. 자신들도 그러고 싶은 심정이었던 것이다.

빈센트는 쫓기듯 집으로 숨어들어 창문 아래로 사람들을 내려다보며 주먹을 불끈 쥐고 욕설을 퍼붓는 일이 많아졌다. 그리고 그는 의욕을 잃어 더 이상은 아무것도 할 수 없고 또 하고 싶지도 않아 절망에 빠져들었다.

아를의 시장 타르디유의 집무실에 서명서가 올라왔다. 아를 주민 80명이 빈센트를 정신병원에 가둬야만 아를에서 안심하고 살 수 있을 것 같다는 진정서였다. 빈센트는 나중에 테오에게 편지를 썼다.

"이들은 식인종이야. 그들은 내가 정말로 미치는 꼴을 보고 싶어 안달들이야."

경찰이 와서 난폭하게 구는 그를 끌고 어두운 감방 안에 가둬 버렸다. 먹을 것이라고는 물과 빵밖에 없었고 밤이고 낮이고 항상 문 앞에는 간수가 지키고 있었다. 레이 박사와 연락을 취하려고 해도 헛수고였다.

"그라면 나를 이곳에서 꺼내 줄 수 있을 텐데."

그러나 레이 박사는 병중이었다. 그리고 빈센트가 살던 셋집은 굳게 잠겨 있었다.

며칠 지난 후 그 소식을 듣게 된 레이 박사는 타르디유 시장에게 빈센트를 자신의 병원으로 옮겨 줄 것을 요구했다. 물론 한 가지 단서가 붙어 있었다. 빈센트를 한 달 안에 폐쇄된 병원에 수용한다는 조건이었다. 레이 박사와 살레 목사는 자리를 모색하던 중 쌩 레미 마을의 변두리에 있는 쌩폴드 마솔레 정신병원에 자리를 얻었다. 그 병원장인 페이론 박사는 빈센트를 '하숙생'으로 받아들이겠다고 했다. 그리고 그에게 옛날에 수도원으로 사용하던 건물 일층에 작은 침실과 그림을 그릴 수 있는 작업실을 하나 내주었다.

세상은 빈센트의 등 뒤에서 문을 닫아 버렸다…. 그것은 1889년 5월 8일의 일이었다.

같은 날 저녁 빈센트는 테오에게 편지를 썼다.

"이곳에 오기를 잘한 것 같다. 우선 이 동물원에서 삶의 실상을 볼 수 있고, 미친 사람의 삶과 여러 가지 다른 미친 증상도 눈으로 확인할 수 있으니까 적어도 광기라는 것에 대한 두려움은 없어졌거든. 그리고 이제는 미친 것도 다른 병들과 마찬가지의 질병으로 볼 수 있을 것 같다. 그리고 환경을 바꾼 것도 나한테는 좋은 것 같다. 여기 의사는 내게 일어나는 일을 간질의 발작으로 보려는 것 같아. 하지만 난 그에게 그 이야기를 물어 보지는 않았어…."

왕년에 해군 군의관을 지낸 페이론 박사는 그 정신병원을 벌써 15년째 관리하고 있었다. 체격이 작고 뚱뚱한 그는 관절염으로 고생하고 있었다. 그리고 그의 눈은 항상 시꺼먼 안경알 뒤에 감춰져 있었다. 그는 자신이 관리하는 병원을 조금 별난 숙박객들이 묵는 일종의 호텔처럼 생각했다. 의학적인 치료는 거의 이루어지지 않고 있었다. 그의 표준 처방은 '일주일에 두 번씩 두 시간에 걸쳐 목욕할 것'이었다.

입원 기록에 페이론 박사는 빈센트에 관해 다음과 같이 써 놓았다.

"아마 장기적인 관찰을 받아야 할 것 같다…."

그리고 계속 관찰만 했다. 빈센트는 의사가 돌아보지 않고 방치된 채 수도원의 정원에서 그림을 그리도록 허용해 준 것만으로도 충분히 기뻤다. 페이론 박사는 6월 25일에 이렇게 썼다.

"그의 상태는 훨씬 호전되었다. 그러나 치료를 계속하기 위해서는 입원 치료가 불가피하다…."

두 달 후 페이론 박사는 빈센트에게 문지기의 감시하에 병원 밖에서도 그림을 그릴 수 있도록 허락해 주었다. 그러나 다시 찾게 된 자유는 완전한 신경 쇠약으로 인해 끝나고 말았다. 그림을 그리는데 갑자기 손이 뻣뻣해지면서 눈의 초점이 흐려졌다. 문지기 트라부는 마구 울부짖는 폐물이 된 사람을 가까스로 병원 안으로 끌고 올 수 있었다.

그 발작은 일주일 내내 계속됐다. 빈센트는 울부짖으며 자신을 마구 자학했다. 얼마나 고래고래 소리를 질렀던지 목이 쉬어 아무것도 먹을 수가 없었다. 치료 같은 것은 없었다. 그림을 못 그리게 하는 처방 외에는!

페이론 박사가 그에게 다시 그림을 그릴 수 있게 허락해 주기까지는 몇 주일이 걸렸다. 빈센트는 자신의 방에서 허물어져 내렸다. 그는 더 이상 이 세상에 존재하지 않는 것과 마찬가지였다. 정신이 오락가락했다. 몽롱해졌다가 다시 그림을 그리고 그림을 그리다가는 다시 몽롱해졌다.

빈센트는 동생 테오가 1890년 2월에 미술비평가 알버트 아우리에가 《메리뀌에 드 프랑스》에서 화가 빈센트 반 고흐를 이 시대의 가장 위대한 화가라고 칭송했다는 사실을 편지로 알려 줬어도 알아듣는 둥 마는 둥 했다.

"… 그는 진정한 네덜란드인이며… 위대한 화가이다. 자신의 예술에 흠뻑 취해 있는… 참으로 강인하고 진정한 이 예술가는 거인의 난폭한 손놀림과 히스테릭한 여인의 예민함으로, 눈을 뜬 자의 열린 영혼을 간직하고…."

며칠 후 테오가 브뤼셀에서 온 안나 보흐라는 어느 아가씨가 그의 〈붉은 포도밭〉을 400프랑에 사 갔다는 편지를 보냈지만 빈센트는 인식하지 못하는 듯했다. 성공의 시작이었을까? 그런 것 같았다. 그러나 너무 늦었다. 그 오랜 세월 동안 그는 실패와 고독 앞에서 가슴 졸여 왔다. 이제 그는 성공과 명성을 눈앞에 두고 그보다 더 큰 불안을 느끼는 것이다.

그는 이제 더 이상 이 세상을 이겨낼 수 없을 것 같았다. 그리고 어떤 의사도 자신을 도와줄 수 없으리라는 것을 알고 있었다.

예를 들면 틴호벤 박사? 그가 그토록 사랑했던 창녀 씨엔이 그에게 준 선물인 성병이 여전히 그의 몸 안에서 광포하게 날뛰고 있었던 게 아니었을까?

레이 박사? 가장 능력 있는 의사임에는 의심의 여지가 없다. 그리고 그는 빈센트를 위해 애써 준 사람들 가운데 한 명이기도 했다. 그렇지만 자신의 한계에 부딪쳐 결국은 실패할 수밖에 없었다.

그러면 페이론 박사는? 그는 하숙집 주인이었을 뿐 의사는 아니었다.

그러나 이제 새로운 이름이 등장했다. 폴 가체트 박사. 오베르 수르 오이스의 의사였다. 빈센트는 테오가 쓴 말을 믿기로 했다. 마지막 희망이었을까? 화가 피사로가 테오에게 그 의사 이야기를 들려주었다. 그건 이제 빈센트가 하루 아침에 무명 화가의 너울을 벗었기 때문이었다. 이제 모두 그를 도와 주려고 했다. 그러니 제일 좋은 의사여야 했다. 이미 늦은 감이 있었지만 그래도 완전히 늦기 전에.

가체트 박사는 명성이 높은 의사였다. 파리와 오베르 수르 오이스에 병원을 개업하고 있었다. 의사들이 하나같이 전혀 가망이 없다고 진단한 세잔느나 도미르, 마네 같은 화가들도 그 의사의 도움으로 생명을 연장하기도 했다. 심장이나 신경질환이 있는 사람이 찾아갈 곳이 딱 한 군데 있다면, 그것은 가체트 박사의 병원이었다. 테오가 모든 일을 준비했다. 가체트는 빈센트 반 고흐를 돌봐 줄 준비가 되어 있었다.

페이론 박사는 빈센트의 퇴원에 완강히 반대했다. 그 긴 1년 동안 페이론 박사가 빈센트와 대화를 나눈 적이 별로 없었지만 설령 있었다 하더라도 그 일을 계기로 나눈 대화가 가장 시간이 오래 걸린 대화였을 것이다. 그때 빈센트가 말짱한 상태였던 것이 천만다행이었다.

1890년 5월 21일, 그는 오베르에 도착했다. 대략 50점쯤 되는 그림 중 일부는 페이론 박사의 정신병원에 남겨졌다. 어처구니 없게도 페이론 박사는 그 그림을 엽총 사격 연습을 하는 데 표적판으로 사용했다.

빈센트는 물어 물어 베쎄노가에 있는 가체트 박사의 집을 찾아갔다. 산들바람이 부드럽게 불어오고 따사로운 햇살이 내리쬐는 5월의 어느 맑은 날이었다.

가체트 박사는 빈센트가 올 줄 알고 만반의 준비를 갖춰 놓고 있었다. 방도 준비해 두었다. 그는 그와 함께 오랫동안 앉아 있었다.

"일을 하십시오. 발작 같은 것은 신경 쓰지 마시고…."

너무 늦었다. 테오의 희망도 좌절되었다. 그는 이렇게 형에게 편지를 썼었다.

"형님이 이제는 예전처럼 그렇게 우울하시지 않다니 우리 모두 기뻐 하고 있습니다. 우리 모두 건강하게 지내고 또 건강해지면 모든 게 다 잘 될 겁니다. 우린 초보자도 아니지 않습니까."

빈센트는 그 편지를 읽는 둥 마는 둥 했다. 그는 자리에 앉아 동생 테오에게 마지막 편지를 썼다.

"그래, 그림에 자신의 전력을 쏟는 것보다는 아이나 기르는 것이 훨씬 나은 일이다. 하지만 이제 와서 어쩌겠니? 이제 그러기에는 너무 늦었다. 아니, 어쨌든 내가 너무 늙었다는 기분이 든다. 이젠 그러고 싶은 마음도 다 사라졌다. 아프기도 하지만 말이다."

빈센트는 가체트 박사가 그를 묵게 한 여관 주인 라보우로부터 까마귀를 쏘겠다며 총을 빌렸다. 자기가 그림을 그릴 때마다 꽥꽥거려 방해가 된다는 것이었다.

그러나 그는 자신의 가슴을 쏘았다. 1890년 7월 27일 어느 뜨거운 여름날이었다.

빈센트는 48시간을 더 살았다. 가체트 박사가 말했다.

"제가 당신을 꼭 살려 내겠습니다."

"그러면 난 다시 자살을 시도해야겠군요."

빈센트의 대답이었다.

테오가 파리에서 왔다.

"울지 마라, 우리 모두를 위해서 한 일이니까."

빈센트가 말했다.

그가 숨을 거두자 가체트 박사는 고인을 가리켜 이렇게 말했다.

"감정의 불길에 사로잡혀 타 죽었습니다…."

임종을 앞두고 그는 가체트 박사에게 이렇게 말했다.

"그렇게 오랜 세월 동안 다른 의사를 못 만난 것이 유감스럽소…."

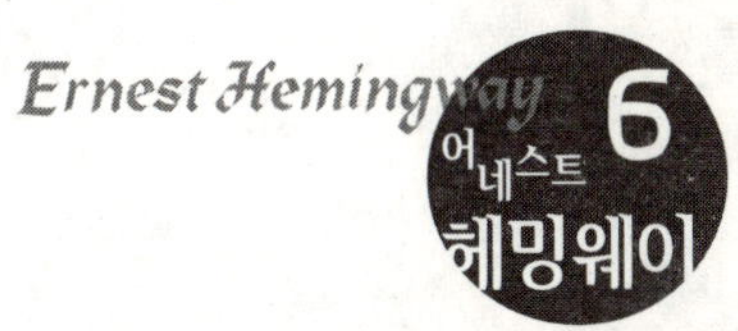

오라! 죽음이라 불리우는 형제여

세계의 언론이 보도한 세 번의 헤밍웨이 사망 소식
술도 여자도 안 되고 엄격한 다이어트를 요함
헤밍웨이가 남몰래 두려워했던 피부암에 대한 공포
조지 사비어스 박사는 두 손을 들었다
하워드 P. 롬 박사의 마지막 희망은 전기 쇼크

헤밍웨이 (Ernest Hemingway, 1899~1961)

미국의 소설가. 시카고에서 태어나 고등학교를 졸업한 뒤에 기자가 되었다. 제1차세계대전 이탈리아 전투에 참가해 부상당했다. 전쟁이 끝난 후 파리로 가 문학활동을 시작, 1925년 최초 단편집 『우리들의 시대』를 발표하였다. 1926년에 소설 『해는 또 다시 떠오른다』를 발표하여 남성적이고 거친 터치로 세상의 주목을 끌었다. 1929년에는 전쟁의 경험을 살린 『무기여 잘 있거라』를 발표하여 철저한 사실주의와 구어체의 특징을 극도로 발휘한 간결하고 굵은 문체로 작가의 자리를 확고히 했다. 이 후 『누구를 위하여 종은 울리나』 등을 통해 미국 리얼리즘의 거장이 되었고 『노인과 바다』로 1952년에 퓰리처상을, 1954년에는 노벨문학상을 받았다. 그 밖의 작품으로 『킬리만자로의 눈』 등이 있다.

　1961년 7월 2일 일요일, 이른 아침 7시 30분에 미국의 아이다호주에 있는 작은 마을 캐첨의 이층 집에서 정확히 무슨 일이 벌어졌는지 목격한 사람은 아무도 없다.

　소트스 마운틴의 고지대는 아직 눈이 쌓여 있었다. 태양의 계곡은 그 이름만큼이나 참으로 화사한 햇살을 드리우고 있었다. 농부들은 건초를 걷느라 모두들 들판으로 나갔고 모든 낚시꾼들은 우두 강가에 서서 숭어를 잡으며 휴일을 즐기고 있었다.

　하지만 그들 중에서 찢는 듯한 총성을 들은 사람은 아무도 없었다. 그러나 그 총성은 헤밍웨이의 네 번째 부인으로서 17년째 함께 살고 있는 메리를 잠에서 깨웠다. 총소리는 복도에서 들려왔다.

　그녀는 곧바로 복도에서 남편을 발견했다. 은도금의 2연발 리차드슨 엽총이 그의 손에서 미끄러져 나와 있었다. 두 발의 총알이 거의 알아보지도 못할 정도로 무참하게 두개골을 부숴놓았다.

　메리는 오랫동안 헤밍웨이의 주치의로 있던 조지 사비어스 박사를 불렀다. 그는 당시 정신 영역을 제외하고 헤밍웨이의 건강 상태를 알고 있는 유일한 인물이었다. 메리와 마찬가지로 그것이 사고가 아니라 자살이라는 것을 잘 알고 있었다. 그는 사망진단서를 끊었다.

　점심 때가 되어서야 메리는 이 지역관할 경찰에 전화를 걸어 복도에 그대로 쓰러져 있는 남편의 시체 쪽으로 경관을 안내했다. 제인코프는 메리 헤밍웨이가 했던 말을 그대로 받아 적었다.

　"어네스트 헤밍웨이는 오전 7시 30분경 총을 닦다가 실수로 오발 사고를 일으켜 사망했다.”

사건 검증은 이루어지지 않았다.

일요일인 그날 오후 보도국의 특파원들은 헤밍웨이의 사고 소식을 타이프로 쳐보냈다. 그러나 이번에는 세계적인 대 신문사들이 이 기사거리에 대한 보도를 망설였다. 노벨상 수상자로서 제1차세계대전 이후 전세계적인 명성을 누리고 있는 작가의 사고사를 선뜻 보도할 자신이 없었던 것이다. 이번 사건은 분명히 진상을 확인한 다음에 보도할 작정이었다. 벌써 세 번씩이나 헤밍웨이의 사망을 보도한 만큼 그렇게 머뭇거리는 것은 당연했다. 그것도 제일면 톱기사로 대문짝만하게 다루지 않았던가. 바로 그 다음날 사과문을 실어야 했지만 세 번도 모자라 네 번씩이나 오보를 낼 수는 없는 일이었다. 이번의 네 번째 죽음도 어네스트 헤밍웨이 같은 인물에게 어울릴 만한 죽음이라 해도 마찬가지다. 그런 인물이 침대에서 평범하게 죽을 리는 만무하니까….

그렇다. 헤밍웨이는 1944년 5월 통신사에서 전세계로 전파한 것처럼 그런 극적인 죽음이 어울리는 사람이었다.

“어네스트 헤밍웨이는 미국의 《Colliers》 잡지사로부터 특파원의 자격으로 연합군의 병력에 관한 보고를 해달라는 청탁을 받았다. 그는 5월 16일 런던에 도착하여 런던에 있는 최고급 호텔인 도르체스터에 묵었다. 그의 도착 소식은 마치 불이 번지듯 삽시간에 전런던에 전해졌다. 다음날 동이 틀 때까지 열띤 춤의 향연이 이어졌다. 그는 여기서 서른여섯 살 된 여기자와도 춤을 췄는데 그녀의 이름은 메리 웰쉬, 기혼 여성이었다. 어느 파티에서 헤밍웨이는 구이 병원에서 근무하는 페터 고러 박사와 밤새도록 이야기를 나누었다. 연신 스카치 잔을 비우며 헤밍웨이는 자신의 피부암에 관해 이야기했다. 그는 자기가 피부암에 걸린 이유는 너무 오랫동안 세계의 바다를 헤매고 다녔기 때문이라고 했다. 암전문의인 고러 박사는 그의 이야기를 간단히 웃어넘겼다.

그런 파티에서는 암이 아니라 더한 이야기도 할 수 있었으니까.

새벽 5시경 고려 박사는 어네스트 헤밍웨이를 도르체스터 호텔로 데려다 주었다. 칠흑같이 어두운 밤이었다. 바로 코 앞의 자기 손도 보이지 않을 만큼 어두웠다. 그들이 1킬로미터쯤 달렸을까 자동차는 철제 물탱크와 충돌하고 말았다. 헤밍웨이의 머리는 유리창에 부딪쳤고 산산조각이 난 유리 파편들로 인해 온통 찢어지고 긁히고 한마디로 피투성이가 되고 말았다. 하이드 공원의 한 귀퉁이에 있던 성 조지 병원에서는 그가 죽은 줄로만 알았다. 누군지는 밝혀지지 않았지만 하여튼 어떤 사람이 재빨리 《데일리 익스프레스》의 편집실로 전화를 걸어 헤밍웨이의 사망 소식을 전했다. 플리이트 가에 있던 《데일리 익스프레스》의 통신국을 통해 전세계로 그의 사망 소식이 타전되었다. 적어도 연합국 쪽에 가담한 나라라면 모두 소식을 접할 수 있었다. 윤전기가 최고 속도를 내고 있을 즈음 헤밍웨이는 수술대 위에 누워 있었다. 두 시간 반에 걸친 수술에서 의사들은 헤밍웨이의 얼굴을 57바늘이나 꿰맸다. 사흘 후 사람들은 헤밍웨이가 고비를 넘겼음을 확신할 수 있었다.

5월 말경 헤밍웨이가 머리에 두꺼운 붕대를 감은 채 엄격한 금주 지시를 받고 조지 병원에서 퇴원했을 때 비로소 그는 자신의 죽음에 대한 오보를 읽게 되었다.

두 번째로 헤밍웨이가 죽은 것으로 보도된 때는 그로부터 9년 후의 일이었다. 그가 꿈에도 그리던 나라 아프리카가 다시 그를 품안에 받아들이게 되었다. 열대지방과 눈으로 뒤덮인 킬리만자로. 야영지의 모닥불이 밝혀질 때면 멀리서 들려오는 사자의 울음소리. 헤밍웨이는 1954년 초 메리에게 늦게나마 성탄절 선물을 하고 싶었다. 그는 세스나180 헬리콥터를 빌렸다. 조종은 로이 마르쉬에게 맡겼다. 헤밍웨이는 모든 것을 이미 알고 있지만 네 번째 부인인 메리에게 그 즐거움을 맛보게 해 주고 싶었던 것이다. 달 모양의 느고롱고로 분화구와 짐승들로 들끓는 세렌게티 평원, 빅토리아 나일에 있는 무르키손 폭포의 멋진 협곡….

로이는 폭포 주위를 세 바퀴 돌았다. 메리는 사진을 찍으려고 했다. 그때였다. 따오기 떼들이 세스나기의 비행 코스를 방해했다. 로이는 헬리콥터를 재빨리 하강시켰다. 그 와중에 전선을 건드리고 말았다. 하필이면 햇빛 반사 때문에 협곡 위에 걸쳐 있던 전선이 비행사의 시야에 들어 오지 않았던 것이다. 프로펠러가 부러지고 세스나의 승강타도 부서지면서 그곳에서 5킬로미터 떨어진 곳의 가시덤불 사이로 추락하고 말았다. 기적처럼 다친 사람은 아무도 없는 것 같았다. 충돌로 인한 타박상과 메리가 쇼크를 받은 게 전부였다. 로이는 라디오 안테나를 세우고 긴급 신호를 보냈다.

"메이데이, 메이데이, 빅토어 러브 아이템…. 무르키손 폭포에서 남서쪽으로 3마일 떨어진 곳이다…."

대답이 없었다. 밤이 되었다. 다음날 아침 BOAC기의 조종사 한 명이 사고 지점을 비행하다가 헬리콥터를 발견했다. 사람의 모습이라고는 보이지 않았다. 그렇게 해서 다시 헤밍웨이의 죽음이 온 세상에 전해졌다.

BOAC기가 추락지점 위를 돌고 있었을 때 헤밍웨이와 메리, 그리고 비행사 로이는 빅토리아 나일을 항해하는 어느 보트의 뱃머리에 앉아 있었다. 몇 시간 동안 걸어서 그들은 그곳에 도착했던 것이다. 그 배를 빌려 타고 있던 사람은 다름 아닌 캄팔라 출신인 외과의 이얀 맥아담 박사였다. 그는 어네스트와 메리에게 각각 주사 한 대씩을 놓아 주었을 뿐이었다. 사실 더 필요한 것도 없었다.

늦은 오후 보트는 부티바에 닻을 내렸다. 삭막한 곳이었다. 그러나 볼품 없는 조그만 비행장에는 12개의 좌석을 갖춘 하빌랜드 래피드기가 기름을 가득 채운 채 엔테베로 떠날 준비를 끝내 놓고 있었다. 그곳은 헤밍웨이 일행이 돌아가기로 한 곳이었다. 비행기는 아주 괜찮아 보였다. 그리고 비행사인 레지 카르트라이트는 어딘지 모험가 같은 인상이었다. 그러나 로이는 이 소년 비행사를 자부심이 강한 아메리카나 또는 유럽의 조종사와 비교할 수 없다는 입장이었다.

하빌랜드 래피드기는 드디어 활주로에서 이륙했다. 말이 활주로지 사실은 다 파헤쳐진 들판에 지나지 않았다. 비행기는 이륙 직후 수평으로 떨어지다가 다시 한 번 위로 솟구치더니 몇 초 후 불이 붙은 채 땅바닥에 곤두박질치고 말았다. BOAC기 조종사가 몇 시간 전에 보고한 헤밍웨이의 죽음은 이제 피할 도리가 없는 듯했다. 그 사이 그의 비보를 전한 신문들은 자신들의 보도를 취소할 필요는 없었다. 작은 세부 사항만 고치면 되었으니까.

정말로 그런 것 같았다. 그러나 메리와 어네스트, 그리고 로이는 이번에도 용케 죽음을 모면했다. 부비타 공항에서 근무하던 경찰관 윌리엄은 메리와 헤밍웨이, 그리고 로이를 마신디로 실어 날랐다.

그곳은 80킬로미터밖에 떨어지지 않은 곳이었다. 헤밍웨이가 이번에도 목숨을 부지한 것이 그를 맡았던 의사도 불가사의하게 보았다. 그의 진단이 그것을 잘 말해 준다. 심각한 뇌충격, 간과 쓸개, 그리고 신장의 파열, 왼쪽 눈의 일시적인 시력 상실, 왼쪽 귀의 일시적인 청각 마비, 척추가 부서지고 오른쪽 팔과 어깨, 왼쪽 다리의 골절상, 괄약근의 마비, 얼굴과 팔, 머리의 1도 화상.

비행기 한 대가 그를 싣고 나이로비로 향했다. 그런 다음 다시 증기선 아프리카호에 실려 베네딕으로 옮겨졌다. 그는 베네딕에 갈 때면 늘 그랬듯이 그리티 호텔에 방을 얻고 거기서 두 번째로 자신의 사망 기사를 읽었다.

그곳으로 몰려든 기자들에게 그는 이렇게 말했다.

"나처럼 이렇게 불을 많이 삼킨 일로 덕을 본 사람은 아마 나 말고 잔다르크밖에 없을 걸.”

　이왕 시작한 이야기이니 헤밍웨이의 죽음에 관한 세 번째 오보도 마저 언급해 볼까 한다. 1960년 8월 8일, 스웨덴의 통신원이 이런 소식을 송신했다.

　“미국의 작가이자 노벨상을 수상한 어네스트 헤밍웨이가 며칠 동안 휴가를 보내고 있던 그의 친구 데이비스 씨의 집에서 오늘 갑자기 사망했음.”

　이 소식을 접한 헤밍웨이는 아내 메리에게 이렇게 전보를 쳤다.

　“어네스트는 그렇게 빨리 죽지 않아.”

　헤밍웨이는 186센티미터의 키에 몸무게가 220파운드나 나가는 거인이었다. 사실 이런 거구는 1년이 멀다 하고 생기는 새로운 상처에도 끄떡 없을 것처럼 보였다.

　최초의 상처는 전쟁 때 얻은 것이었다. 오스트레일리아의 박격포 캘리버 420의 유탄이 바로 그의 곁에서 폭발했다. 그는 당시 열아홉 살의 지원병으로 이탈리아 적십자 군의 구급차를 운전하고 있었다. 그는 석 달 동안 ‘오스페달로 크로체 로사 아메리카나’에 누워 있는데 절반은 발목부터 허리까지 붕대를 감고 딱딱한 침대 위에 누워 있어야 했다. 두 번에 걸친 긴 수술을 통해 사마렐리 박사는 헤밍웨이의 오른쪽 다리에서 자그만치 227개의 쇠조각을 끄집어 냈다. 몇 주일 동안 다리를 절단해야 할지 말아야 할지 위기에 놓여 있었다. 마일랜드의 병원에서 그는 자신의 부친에게 이런 편지를 써 보냈다.

　“전 죽음을 보았습니다. 정말로 죽음이 무엇인지 알게 되었습니다. 만약 제가 죽어야 했다면 그것은 지금껏 해 왔던 어떤 일보다도 쉽고 아주 간단한 일이었을 겁니다. 그리고 찬란한 빛의 광채 속에서 벗어날 필요도 없고, 늙지도 않고, 환상과 꿈을 간직한 청춘에 죽는 것이 꿈도 없는 늙은이로 죽는 것보다는 훨씬 더 행복하지 않겠습니까.”

그가 베아브 전선에서 있었던 1918년 7월부터 네 번째 아내인 메리가 복도에서 그를 발견한 1961년 7월 머리 위에 최후의 상처를 입게 된 그날에 이르기까지 수없이 많은 다른 상처들이 줄을 이었다.

아프리카의 사파리 여행에서 입었던 상처, 스페인의 팜플로나에서 어린 황소가 들이받은 상처, 자동차 사고가 남긴 상처, 비행기 추락사고에서 얻은 상처, 어부들과 바다 낚시를 하다 보트 사고로 입은 상처.

의사들은 그럴 때마다 그의 상처를 꿰매어 주었다. 그를 치료해 준 의사 가운데는 로베르토 헤레라 박사라는 사람이 있었다. 어네스트와 그의 아내 메리는 그들의 요트 ‘필라’를 타고 쿠바의 연안 횡단을 시작했다. 그는 자신의 소설 「강위로 그리고 숲으로」를 막 탈고한 상태였다. 그러니 축제를 벌이고 여유롭게 낚시를 즐길 만했던 것이다. 항해를 시작한지 이틀째 되던 날, 파도가 거칠게 일기 시작했다. 헤밍웨이는 작은 어촌인 린콘에 정착하기로 작정했다. 그곳에서 파도가 잠잠해질 때까지 기다릴 생각이었다. 어네스트 헤밍웨이는 높은 파도가 필라를 치고 들어오자 부교 위로 기어 올라갔다. 그 순간 몸의 균형을 잃고 물에 젖은 갑판 위에 미끄러져 마치 돌처럼 바닥에 쓰러지고 말았다. 그리고 그는 닻을 고정시켜 둔 커다란 조임쇠에 머리를 박았다. 머리를 감싸쥔 두 손이 온통 피범벅이 되었다. 메리는 그에게 응급 붕대를 묶어 주고 차를 빌려 헤밍웨이를 하바나로 싣고 갔다. 로베르토 헤레라 박사의 병원이 있는 곳이었다. 의사는 머리뼈까지 이르는 깊은 상처를 확인했다.

“다른 사람 같았으면 분명히 죽었을 겁니다. 그렇지만 당신의 두개골은 아주 두꺼워서….”

의사는 헤밍웨이에게 그렇게 설명해 주었다.

그는 상처를 세 바늘 꿰매어 봉합시켰다.

따지고 보면 이 에피소드는 그리 심각할 것도 없는 이야기처럼 들린다. 많고 많은 상처 중에 작은 상처 하나가 더 늘었다는 것 외에 아무것도 아니었으니까. 그때가 1951년 7월이었다. 그러나 그때부터 헤밍웨이는 다른 사람으로 변한 듯하다. 그는 몇 주일 후 친구인 호츠너에게 이런 편지를 보냈다.

"난 어찌해야 좋을지 종잡을 수 없네. 지독한 우울증에 시달리는 중이네. 아니, 오해하지는 말게. 내 우울증의 원인을 규명하기 위해 정신과 의사의 감정이 필요한 정도는 아니니까. 원인은 아무래도 너무 무료하고, 자만심과 혐오감 때문이라네. 그렇지만 이런 것들은 적당한 방법을 찾기만 하면 모두 치유가능한 것들이네. 며칠 전에 연안에서 멀리 떨어진 바닷물 속에 오랫동안 깊이 잠수를 했었지. 그 바다는 수심이 최소한 2천 미터는 될걸세. 난 아래로 잠수해 들어가 공기와 완전히 차단된 상태로 있었네. 그 아래에 언제까지나 머무르고 싶은 강렬한 유혹을 느낄 만큼 아주 상쾌한 기분이었지."

정신과 의사라는 단어가 처음으로 등장하고 있다. 거인 같은 그의 신체에 난 상처를 돌봐 주고 다른 사람들 같으면 견디지 못하고 벌써 죽었을 그런 외상들을 치료해 주는 외과의 말고 다른 의사들이 필요하게 될지도 모른다는 막연한 불안을 읽을 수 있다.

그는 이미 오래 전부터 술을 즐겼다. 그러나 이 최초의 우울증 신호 이후 그는 점점 더 깊숙이 술에 빠져들었다. 아침 식사를 마치고 난 이른 시간부터 보드카를 마시는 일이 잦아졌다. 그는 독주를 마시는 새로운 방법을 고안해 내는 데 즐거움을 느끼는 듯했다. 이 방법 중 하나는 1950년에서 1960년 사이에 전세계의 고급 바에서 큰 유행을 불러일으키기도 했다. 호츠너의 이야기를 들어보자.

"그는 유리잔에 위스키를 채운 다음 물이 담긴 보다 큰 잔에 넣어 냉동고에 넣었다. 세 시간 후 그 유리잔을 꺼내면서 다른 두 잔을 다시 집어 넣는다. 그렇게 하면 위스키 주위의 물은 꽁꽁 얼어붙게 된다. 잔을 입술에 갖다대면 스카치는 얼음 사이로 시냇물처럼 졸졸 흘러나오게 된다. 그러면 마치 깊은 계곡의 시냇물을 마시는 것 같은 착각에 빠지게 되는 것이다. 갑자기 위스키로 변한 시냇물을 말이다."

노벨문학상을 수상할 정도로 그의 명성은 최고조에 달했지만 헤밍웨이의 아내는 해가 갈수록 불안해졌다.

"나는 그를 어떻게든 말려 보려고 애를 썼다. 그러나 아무리 부드럽게 말해도 그는 금방 잔소리로 받아들였다. 이것은 오히려 술을 더 마시도록 부추키는 결과를 낳았다. 하지만 내가 과연 어떻게 했어야 옳았겠는가? 차라리 아무 말도 말았어야 했을까? 자신이 사랑하는 사람이 무너져 내리는 것을 어떻게 넋나간 듯이 지켜보기만 할 수 있겠는가? 그가 절제할 수 있었던 일이라든가 머리에 계획을 세우는 것, 또는 사파리 여행 등은 점점 뜸해졌다. 이젠 그 자신의 문제와 고통, 그리고 하루가 멀게 찾아드는 우수뿐이었다. "

메리가 할 수 없었던 것을 오랜 친구인 쥬안 메디나베티아스 박사는 해낼 수 있었다. 그는 헤밍웨이에게서 간의 상태가 악화되고 있다는 것과 대동맥 염증과 혈액 속에 콜레스테롤 양이 428이나 되는 것을 확인할 수 있었다. 그는 헤밍웨이에게 다이어트를 철저히 실시할 것을 지시했다. 또한 식사 시간마다 포도주를 한 잔 이상 마시지 못하도록 금지시켰고 또 하루에 위스키는 다섯 잔을 넘지 못하게 했다. 그뿐 아니라 당분간 성생활은 피하도록 지시했다.

당시 헤밍웨이는 쉰다섯 살이였다. 그는 몸무게가 많이 늘었고 머리카락은 가늘어졌다. 그리고 하얀 수염이 굵어졌다. 얼굴에는 하얀 상처 자국이 남아 있었다. 그는 나이보다 늙어 보였다.

헤밍웨이는 의사의 지시를 따랐다. 물론 그가 살아온 생활 습관을 생각해 보면 그것은 지키기 어려운 자기 통제를 뜻했다. 이따금 그는 혹독한 자기 고행에서 벗어나기 위해 오랜 세월 동안 신뢰해 온 다른 의사들에게 조언을 구하기도 했다. 그들 중 한 사람은 파리의 내과의 루이 슈바르쯔 박사였다. 겨울 한 철 내내 헤밍웨이는 최고급 호텔 '리쯔'에 묵기도 했다.

슈바르쯔 박사는 이렇게 회고하고 있다.

"그는 침대에 누워 맥없이 미소를 보냈다. 짧은 하얀 수염이 엉성하게 뻗쳐 있었다. 그는 마치 얌전한 '늙은 아이'처럼 의사로서의 내 지시에 따랐다. 그리고 아무 불평도 없이 검사도 받고 엄격한 다이어트 규정을 따랐다."

일 드 프랑스호를 타고 프랑스에서 미국으로 돌아올 때 그는 배에 근무하는 의사인 쟌 모니어 박사의 손에 몸을 의탁했다. 그 의사는 헤밍웨이의 콜레스테롤 수치를 줄이기 위해 강도 높은 비타민 주사와 약을 투여했다. 그러나 학대받고 혹사당한 그의 몸이 다시 정상으로 회복되기까지는 무려 2년이 더 걸렸다. 그의 미국 의사인 조지 사비어스 박사는 이렇게 진단했다.

"콜레스테롤 수치는 정상이고 염증이 생긴 대동맥도 다시 정상으로 1분에 54번씩 펌프질을 하고 있다. 혈압도 양호하며 체중은 94킬로그램으로 적당하고 간도 웬만큼 좋아졌다."

안심할 만한 소견서처럼 보였다.

헤밍웨이가 나날이 심하게 느끼고 있던 우울증 증상과 누군가로부터 추적당하고 있다는 망상, 어쩌면 정신병을 앓게 될지도 모른다는 두려움에 대해서는 일절 언급이 없었다. 의사들은 그것에 관해서는 아는 바가 없었던 것이다. 오로지 메리와 아주 가까운 친구 몇 명을 제외하고는 그의 영혼을 점점 어둡게 만드는 그늘을 아는 사람이 없었다.

세상은 오로지 헤밍웨이의 명성과 노벨문학상이라는 찬란한 광채를 볼 뿐이었다. 헤밍웨이 같은 사람이 될 수만 있다면! 그의 소설에 등장하는 남자들과 여인들처럼 그렇게 힘이 철철 넘치는 정열적이고 용기 있는 사람이 될 수 있다면! 물론 이 모든 정열과 용기, 그리고 정열보다 더 강한 것은 죽음이지만….

헤밍웨이는 이미 오래 전부터 신화적인 인물로 자리잡고 있었다. 그와 인터뷰하려는 기자들의 극성과 여인들의 사랑을 한 몸에 받았던 그는 한마디로 행운아였다. 고독이라니, 그에겐 전혀 어울리지 않는 말이었다. 물론 1954년 스웨덴의 학술원이 그에게 노벨문학상을 수여했을 때 그의 소감문에는 이러한 고독이 언급되기도 했다. 당시 12월 10일 노벨상을 받으러 스톡홀름에 직접 가지는 않아서 스웨덴 주재 미국대사인 존 카보트가 그의 소감문을 낭송했었다.

당연히 그는 헤밍웨이가 쓴 다음과 같은 구절도 빼놓지 않고 읽었다.

"글을 쓴다는 것은 잘해야 고독한 삶이다. 작가는 자신의 일을 혼자서 해낸다. 그리고 그가 만일 훌륭한 작가라면 그는 매일매일 영원성(또는 영원성의 부재)을 눈으로 직시해야만 한다."

여느 행복한 때와 똑같은 기분으로 되돌아 오는 날들도 가끔 있었다. 아무것도 하지 않고 그저 멍하니 넋나간 표정으로 앞만 바라보고 앉아 있는 날들도 있었다. 그는 이제 파티를 열어도 재미가 없었다. 그리고 친구들을 만나는 일도, 사냥도 모두 시들해졌다.

그는 60번째 생일을 친구 소유인 꿈 같은 호화별장 '라 콘술라'에서 보냈다. 그 별장은 스페인 남부의 츄리아나에 있었다. 그곳에는 인도의 귀족들과 미국 대사 등 옛 시절의 친구들이 다 모였다. 헤밍웨이는 춤도 추고 쿠치 마하라자스 공의 입술에서 담배를 슬쩍 빼내기도 하고 샴페인을 터뜨리기도 했다. 파티는 24시간 동안이나 이어졌다.

그렇게 한참 축제의 분위기가 무르익어 갈 무렵 헤밍웨이의 묘한 행동이 연출되었다. 손님들 중에는 헤밍웨이가 제2차세계대전 당시 사귀게 된 전우인 버크 랜함 장군도 끼어 있었다. 당시 그들은 우정을 나누었고 그 후로도 친구로 남아 있었다. 랜함은 헤밍웨이가 곁으로 지나가자 그의 어깨에 살며시 손을 얹었다. 그리고 은빛 머리카락이 뒤덮인 머리를 부드럽게 쓰다듬어 주었다. 우정의 표시로 그랬던 것이다. 그러나 헤밍웨이는 마치 누군가에게 한대 얻어 맞은 사람처럼 몸을 바짝 긴장하며 소리를 버럭 질렀다.

"내 머리에 아무도 손댈 수 없어!"

그리고 몇 분 후 그는 어린아이처럼 울어 버리는 것이었다.

느닷없이 어떤 망상이 찾아왔다가 어느새 사라져 버렸다. 그러나 그 뒤로 그러한 망상이 등장하는 횟수가 더욱 빈번해졌다.

자신의 소설과 단편들을 미국 텔레비전에 소개하기 위해 친구 호츠너와 함께 미국의 한 소도시의 먼지 가득한 중심가를 거닐고 있을 때였다. 늦은 저녁 시간이었다. 어느 은행 건물의 창에서 비치는 불빛에 그들은 눈이 부셨다. 어네스트 헤밍웨이는 문득 걸음을 멈췄다.

"저들이 나를 보게 되면 분명히 나를 잡고 말 거야."

그는 불이 밝혀진 은행 창문 너머에 그의 세금 명세서를 훑어보는 세무원이 앉아서 혹시 세금을 포탈한 것이 없나 조사한다고 철썩같이 믿고 있었던 것이다.

또 한 번은 헤밍웨이와 호츠너가 술집에 앉아 있었는데 갑자기 헤밍웨이가 벌떡 일어나더니 밖으로 쏜살같이 달려가 버렸다. 그는 술집 안에 있는 두 명의 사내가 FBI 요원이라고 믿었던 것이다. 그러나 그 두 사람은 실제로는 아무런 악의도 없는 외무사원들이었다.

"내가 소설을 통해 젊은이들을 타락시켰다고 나를 미행하는 거야."

그는 자신이 치유불능의 각막건조증에 걸려 있다고 생각했다. '내 눈은 이제 앞을 볼 수 없을 거야. 그 빌어먹을 단어들을 이제 더 이상 볼 수가 없어. 아침에는 그래도 괜찮지만 10시만 되면 아무것도 안 보이는 거야. 그렇지만 이 각막건조증을 퇴치할 별 신통한 방법이 없어. 다른 것들도 마찬가지겠지만.'

그는 깊은 우울증에 빠져 들었다. 이제 완전히 눈뜬 장님이 되어 더 이상 볼 수 없으리라는 무서운 생각은 거의 반년 이상 그를 따라다녔다. 그러다 뉴욕에 있는 어느 안과의사를 찾아가 그의 진찰을 받았다. 눈에 넣는 약 외에 도수가 높은 안경을 처방받고 나자 적어도 그 망상은 온데간데없이 사라졌다.

그러나 다른 망상은 여전히 그의 곁을 떠돌고 있었다. 우울증과 자신이 누군가의 추적을 받고 있다는 망상이었다. 이러한 망상들은 마치 가슴 속에서부터 그를 갉아먹는 것처럼 보였다. 몸무게가 170파운드로 줄었다. 가슴과 어깨가 축 내려앉은 듯했다. 그리고 예전에는 그렇게 단단한 근육을 자랑하던 위쪽 팔뚝이 어린 소년처럼 빈약해졌다. 몬타나 주립대학의 세이무어 베츠키와 레실 피들러 교수의 보고는 가히 충격적이라 할 것이다. 그들은 1960년 여름, 대학에서 문학 강의를 해달라는 부탁을 하려고 캐첨에 있는 헤밍웨이의 집을 찾아갔다.

"우리가 상상했던 사람과 비슷해 보이는 것은 오로지 그의 얼굴뿐이었다. 그러나 그 얼굴마저도 창백해져서 붉은 핏줄이 다 드러나 있었다. 그것은 날씨 탓에 그을린 얼굴색이 아니었다. 특히 눈에 띈 것은 팔과 다리를 움직이는 데도 힘겨워하는 모습이었다. 그는 고령의 노신사가 그렇듯이 앞을 더듬어 가며 몸을 움직였다. 그리고 말이 자꾸 끊기는 것도 인상적이었다. 그는 말을 할 때 몇 개씩의 단어를 토해낼 뿐 단 한번도 완전한 문장을 구사하지 못했다. 그리고 그는 자신의 작품에 대해서는 좀처럼 입을 열려 하지 않았다. 그래서 우리도 굳이 그를 강요하지 않기로 했다. 우리는 그가 중병을 앓고 있는 듯한 인상을 받았다. 신체적인 질병이든 정신적인 병이든, 그 중병이 온 세계의 기억 속

에 남아 있는 헤밍웨이와 우리가 직접 본 헤밍웨이 사이에 엄청난 괴리
감을 만드는 원흉인 듯했다."

　오랜 세월 동안 헤밍웨이의 주치의로 일했던 조지 사비어스 박사는
자신의 환자를 진찰한 숱한 경험을 토대로 중요한 사실을 확인할 수 있
었다. 헤밍웨이의 일에 진전이 있으면 그의 혈압은 정상을 유지하지만,
만일 그렇지 않을 경우에는 정신적 부담에 시달리거나 우울증에 빠져
혈압이 위험할 정도로 뛰어오르는 것이었다. 즉 신체와 정신의 건강이
서로 맞물려 있다는 사실이었다. 그렇지만 이보다 더 근원적인 이유는
대체 무엇이었을까? 어디서부터 손을 댈 수 있을까? 남편이 무기 진열
대 근처를 서성이는 모습이 메리의 눈에 자주 띄었다. 그는 무기를 하
나씩 손에 잡아 보고 꼼꼼히 살펴보다가 넋나간 표정으로 다시 제자리
에 내려놓는 것이었다.

　사비어스 박사는 한 가지 방법밖에 없다는 결론에 이르렀다. 헤밍웨
이로 하여금 즉시 정신과 감정을 받게 해야 한다는 것이었다. 메리 역
시 이러한 의사의 제안을 순순히 받아들였다. 그 방법이야말로 심신이
다 망가져 우울증에 푹 빠져 있는 남편을 구할 수 있는 유일한 길 같았
다. 그녀는 문득 머리에 총을 쏘고 자살했던 시아버지 역시―그는 의
사였다―이따금 당신이 치료가 불가능한 중병을 앓고 있다고 말하던
것을 기억해 내고는 몸서리쳤다. 그때가 1928년이었다.

　이런 병을 치료할 수 있는 병원은 전국에 단 두 곳밖에 없었다. 메닝
어 병원과 마이요 병원이었다. 그러나 헤밍웨이가 메닝어 병원에 가 보
자는 제안에 동의할지 그게 문제였다. 그 병원은 순전히 중증의 정신병
만 다루는 전문 병원이었다. 마이요 병원에서는 반대로 신체적 질병과
정신병을 동시에 취급하고 있었다. 그러나 헤밍웨이가 한동안 마이요
병원에 다녀보라는 자신의 제안을 조금도 주저하지 않고 수락하는 것을

보고 사비어스 박사는 오히려 놀랐다. 물론 한 가지 조건이 붙었는데 누구도 자신이 그 병원에 입원했다는 사실을 알아서는 안 된다는 것이었다. 말하자면 그의 입원 사실은 극비로 유지되어야 했다.

1960년 11월 30일, 키가 큰 흰머리의 노신사는 조지 사비어스라는 이름으로 마이요 병원에 입원 수속을 마쳤다. 그의 아내는 사비어스 부인이라는 이름으로 로체스터에 있는 칼러 호텔에 묵었다. 그 환자가 어네스트 헤밍웨이라는 사실을 아는 의사는 극소수였다.

간질병의 전문의인 부트 박사는 헤밍웨이의 유기체적 장애를 확인하게 되었다. 사비어스 박사와의 오랜 대화 끝에 꼭 받아야 한다고 결론이 난 '정신치유 프로그램'을 헤밍웨이에게 실시한 사람은 정신과 의사 하워드 롬 박사였다.

헤밍웨이는 완전히 고립되었다. 그는 편지도 쓸 수 없었고, 편지를 받을 수도 없었다. 그리고 전화를 거는 것은 물론 전화받는 것도 금지되었다. 그의 아내 메리만이 방문할 수 있었다. 그의 방문에 붙어 있는 창문에는 창살이 쳐져 있었다. 훗날 그녀는 그곳에서 보낸 몇 주를 이렇게 묘사한 바 있다.

"마이요 병원 사람들은 헤밍웨이에게 이른바 종합 진단을 실시했다. 그 검사는 매우 정확하고 세심하게 하나하나 따져 가는 기본 검진이었다. 그나마 기쁜 사실은 대부분의 테스트와 검사 결과가 낙관적이었다는 점이다. 나는 헤밍웨이가 왜 고통스러워하는지를 규명하는 데 그치지 않고 병원에서 그것을 치료해 줄 수 있으리라 굳게 믿고 있었다."

종합 검진은 주요 부분에서 악성으로 나타났다. 롬 박사는 혈당량 검사 후 가벼운 당뇨병 증세를 확인했다. 헤밍웨이의 혈액 순환을 맡았던 스프라제 박사는 익명의 유명 인사의 몸무게가 79킬로그램인 것을 정상으로 간주하고 단 체중이 증가하지 않는 한도 내에서 먹고 싶은 것은 무엇이든지 먹어도 좋다고 허락해 주었다. 모든 조직 검사가 끝난 후,

커진 간과 당뇨병 징후만 남게 되었다. 부트 박사의 검사 결과는 낙관적으로 보였지만 롬 박사는 헤밍웨이의 정신 상태에 큰 우려를 나타냈다. 일주일에 두 번씩 전기 쇼크를 받게 함으로써 그는 우울증을 물리치고 갈수록 심해지는 기억 상실증을 막으며 망상증도 억제하려고 노력했다.

그러나 헤밍웨이는 그의 방 안에 마이크로 폰이 감춰져 있다는 망상에서 벗어날 수가 없었다. 그래서 자신이 하는 모든 말이 녹음되고 있다고 믿었다. 이제 그는 병원의 의사도 FBI 요원으로 의심하는 것이었다.

1961년 1월 초, 예외적으로 특별히 방문을 허락받았던 친구 아론 호츠너에게 그는 이렇게 말했다.

"이 전기 쇼크를 쓰는 박사는 작가라는 것에 대해 아무것도 모른다네. 그러니 후회나 참회 같은 것은 더더욱 알리가 없지. 저들은 지금 자기들이 나한테 어떤 짓을 하고 있는지도 모르네. 내가 가진 자산인 머리를 파괴하고 기억을 지우는 게 무슨 의미가 있겠나? 치료법은 아주 대단한 것들이야. 그렇지만 결국 환자는 죽고 말아. 그러니 씁쓸한 이야기 아니겠나?"

그는 자신의 의사들을 증오했다. 하지만 메리 앞에서는 친구들이라 불렀다. 어느 날은 완전히 정신분열 증상을 보이다가도 또 그 다음날은 제 정신으로 말짱하게 돌아오곤 했다. 의사들은 조지 사비어스라는 이름의 환자 치료를 중단하기로 결정했다. 1961년 1월 22일, 오히려 자유가 꽤 큰 효과를 가져오는 치료법이 될 수도 있다는 희망에서 그들은 환자를 창살로 갇힌 세계로부터 해방시켜 주었다.

사실 또 그렇게 보였다. 그는 사냥도 나가고 다시 제대로 말도 할 수 있게 되었다. 목소리도 아주 쾌활하게 들렸다. 그러나 그런 희망적인 모습은 겨우 몇 주밖에 지속되지 않았다. 그 후에는 우울증과 불안한 상태가 그 전보다 더 악화되었다. 그는 이제 영원히 단 한 줄의 글도 쓸 수 없으리라는 두려움에 온몸을 떨었다.

"이제 더 이상 아무것도 할 수 없어. 더 이상 아무것도 할 수 없어!"

그는 캐첨에 있는 자신의 집에서 그렇게 중얼거렸다.

4월 23일 일요일, 메리는 복도의 무기 진열대 앞에서 헤밍웨이를 발견했다. 한 손에는 엽총이 들려져 있고 다른 한 손에는 두 개의 탄환이 있었다. 메리는 몇 분 후면 사비어스 박사가 맥박을 재기 위해 집으로 오게 되어 있다는 사실이 머리에 떠올랐다. 그녀는 용케도 헤밍웨이와 대화를 시작할 수 있었다. 그녀는 무기 진열대 위에 놓여 있는 '메리에게'라고 겉봉에 씌여진 편지 내용이 무엇인지 그에게 물었다.

사비어스 박사가 오자 헤밍웨이는 엽총과 탄환을 내려놓고 의사와 함께 선 발레이 병원으로 가서 온순한 어린아이처럼 진통제를 맞았다.

4월 25일, 그는 두 번째로 마이요 병원에 갈 준비가 되어 있었다. 작은 전세 비행기를 타고 아이다호주의 캐첨에서 500킬로미터 떨어져 있는 로체스터로 갔다. 중간 착륙지점인 워밍주 카스퍼에서 헤밍웨이는 내렸다. 그리고 이륙하려는 순간 다른 비행기 앞에 몸을 던졌다. 그 비행기 조종사는 아슬아슬하게 제동을 걸어 별다른 사고는 일어나지 않았다.

그 뒤로 똑같은 치료가 다시 시작되었다. 약물 투여와 검사, 전기 쇼크. 헤밍웨이는 이상하리만큼 냉정한 자세로 모든 것을 감수했다. 6월 26일 마이요 병원의 의사들은 두 번째로 헤밍웨이를 퇴원시켜도 좋을 것이라는 결정을 내렸다. 메리가 그를 데리러 로체스터로 왔다. 그들은 자동차를 타고 700킬로미터 되는 거리를 나흘에 걸려서 느긋하게 캐첨까지 돌아왔다.

그들은 금요일 저녁에 집에 도착했다. 토요일은 옛날처럼 시간을 보냈다. 헤밍웨이는 기분이 좋았고 절반쯤 완성된 원고를 뒤적이며 내일부터 다시 자신의 소설 「이동 축제일」 집필에 들어가겠노라고 말했다.

저녁이 되자 헤밍웨이는 메리와 함께 크리스티아나 레스토랑에 갔다. 그날 저녁 그는 과거의 어느 때보다 즐거워했다. 그리고 메리와 함께 노래를 부르기까지 했다. 그 노래는 그녀가 제일 좋아하는 노래였는데 이탈리아 노래였다.

"투티 미 치아마노 비온다. 모두들 나를 금발이라고 부르죠…."

그들은 각자 자기 방으로 돌아가 잠자리에 들었다.

날이 밝았다. 1961년 7월 2일 일요일이었다. 그날 총성이 울렸다. 헤밍웨이는 창살의 세계를 더 이상 감당하지 않아도 되었다. 그는 자신이 어느 소설의 마지막 부분에 썼던 주인공 중의 한 사람이 되고 말았다.

"그는 자신이 사랑하는 언덕으로 돌아갔다. 이제 그는 영원히 그 언덕의 일부로 남게 될 것이다…."

사고로 인한 사망. 메리는 5년 동안이나 그렇게 고집했다. 진실을 어렴풋이나마 추측할 수 있었던 사비어스 박사와 롬 박사는 입을 다물고 있었다. 1966년 9월 메리 헤밍웨이는 진실을 털어놓았다. 《선데이 텔레그래프》 사와의 인터뷰에서 그녀는 이렇게 말했다.

"그는 스스로 총을 쏘았다. 나는 오랫동안 이 사실을 털어놓지 않았다. 어쩌면 그것은 나 자신의 자기방어 때문이었는지도 모른다. 하지만 이 바보 같은 신화를 더 이상 유지하려는 것이 얼마나 어리석은 일인지를 이제 깨닫게 되었다."

고물 인간 히틀러와
모렐 박사의 묘한 주사약

환자 'A'의 진료카드
'제국 주사왕'의 놀라운 치료성과 의사들의 반란
독재자를 없애려는 기징 박사의 암살 기도
교수형

히틀러 (Adolf Hitler, 1889~1945)

독일의 정치가. 오스트리아의 세관 관리의 아들로 태어난 그는 제1차세계대전 때 지원병으로 참가하여 '1급 철십자장'을 받았다. 1919년에 나치스에 입당한 후 논리적인 웅변술로 대중의 마음을 사로잡았으며, 이듬해에 사회주의 국가 독일의 노동당을 나치스로 바꾸고 그 당수가 되었다. 1923년 뮌헨 폭동을 기도하다가 실패하고, 감옥에서 헤스(Hess, R.)에게 『나의 투쟁』을 구술시켰다. 1933년 독일연방 수상에 임명되었고, 이듬해에 대통령인 힌덴부르크가 세상을 떠나자 총통이 되어 독재 정치를 펴기 시작했다. 정권을 잡아 전체주의적 국가 조직을 확립하여 국내 정치를 파쇼 일색으로 하여 군비 증강에 전념했다. 언론·사상의 자유를 빼앗고, 유태인 말살정책으로 수백 만의 유태인을 학살했다. 세계를 제패하려는 야망을 품고 제2차세계대전을 일으켰으나 연합군의 반격으로 패하여 1945년에 자살하였다.

통증을 가진 사람이 원하는 것은 무엇일까? 하루속히 그 아픔을 없애 줄 의사를 찾는 일일 것이다. 도무지 밤잠을 이룰 수 없는 사람은 또 어떤가? 참기 어려운 밤을 평안히 수면을 취할 수 있게 만들어 줄 의사가 빨리 와주기만을 바랄 것이다. 그 의사가 어떤 방법을 쓰든 그것은 아무래도 좋다. 주사를 놓아 주든, 약을 주든, 또 다른 방법을 쓰든 그건 상관없을 것이다. 그 주사가 차후에 끼칠 영향에 신경을 쓸 사람이 어디 있겠는가? 성자도 그러지 않을 것이며 흉악범도 그러지 않을 것이다. 독재자가 아니라 민주주의자라 하더라도 그런 것에는 아랑곳하지 않을 것이다. 독재국가에는 집단 수용소가 있고 신속하게 판결을 내리는 인민 재판이 있다. 그리고 누구보다 빨리 사형 판결을 내릴 줄 아는 적색 관복의 판사들이 있다.

1936년 아돌프 히틀러는 헛배가 자꾸 불러 오는 참기 어려운 위통으로부터 자신을 해방시켜 줄 의사를 찾았다. 그것은 암도 아니고 종양도 아니어서 무엇을 절단한다고 해결되는 것은 아니었다. 그러니 외과의인 그의 주치의 칼 브란트 박사도 소용없었다. 하인리히 호프만, 그는 1923년 이후 최고지휘부를 향한 진군에 나선 그날부터 히틀러의 곁을 떠나지 않았던 사진사였다. 그는 한가지 방법을 알고 있었다. 그리고 히틀러는 그를 다른 어느 누구보다도 신뢰하고 있었다. 하인리히 호프만은 1년 전의 일을 기억했다. 호프만은 아주 불쾌한 질병을 앓고 있었는데 히틀러에게도 숨기고 있던 처지였다. 자신이 임질에 걸렸다고 떠들고 다닐 사람은 없을 테니까. 그러나 다행히 어느 한 의사를 만나 병을 고쳤는데 그가 바로 테오 모렐 박사였다. 이렇게 해서 모렐 박사의 출세길이 열린 것이다.

모렐 박사는 다른 의사들이 모두 손을 내젓는 의사였다. 성공한 의사이긴 했으나 매우 의심스러운 수단을 사용했다. 그러나 성공적이라는 단어가 의심스럽다는 단어보다 더 큰 비중을 갖는다. 대단한 사람들을 환자로 가진 의사였고 유행을 타는 의사였다. 은막의 스타들, 감독, 영화계의 거목들이 주환자였고 거기다 당의 고위간부도 베를린에 있는 모렐 박사의 호화 병원에 얼굴을 내밀곤 했다.

베를린의 쿠어퓨어스텐담에 있는 그의 집 하얀 문패를 보면 '테오 모렐 박사, 피부병 및 성병 전문의'라고 되어 있다.

그의 신상 명세서를 보자.

1886년 헤센의 트라이사에서 태어나 기센과 하이델베르그, 파리에서 의학을 공부했다. 북부 독일의 로드에서 선박 의사를 지내기도 했고 뮌헨과 오펜바흐에서 병원을 개업한 적도 있고 제1차세계대전 당시 서부전선에서 외과의로 일한 경력도 가지고 있다. 지금은 베를린에서 개업을 하고 있다.

하인리히 호프만의 증언은 다른 어떤 것보다 히틀러에게 설득력을 가졌다. 그는 모렐 박사가 신속하게 일을 처리하는 의사라는 것도 알아냈다. 말하자면 주사를 줘서 빨리 효과를 보는 의사라는 것을 확인한 것이다. 바로 아돌프 히틀러가 찾는 사람이었다. 그는 오랫동안 진찰하고 뜸을 들여 가며 치료받을 여유가 없었다. 올림픽이 막 끝났다. 전세계의 국가 원수들이 베를린에 손님으로 왔었다. '지도자'인 그가 앞날을 내다보고 연설했던 메시지가 실현되기만을 학수고대하고 있었다. 독일 민족의 새로운 로마제국을 건설해야 하는 것이다. 우랄 산맥에서 대서양에 이르기까지, 그리고 북극과 지중해의 아프리카 연안까지.

그러니 아플 시간이 어디 있겠는가?

그렇다면 과연 이 테오 모렐 박사는 어떤 사람이었을까?

히틀러의 주위에 있던 의사들 중에 모렐 박사만큼이나 사람들의 평가가 완전히 상반된 경우는 없었다. 영국의 사학자 H. R. 트레보 로퍼는 제3제국의 몰락 이후 39번 민간 포로 수용소에서―이곳은 이전에 집단 수용소 다카우로 악명을 날리던 곳이었다.―그를 만나고 나서 이렇게 묘사했다.

"모렐 박사에 관한 이야기를 하게 되면 적당한 중간 표현들을 찾기 어려우며 그의 직업에 걸맞는 표현들을 듣기 어렵다. 기는 듯한 비굴한 태도와 분명치 않은 발음, 그리고 미국인들에 의해 수용소에 갇히고 난 이후 청결이라는 것은 모르고 돼지처럼 지저분하게 지내는 그를 본 사람이라면 어떻게 저런 사람이 왕년에 누군가의 주치의로 있을 수 있었는지 선뜻 믿어지지 않을 것이다. 그러나 히틀러는 그를 선택했을 뿐만 아니라 그를 9년간이나 곁에 두고 다른 의사들보다 우대했으며 이구동성으로 항의하는 소리를 들으면서도 이 돌팔이 의사에게 몸을 맡겨 끝내는 그로 인해 무서운 결과를 맞게 된다."

히틀러의 외과의였던 칼 브란트 박사는 1947년 뉘른베르그 재판에서 다음과 같이 진술했다.

"모렐은 계속해서 주사 치료를 실시했다. 나중에는 주사만 놓게 되었다. 예를 들어 가벼운 감기 증상에도 그는 과량의 설파마인제를 주사했고 그럴 때마다 모렐과 나는 서로 심하게 말다툼을 했다. 그러다 모렐은 포도당과 호르몬, 비타민이 들어 있는 주사를 주기 시작했다. 그러면 환자는 금방 몸이 가뿐해졌다. 이런 식의 처방은 히틀러에게 큰 인상을 남긴 듯하다. 그는 조금이라도 감기 기운이 느껴지면 얼른 모렐에게 하루에 세 번에서 여섯 번까지 주사를 놓게 했다. 그렇게 해서 감기가 퍼지지 못하게 막았던 것이다. 치료면에서는 충분히 효과를 나타냈다. 그러다 모렐은 자신의 방법을 예방에도 사용하기 시작했다. 예를 들면 히틀러가 추운 날이나 아니면 비가 오는 흐린 날 연설을 하게 되면 그 전날과 연설하는 날, 그리고 그 다음날 이 주사를 놓아 주는 식으로 신체의 저항력을 인위적으로 대치시켜 주었던 것이다.

전쟁이 시작되자 히틀러는 이 주사가 필수적이라 여기고 하루도 거르지 않고 수차례씩 맞았다. 지난 2년간 그는 매일 이 주사를 맞았다. 모렐에게 그가 사용하는 치료제의 이름을 묻자 그는 대답을 피했다. 히틀러는 날이 갈수록 그 주사에 중독되어 갔다. 이 중독증은 지난 1944년과 45년에 분명하게 드러났다."

군사 업무를 맡았던 장관인 알베르트 스페어는 뉘른베르그의 국제 재판소에서 주전범 재판을 받았을 때 히틀러처럼 그토록 오랜 세월 동안 과로에 시달리면서도 무사히 견딜 수 있었던 사람은 없었을 것이라는 이야기와 함께 히틀러가 자신을 항상 힘으로 충만할 수 있도록 만들어 줄 특별한 의사를 찾았노라고 했다. 그 의사는 히틀러의 건강을 책임지면서 매우 독특한 의학적 치료제를 시험한 사람이었다는 것이다.

"모렐은 히틀러의 피곤을 설파마인제로 없애 주었다. 이것은 사실 환자의 몸을 완전히 망가뜨리는 결과를 낳는 것으로 알려져 있다. 히틀러는 그 수단에 길들여져 갔다. 그것이 그로 하여금 일을 계속할 수 있도록 해 주었기 때문이다. 그러나 시간이 흐르자 정도가 지나쳐 주사를 맞지 않으면 안 될 정도로 중독되어 갔다. 그는 모렐과 그의 치료법을 대단히 칭찬하면서 점점 그와 그 치유제에 종속되어 갔다."

이와 조금 다르게 테오 모렐 박사를 소개하는 사람도 있다. 영국의 사학자 데이빗 아이빙은 1969년 모렐 박사의 메모록과 민간 포로 수용소 29번에서 심문을 받으며 진술한 내용을 토대로 다음과 같은 사실을 밝혀 냈다. 즉 모렐 박사는 H. R. 트레보 로퍼가 주장하듯이 그런 돌팔이는 아니라는 것이다. 모렐 박사는 의사고시에 아주 훌륭한 성적으로 합격했으며 박테리아 이론과 비타민에 관한 그의 학술 논문은 의학

교과서에 인용될 정도였다. 그럼에도 불구하고 어떤 이유에서인지는 몰라도 데이빗 아이빙 역시 이렇게 단서를 붙이고 있다. ·

"그가 아직 완전히 밝혀지지 않은 새로운 방법을 다분히 사용하는 경향이 있는 의사였음은 분명하다. 그러면서 그는 자신을 탐구자라 여기며 자신의 능력을 과대평가한 것도 사실이다. 그는 그다지 품위 있고 고상한 외모를 가지지는 못했다. 2백 파운드를 넘는 체중에 어쩔 줄 몰라하는 투박한 사람이었고 두툼하고 둥근 얼굴과 검은 머리카락, 그리고 털이 숭숭난 커다란 손을 가진 거인이었다. 그러나 느릿느릿 꼼지락거리는 굵은 손가락을 외형만 보고 판단하면 큰 오산이다. 그는 이 손가락으로 피아노를 연주했을 뿐 아니라 오르간도 쳤다. 그는 참으로 주사 놓는 데는 천부적인 재능을 타고난 사람이었다. 그가 주사를 놓으면 언제 놓았는지 모를 정도로 환자가 전혀 눈치채지 못할 정도였으니까. 모렐 박사는 그런 민첩한 솜씨 때문에 가능하면 모든 의학적 처방을 주사로 대신하려고 했을 수도 있다. 그것이 혈관 주사든, 근육 주사든 또는 피하 주사든."

히틀러의 오랜 애인이었다가 훗날 그의 부인이 된 에바 브라운에게 모렐 박사는 고약한 냄새를 풍겨 구역질나게 하는 더러운 사람에 지나지 않았다.

1936년 올림픽 경기가 끝난 직후 테오 모렐 박사가 '환자 A'라고 위장하여 작성한 아돌프 히틀러의 진료카드를 보면 불면증과 위통, 양쪽 다리의 습진이라고 되어 있다. 그전의 의사들이 시도했던 방법들은 모두 실패로 돌아갔다. 단식법이나 엄격한 식이요법도 아무 소용이 없었다. 그들 중에는 베를린의 자선 병원의 베르그만 박사도 있었다. 그들 모두는 심리적인 원인 때문이라고 짐작했다. 모렐 박사는 꼼꼼하게 진찰한 후 소화장애만 해결하면 된다는 결론을 얻었다.

트레보 로퍼의 표현처럼 그가 돌팔이였다면 다른 사람의 보장을 필요로 하지 않고 치료를 시작했으리라. 그러나 모렐 박사는 히틀러의 습진 표본을 프라이부르그에 있는 니슬 박사에게 보냈다. 니슬 박사는 그곳 대학의 박테리아 연구 소장이었다.

니슬 박사의 검사 결과는 모렐 박사가 옳았음을 입증해 주었다. 그리고 그 검사 결과 히틀러의 채식 습관에 그 원인이 있다는 것도 밝혀졌다. 모렐 박사는 채식주의가 히틀러에게 일종의 종교적 신앙과 같음을 잘 알고 있었다. 그는 다른 나라의 국가 원수와 함께 만찬을 드는 자리에서도 겉으로는 고기 스테이크처럼 보이지만 실제로는 야채로 만들어진 스테이크를 먹었다. 히틀러를 채식주의자에서 돌려 놓는 일이란 그를 나치주의자에서 공산주의자로 전향시키려는 것이나 마찬가지였다.

니슬 박사는 히틀러와 같은 경우를 대비하여 의약품을 개발해 두었다. 그것은 무타플로라였다. 그는 모렐 박사에게 무타플로라를 사용하라고 충고해 주었다. 그것은 의학적인 시험을 거친 것으로써 '기적의 특효약'과는 전혀 거리가 먼 것이었다. 습진과 편두통, 그리고 우울증 증상, 장플로라(기생균)의 해결이 급선무였다. 첫날에는 조금 순한 노란 알약, 그리고 이틀째 되는 날부터 나흘째 되는 날까지는 강한 붉은색 알약 두 개씩, 그리고 다섯 번째 날부터는 매일 붉은 알약을 두 개씩 처방하는 것, 이것이 니슬 박사가 모렐 박사에게 그의 환자 A에게 써보라고 권한 처방이었다. 니슬 박사는 그 환자가 실제로 누군지 전혀 몰랐다. 그는 단지 습진의 표본 검사를 부탁받았을 뿐이었다. 자신의 전공 부문이니까 조언을 구한 동료 의사의 부탁을 들어준 것에 불과했던 것이다. 모렐 박사는 환자의 치료에 착수했다.

모렐 박사는 사실 도박사가 아니었다. 그는 자신을 기적의 치유사라고 여기는 사람들의 편견과 싸우는 데 전력을 다했다. 그는 처음부터 그것이 반 년, 아니면 적어도 9개월 정도는 걸릴 것이라는 사실을 의심하지 않았다. 그때가 되면 베르그만 박사나 다른 의사들이 실패했던 일을 자신이 해냈다는 사실이 온 세상에 드러나리라. 말하자면 히틀러를 다시 왕성하게 활동할 수 있도록 만드는 일이 그것이다.

그는 전혀 꿈도 꾸지 못했던 위치에 올라서게 되었다. 히틀러의 주치의가 된 것이다. 성공을 거두는 것은 시간 문제였다. 여섯 달이나 아홉 달이 대수겠는가? 전혀 다른 거대한 체제를 계산하고 적어도 천년 이상 지속될 거대한 제국을 꿈꾸는 독재자에게.

무타플로라? 좋다. 그것을 히틀러에게 처방하리라. 또한 모렐은 그것 말고 다른 처방도 내렸다. 다른 전문가들에게 자문을 구하지 않고 아무에게도 알리지 않은 채 혼자 결정하고 시행한 것이다. 그는 간 추출물을 주사했다. 그리고 비타민을 주사했다. 그런 다음 퀘스터 박사의 가스억제제를 처방했다. 그 알약의 성분을 아는 사람은 몇 명 안 되었고 이 알약에는 적지 않은 스트리키닌(신경자극제)과 벨라도나(진통제)가 들어 있었다. 그러나 이 사실은 여러 해가 지난 후에야 밝혀졌다.

모렐이 마음대로 결정한 치료법은 효과가 있었다. 그러자 지금까지 히틀러를 보좌해 온 칼 브란트 박사와 한스 칼 박사가 미심쩍어하는 것도 당연했다. 그러나 히틀러는 그 소리를 듣고도 모렐 박사의 처방을 전혀 의심하지 않았다. 히틀러의 개인 여비서 중의 한 사람인 크리스타 슈뢰더는 그의 반응을 이렇게 묘사하고 있다.

"이 멍청이들, 그 바보 같은 놈들은 날 도와 주지도 못하고 내과의를 소개해 주지도 못했으면서 뭐가 이러쿵저러쿵 말이 많은 거야? 그래 놓고도 이제는 모렐을 돌팔이라고 부르다니! 어쨌거나 모렐은 나를 도와 줬잖아. 다리에 있던 습진도 사라졌고 다시 식사도 할 수 있게 되었는데. 그 의사들은 내가 다른 사람들처럼 감기에 걸렸다고 해서 침대에 누워 있을 만한 여유가 없다는 것도 이해를 못한다니까. 난 아플 시간이 없단 말야. 그 고상한 신사들에게 그 사실이나 제대로 알라고 해!"

히틀러는 시위를 하듯이 1937년 9월 뉴른베르그의 제국의회에 모렐 박사와 그의 아내 요한나를 귀빈으로 초대했다. 베를린의 한 귀퉁이에서 온 유행을 따르는 의사는 귀빈석에서 자신의 명성을 마음껏 즐겼다.

모렐의 주사는 그 의무를 다했다. 그러나 그는 주사의 효과가 빠른 만큼 지속성이 짧다는 것도 잘 알고 있었다. 그는 히틀러의 건강을 되찾아 주었다. 그러니 이제는 히틀러가 계속 건강을 유지하도록 손을 써야 했다. 악순환이 시작되었다. 악마의 순환궤가 시작된 것이다. 게다가 점점 가속도가 붙었다.

1931년 이래 히틀러는 하루 아침에 채식주의자로 변했다. 그의 애인인 겔리 라우발―그녀는 그의 이복 누이 앙겔라의 딸이었다.―이 9월 18일 뮌헨의 자기 집에서 머리에 총을 쏘아 자살했다. 루돌프 헤쓰는 우울증에 빠져 자신의 관자놀이에 총을 갖다댄 히틀러를 가까스로 말릴 수 있었다. 겔리 라우발의 자살과 히틀러의 채식 결심이 서로 어떻게 연관되는지 그것은 알 길이 없다. 그저 있는 그대로 역사에 기록되어 있을 뿐이다.

히틀러는 그날부터 스파르타 식의 다이어트에 들어갔다. 고기와 지방에서 나온 동물성 지방이 그의 신체에는 절대적으로 결핍되어 있었다. 우유와 단단한 비스켓을 아침 식사로 먹고 나중에 흰설탕 빵, 사과나 카밀렌 또는 페퍼민트 차를 곁들이고 이따금 치즈를 먹었다. 오후에는 과일과 야채, 그리고 콩이나 완두 또는 붉은 팥으로 만든 간소한 찌개, 삶은 감자에 버터를 발라 먹는 게 고작이었다. 저녁에는 대부분 껍질째 삶은 감자와 하얀 치즈, 삶은 달걀을 먹었다. 니코틴은 말할 것도 없고 술도 물론 마시지 않았다.

그의 여비서인 크리스타 슈뢰더는 이렇게 표현했다.

"그는 고기를 먹는 것과 알코올, 그리고 니코틴의 해독을 깊이 확신하고 있었다. 그래서 그 이야기를 자주 화제에 올리곤 했다. 고기를 좋아하는 것은 술을 마시고 싶은 욕구를 불러일으키며 일단 술을 마시게 되면 담배를 피우고 싶은 생각이 들게 마련이라고 했다. 이렇게 해서 나쁜 것이 다른 나쁜 것을 하게 하는 꼬리에 꼬리를 무는 격이라는 것이었다. 한 번은 이렇게 말한 적도 있었다. "어떻게 보면 적들에게 담배와 시가를 선물하는 것도 좋은 방법이 될 거야. 그게 그들을 해치우는 좋은 처방이 될 수 있을 거란 말이지." 그리고 그는 이런 말을 참으로 자주 했다.

"에바가 다시 담배를 피우면 그녀와 당장 끝내 버릴 거야."

모렐 박사에게는 이것이 다른 문제를 낳았다. 그는 그런 식사습관이 그토록 긴장된 생활을 하는 히틀러에게 충분한 에너지를 공급하지 못한다고 생각했다. 해를 거듭할수록 그의 긴장은 점점 심화되어 갔다. 그래서 모렐은 1937년에 이미 히틀러에게 포도당 주사를 투여하기 시작했다. 의학적으로 표현하자면 글루코겐 주사였다. 모렐은 하루 걸러 한 번씩 10cc·m 함량의 주사를 놓았다.

글쎄 만약 이 글루코겐 주사만 주었다면 문제는 그렇게 심각하지 않았을 것이지만 다른 주사들도 놓았다. 히틀러는 식사 전에 계속해서 퀘스터 박사의 가스억제제 알약을 먹어야 했다. 헛배가 부르고 장장애가 새롭게 나타나지 못하도록 막기 위해서였다. 그밖에도 매일 장플로라를 조정하고 습진과 우울증을 예방하기 위해 붉은 색 무타플로라 알약을 두 알씩 먹어야 했다.

약과 주사의 회전목마가 점점 빠른 속도로 돌기 시작했다. 이 약제에 대해 이의를 제기할 수 있는 의사는 없었다. 아니 오늘날의 현대 의학자라 해도 마찬가지일 것이다. 이중의 어느 하나도 기적의 비방이 아니었다. 그리고 어느 것도 돌팔이의 처방과는 상관이 없었다. 어느 하나도 비밀스러운 조제가 아니었다. 테오 모렐 박사의 기록과 그의 심문 기록이 세상에 공개되기 전까지 모렐 박사는 그것 때문에 숱한 구설수에 올라야 했다. 그러므로 모렐 박사와 그의 환자 아돌프 히틀러에 관해 쓰여진 모든 것을 불문에 붙일 수 있다. 단, 악마로 작용한 것은 모렐 박사가 사용한 것이 누적된 데 있다. 성공해야 한다는 강박과 히틀러 자신의 강요에 의한 누적이라 할 것이다.

다시 포도당 주사에 주목해 보자. 뮌헨대학의 정신과 교수 오스발트 붐케 박사는 포도당 주사를 오랫동안 맞으면 뇌혈관의 변이를 가져올 수 있다는 사실을 밝혔다. 아마도 히틀러의 경우가 그랬던 것 같다. 게르하르트 벤츠머 박사는 이렇게 평가하고 있다.

"이 주사는 특히 히틀러의 중간 뇌에 영향을 준 듯하다. 그것은 운동과 근육 긴장을 관장한다. 그러다 보니 이전에 영국 의사 제임스 파킨슨의 묘사 이후로 '파킨슨 병' 또는 진전마비라고 불리게 된 질병이 시작된다. 이러한 표기는 사지가 진동을 하듯 마구 떨리는 증상 때문에 비롯되었다."

여기서 우리는 오늘날까지도 시원하게 해답이 나오지 않은 의학계의 수수께끼에 봉착하게 된다. 문제는 이것이다. 히틀러를 괴롭힌 진범은 무엇이었을까? 여기에는 여러 가지 주장들이 엇갈린다. 전문가들의 논쟁 초점은 '환자 A'와 그의 주치의 모렐 박사가 싸워야 했던 주된 질병에 관련된 것이 아니다. 그보다 중요한 것은 모렐 박사가 포도당 주사에 중추기관을 자극하는 물질을 첨가한 것이 아닐까 하는 점이다. 그것이야말로 히틀러로 하여금 그 주사를 한시라도 포기하지 못하도록 만든 중독 성분이었다. 이 주사를 맞고 나면 히틀러는 '자신의 정신이 해방된 것 같은' 느낌을 얻었다. 온갖 우울증은 사라지고 그의 환상에 날개를 달아 주었다. 그 주사는 그에게 거대한 미래상을 보여 주었다가 그 효과가 가시기만 하면 이내 깊은 절망의 나락으로 곤두박질 치게 하는 것이었다. 그러면 모렐 박사가 등장하여 다시 주사를 놓아 주어야 했다.

물론 히틀러는 다루기 쉬운 환자가 아니었다. 그는 죽음의 공포에 시달렸고 자신이 심각한 심장병에 걸려 있다는 착각 속에 살고 있었다. 위통과 헛배가 불러오는 증상이 계속되었다. 우울증이 그를 사로잡았다. 그의 가슴에는 날이 갈수록 불신만 쌓여 갔다. 이제는 가까운 곳에서 자신을 도와 주는 사람들까지 의심하게 되었다.

그러나 모렐 만큼은 철썩 같이 믿었다. 그에게서 도움을 기대했던 것이다. 그리고 모렐은 그의 기대에 따라 주사와 약품을 동원해서 그에게 가히 폭탄을 던져 충격을 가하는 듯한 치료를 했다. 그 충격이 어떤 무서운 결과를 가져올 지에 대해서는 아무도 예측할 수 없었다.

1969년 미국인들은 민간인 포로 수용소에서 모렐 박사를 심문한 후, 그의 진술 기록을 공개했다. 그제서야 세상 사람들은 히틀러가 해가 다르게 신체도, 정신도 더 이상 가누지 못하는 고물로 전락하게 된 이유를 알게 되었다.

물론 그 약품이 나중에는 일주일에 120개에서 150개 되는 알약과 열 대의 주사 이상이긴 했지만 모렐 박사가 사용했던 대부분의 수단이 돌팔이 의사나 무면허 의사의 처방과는 달랐다는 사실 만큼은 분명히 하고 넘어가야 한다. 이들의 대부분은 지금의 의약사전에 인용되고 있으나 그것을 한데 섞을 경우 한 인간의 파괴라고 하는 무서운 결과를 낳게 되는 것이다.

모렐은 성공해야 한다는 강박관념에 사로잡혀 있었다. 아무런 걱정 없이 계속해서 폭탄을 투여한 이유에 대해 그렇게밖에 이해할 수 없다.

심문 기록을 보면 매일 실시되는 포도당 주사와 끊임없는 퀘스터 박사의 알약 복용, 그리고 무타플로라 외에도 여러 다른 의약품이 있었다. 이것들은 오늘날에도 전세계의 의사들이 처방하는 약들이다.

브롬 네르바치트(Brom Nervacit): 이것은 일반 진통제인데 특히 불면증에 처방하는 약이다. 히틀러는 매일 1~2개씩 복용했다. 그리고 혈액순환을 돕기 위해 카르디아졸(Cardiazol)을 처방했다. 모렐 박사는 일주일에 평균 10방울씩 주었다.

오이플라트(Euflat): 이것은 소화를 촉진시키고 헛배가 불러오는 것을 막기 위해서 사용했다.

오이코달(Eukodal): 통증 해소와 긴장 완화의 효과가 있다.

호마트로핀(Homatropin): 1939년부터 이미 그 증상이 나타난 히틀러의 오른쪽 눈의 약시를 돕기 위해서 사용했다.

인텔란(Intelan): 이에 함유된 비타민의 도움으로 신체의 저항력을 강화시키기 위해서 하루에 두 번씩 식사 전에 복용했다.

루이침(Luizym): 순수한 채식주의자인 히틀러가 음식물의 소화를 촉진하고 헛배가 부르는 현상을 막기 위해 식사 후 한 알씩 복용했다.

옴나딘(Omnadin): 전염과 감기 예방을 위해 2cc-m 함량으로 맞은 근육주사.

옵탈리디온(Optalidion): 두통 해소.

스트로판틴(Strophantin): 약해진 심장 근육 때문에 맞았던 혈관주사.

심파톨(Sympatol): 심장 활동의 활성화를 위해 사용.

이 목록이 전부는 아니다. 그러나 이것은 히틀러가 받아들인 주요 약품들을 잘 보여 주고 있다. 이것들은 위에서도 언급했지만 전혀 신비의 약품이 아니다. 신비스러운 약이라고 말할 수 있는 게 있다면 그것은 모렐이 처음으로 사용하고 그 합성을 끝끝내 밝히지 않은 비타물틴(Vitamultin)이다.

저명한 히틀러 연구자 중의 한 사람인 베르너 마저는 그에 관해 이런 보고를 해 준다.

"제국의 보건전문 고문으로 일한 에른스트 귄터 쉔크 박사는 이렇게 말했다. '1942년인지 1943년이었는지 정확하지 않지만 어느 날 내게 금박지로 포장된 조그만 사각형 소포가 전해졌다. 그것은 내가 믿을 만한 사람이 보낸 것으로 길이가 3센티미터쯤 되고 두께는 0.4~0.5센티미터되었다. 그 '황금' 비타물틴을 지도자께서 모렐로부터 받아드신다는 것이었다. 나는 그것을 직접 가루로 만들어 위장을 한 다음 은밀히 군대 내 아카데미에 소속된 알카로이드와 마약 연구소에 검사를 의뢰했다. 그 결과 그 가루가 코페인과 페르비틴(Pervitin)을 함유하고 있다는 사실을 통보받았다. 그 합성에 나는 기절초풍할 뻔했다. 코페인과 페르비틴은 쾌감 증대와 함께 신경계에 해독(害毒)을 가져올 수 있었기 때문이다. 그런데도 모렐이 그것을 엄청난 양으로 섞어서 히틀러에게 건네주다니….'"

이따금 모렐 박사는 스스로도 이 약품의 홍수 앞에 무릎을 꿇고 만 것 같다. 히틀러에게 이러저러한 약품을 포기하도록 애를 쓰지 않은 것은 아니다. 그러나 그가 불러들인 혼령들은 그렇게 쉽사리 사라지지 않았다. 히틀러는 어쨌든 중독이 되어 있었고 이제는 더 이상 돌이킬 수 없었다. 히틀러의 개인 여비서 크리스타 쉬뢰더의 말을 들어보자.

"모렐이 내게 히틀러가 다루기 어려운 환자로 변했다는 말을 한 적이 한두 번이 아니었다. 그는 모든 것에 대해 분명히 알려고 하고 아주 작은 변화에 대해서도 몇 시간이고 설명을 하게 했다. 그리고 모렐과 격렬한 장면을 연출하는 횟수도 늘어났다. 그러고 나면 히틀러가 외치는 소리는 거의 똑같았다. '아니 어떻게 감히 당신이 나한테 이래라저래라 명령을 하겠다는 거요? 여기서 명령하는 것은 바로 나란 말이오. 당신은 요즘 들어 그 사실을 잊어버리고 있는 것 같소. 내 건강에 관해 결정하는 것은 바로 나란 말이오.'

모렐이 뭐라고 대답을 할 때면 항상 절망적인 목소리였다. '하지만 지도자 각하, 전 각하의 건강을 감시해야 할 의무를 가지고 있습니다. 만약 각하께 무슨 일이 일어나면 어떻게….' 그러면 히틀러는 무서운 눈길로 그를 노려보면서 이렇게 대꾸했다.

'만약 나한테 무슨 일이 일어난다면 그때는 당신 목숨 또한 아무런 가치가 없는 것이 될거요.'

그러면서 그는 신경질적인 제스처로 손으로 공기를 한 줌 잡고 짓이기는 시늉을 했다."

모렐은 히틀러가 큐어푸르스텐담의 개인 병원에서 자신을 데리러 왔을 때 병원 문을 닫았었다. 그는 히틀러의 주치의가 되어 연봉 36,000마르크를 받았다. 그 중 70퍼센트를 세금으로 납부했지만 거기에 매년 24,000마르크를 경비로 받았다. 예전에 유명인들을 치료하던 때가 더 나았다. 그러나 대신 그의 명함에는 이제 '지도자의 주치의'라는 이름이 찍히고 주소도 1940년 이후부터 지도자의 사령부로 변했다.

물론 다른 정당 주요 인사들도 그가 돌봐야 할 사람들이었다. 이는 당연하다 할 것이다. 레이와 리벤트로프, 괴벨스 그리고 그 외에도 수많은 인사들이 그의 환자였다. 그 사실을 알게 된 히틀러는 모렐에게 개인 환자들의 사적 진료를 중단하라는 최후 통첩을 내렸다.

모렐은 갑자기 지불 능력이 있는 개인 환자들로부터 수입이 끊기자 궁여지책을 만들었다. 그 정도의 끈이 있는 사람이면 제약 회사를 사들이는 것쯤은 문제도 되지 않았다. 그는 그 제약 회사에서 자신이 개발한 약을 생산하도록 했다. 여기에는 특히 비타물틴 알약과 간엑기스와 호르몬제 그리고 동부전선의 수많은 병사들이 익히 접하게 되는 '루슬라 이퇴치분말'이 있었다. 경비는 국가가 지불했다.

모렐의 거친 치료는 시종일관 변하지 않았다. 히틀러는 폴란드와 덴마크, 노르웨이, 프랑스를 번개처럼 빠르게 정복한 것을 경축하고

1941년 말이면 모스크바에서 승리의 행진을 하게 될 자신의 모습을 상상하고 있었다. 그러나 역사에서 유례를 찾아보기 힘든 이 뛰어난 전사는 여전히 병자로 머물러 있었다. 그의 몸에 의약품이란 이름의 폭탄이 끊임없이 투하되었던 것이다.

그러다 1943년 스탈린그라드의 함락 이후 감출 수 없는 붕괴가 드디어 그 모습을 드러냈다. 눈이 앞으로 튀어 나오고 시선이 멍해졌다. 볼에 붉은 반점까지 생겼다. 그는 이제 무엇이든 제대로 기억할 수 없는 듯했다. 수백 번 한 말을 또 하고 또 반복했다.

이미 오래 전에 잊어버렸던 신경통이 되살아났다. 왼쪽 팔과 다리의 경련이 계속되었다. 히틀러가 뮌헨의 야전사령부로 진격해 들어가면서 처음으로 권력을 손에 넣으려고 시도했던 1923년 그날의 기억이 되살아 났다. 그때 반란에 실패한 후 야전사령부 앞 광장에 시체 20구가 누워있었을 때도 히틀러에게는 그와 똑같은 현상이 나타났었다. 그 후 20년이 지나 스탈린그라드의 폐허 속에 수십만의 병사들이 죽어 쓰러지고, 수천 병사들이 눈보라와 폭풍을 뚫고 행진을 계속하다 결국 포로가 되고 말았을 때 이제 히틀러는 더 이상 자신의 몸을 가눌 수 없었다.

모렐은 새로운 약으로—지금까지의 약도 모자라서—경고 신호를 보내는 몰락 현상에 맞서려고 안간힘을 썼다. 그리고 무엇보다도 우울증을 물리치기 위해 그는 프로스타크리눔(Prostacrinum, 전립선 제제)을 이틀에 한 번씩 2앰풀을 주사하기 시작했다. 그것은 정낭선과 전립선에서 추출한 엑기스였다.

히틀러는 당시 동 프로이센에 있는 라스텐부르그의 최고 사령부가 있던 '늑대의 보루'에 주로 머무르고 있었다. 그곳은 건강에 좋지 않은 지역이었다. 곰팡이가 슬 정도로 공기가 습하고 무거워 숨을 쉬기도 어려운 곳이었다. 그는 태양을 싫어했다. 그는 더 이상 햇살을 감당할 수 없었다. 그래서 그의 방에 있는 창문은 항상 커튼이 드리워져 있었다.

결국 그는 모렐의 주사와 알약 처방에도 불구하고 밤도깨비 같은 존재로 몰락해 버렸다.

그의 주치의는 몇 번인가 가까스로 그를 설득하여 며칠 동안 오버잘츠베르그에서 시간을 보내게 하기도 했다. 그나마 거기서도 그는 집무실로 숨어들곤 했다. 그는 몇 달 동안 사람들을 만나려 들지 않았다. 식사도 혼자 하고 친구래야 사냥개 블론디밖에 없었다. 어쩌다 블론디가 다른 사람에게 접근이라도 하면 그는 질투로 미친듯이 날뛰었다.

히틀러가 늑대의 보루로 불러들인 페르디난드 사우어브루흐 교수의 경험담이다.

"나는 히틀러를 기다리고 있었다. 블론디가 머리를 내 허벅지에 올려놓길래 나는 별 생각없이 머리를 쓰다듬어 주었다. 그 순간 문이 덜컥 열렸다. 히틀러가 꼼짝 않고 문 가까이에 서 있는 모습이 보였다. 그의 두 눈이 분노로 이글거리고 있었다. 그는 두 주먹을 불끈 쥐고 내가 있는 쪽으로 달려들면서 고함을 버럭 질렀다. '내 개한테 무슨 짓을 한거요? 내가 유일하게 믿는 대상을 당신이 홀리고 말았소. 난 이 개를 즉시 총살시키고 말겠소.' 그 목소리가 얼마나 날카롭던지 땅까지 갈라놓을 듯했다. '온통 믿을 수 없는 장군들과 배신이나 할 줄 아는 멍청이들, 그리고 바보 같은 장교들 틈에 에워싸인 나한테 그래도 이 개만큼은 잘 따르고 있는데 대체 무슨 꿍꿍이 속이 있는 거요? 당신이 유명한 의사라 해서 뭔가 슬쩍 해도 될거라고 생각하는 거요? 당장 당신을 체포하도록 명령하겠소!'

'물론 절 체포하게 하실 수 있습니다. 각하.'

나는 그렇게 응수했다. 그런 종류의 사람들에게는 그들의 흥분을 극도로 과장하는 것이 그들을 진정시킬 수 있는 유일한 방법이니까 말이다. 두려움을 보이거나 아니면 풀 죽은 태도를 취해서는 안 된다. 내 생각은 틀리지 않았다. 그의 분노는 사그라졌다. 마치 커다란 손에 얼굴을 얻어 맞기라도 한 것처럼 어느새 기가 꺾여 있었다. 뻣뻣하게 굳어 있던 몸도 긴장이 풀렸다. 그리고 주먹도 스르르 풀렸다. 그의 사지가 다시 움직이기 시작했다. 그러더니 히틀러는 나를 부른 이유를 말했다. 나더러 터키의 외무부 장관인 누만 메네멘키오글루를 수술하라는 것이었다. 앙카라로 데려다 줄 개인 비행기도 이미 준비되어 있다고 했다.

　말을 마치자 히틀러는 몸을 돌렸으나 이내 우뚝 멈춰섰다.

　'내 의사들 중에 브란트 박사는 훌륭한 의사요?'

　나는 히틀러의 눈 속에서 불신을 읽었다. 그 눈은 모든 사람들로부터 쫓기고 속기만 하고 배신 당한 기분에 사로잡힌 사람의 눈이었다.

　'브란트 박사는 내가 베를린의 자선 병원에서 일할 때 나를 도와 준 매우 훌륭한 보조 의사였습니다.'

　나는 그렇게 말했다.

　히틀러는 눈썹을 치켜 뜨더니 인사도 없이 방을 나가 버렸다."

　정신과 의사인 안톤 폰 브라운뮐 박사는 히틀러의 당시 상태를 추진 장애를 수반한 세포의 퇴화 과정이라 표현한다. 그러니까 그것이 억제이든 아니면 상승이든 또는 일시적인 열광이나 비판력을 상실한 낙관주의든 또는 기억력 쇠퇴 증상이든 모두 이에 속한다는 것이다. 그는 이러한 현상이 중간뇌의 특정한 세포 그룹에 독이 번진 결과라고 진단 내렸다. 모렐의 치료에서 비롯된 그 현상이 날이 갈수록 악화되었다는 주장이다.

　지금까지 히틀러가 복용해 온 수많은 의약품에 또 다른 것이 첨가되었다. 모렐은 히틀러로 하여금 매일 두 번에서 세 번씩 옥시겐을 마시게 하였다. 즉 순수 산소를 마시게 한 것이다. 그리고 그는 갑작스러운 심장 발작에 대비해서 히틀러에게 가르디아졸을 병째 맡겼다. 알아서 필요한 만큼 마시라고. 그리고 1944년 초부터 모렐은 테스토비론 (Testoviron)을 주사하기에 이르렀다. 그것은 남성호르몬제였다. 그리고 축 늘어지는 근육에 힘을 주기 위해 인연제의 일종인 토노포스판 (Tonophosphan)을 주사했다.

그러나 히틀러는 이전부터 쓰고 있던 약품도 포기하려 들지 않았다. 이미 중독되어 있던 터라 도무지 그 약품들의 손아귀에서 벗어날 수 없었던 것이다. 한번 마약에 맛을 들인 사람이 거기서 해방되기 어렵듯이 히틀러 역시 그 약 없이는 하루도 지탱할 수 없었다. 눈에 보이는 히틀러의 신체적, 정신적 몰락을 막기는 어렵다 하더라도 그 진행 속도를 늦추기 위해서는 이러한 새로운 수단이 불가피하다고 믿었다.

7월 20일 히틀러를 암살하려는 사건이 일어나 몇 달째 별 소득을 얻지 못했던 모렐의 이러한 노력이 완전히 물거품이 되어 버렸다. 스타우펜베르그의 폭탄 사건에서 히틀러가 입은 부상은 그리 심각하지 않았다. 자상(刺傷)과 출혈이 있었다. 그리고 며칠 동안 균형 감각에 이상이 생겨 똑바로 걷지 못하고 항상 오른쪽으로 기우는 것이었다. 양쪽 귀의 고막에 부상을 입었다. 왼쪽 손과 발의 경련이 재발했다. 외상은 금방 나았다. 그러나 귓속의 통증은 남아 있었다. 국민 재판소장 로란드 프라이슬러와 사형 집행인이 히틀러의 초대로 늑대의 보루에 왔다.

"난 그들을 도살장의 짐승처럼 목매달아 죽이기를 바라오."

그것이 그의 명령이었다.

8월 8일, 여덟 명의 반란자들은 베를린의 플뢰첸 호수에서 도살장의 가축처럼 목매다는 교수형에 처해졌다. 한 명을 목매달고 나면 다음 사람의 사형 집행에 들어가기에 앞서 형리와 그의 조수들은 독주를 들이켜 마음을 다잡아야 했다.

　그것도 모자라 바로 그날 저녁 히틀러는 사형 장면을 담은 녹화필름을 사령부에서 구경했다. 한 번도 아니고 두 번 이상을. 며칠 후 그는 정세 회의에서 이렇게 말했다.

　"만일 내 목숨이 7월 20일자로 끝났더라면, 그것은 내 개인에게는 해방을 뜻했을 거요. 온갖 근심과 잠 못 이루는 밤들, 그리고 심각한 신경통으로부터 자유를 얻게 되었을 거라는 뜻이오. 눈 깜짝할 순간에 사람은 모든 괴로움에서 벗어나 평안과 영원한 안식을 얻는 거요."

　히틀러가 최초로 '자신을 잊어버린' 경우라 할 것이다. 자신이 심각한 신경통을 앓고 있다고 고백한 것은 그때가 처음이었다. 하지만 그가 이렇게 굳이 고백하지 않아도 사람들은 그를 보기만 해도 그 사실을 충분히 짐작할 수 있었다. 그의 신체와 정신을 몰락시킨 그 파괴현장이 그대로 눈앞에 드러나지 않았던가. 잿빛으로 변한 머리카락, 툭 나온 두 눈, 구부정한 자세, 피곤한 듯한 말투, 그리고 무감각. 두통은 사그라지지 않았다. 귀의 출혈도 여전했다. 히틀러는 베를린 의대에 있는 이비인후과 교수 아이켄 박사를 기억해 냈다. 그는 1935년 히틀러의 혹 때문에 성대를 수술한 적이 있었다. 그러나 아이켄 박사의 행방이 묘연했다. 브란트 박사는 근처의 라스텐부르그 야전병원에 이비인후과 전문의가 있다는 사실을 잘 알고 있었다. 브란트 박사는 그 전문의를 직접 데리고 와서 지도자의 사령부로 갔다. 그것은 사령부 의사 에르빈 기징 박사의 운명을 결정한 순간이었다. 20년 후 어느 은행 금고 속에서 발견된 그의 일기에는 그가 히틀러를 코카인으로 살해하려 했다는 주장을 읽을 수 있다.

　어느 것이 진실이었을까? 거의 9년 내내 자신밖에 모르던 히틀러가 다른 의사를 끌어들이고 게다가 브란트 박사까지 사령부로 들어오게 한 것에 몹시 속이 상한 모렐 박사는 히틀러에게 나테이나(Nateina) 주사를 통해 귀의 출혈을 멎게 할 수 있노라고 장담했다. 기징 박사는 고막 치료를 권했다.

히틀러가 기징 박사의 조언을 따른 것도 역시 우연에 지나지 않았다. 히틀러는 기징 박사가 아이켄 박사의 조수였다는 사실 한 가지만으로 그의 말을 따랐던 것뿐이다. 그는 마취도 없이 고막 부식 수술을 하게 했다. 그러나 그 후에도 출혈이 멎지 않자 히틀러는 모렐에게 나테이나 주사를 놓도록 명령했다. 그런데 이와 동시에 기징 박사에게 다시 한 번 고막 부식을 실시할 것을 요구했다.

이비인후과 전문의 기징 박사는 귀의 출혈이 히틀러의 전두공에 중병을 가져올까 봐 겁이 났다. 그것을 막을 수 있는 방법이 딱 한 가지 있긴 했다. 염증으로 부어오른 점막의 부기를 가라앉혀 통증을 완화시키려면 코카인을 칠해 주는 도리밖에 없었다.

코카인을 칠해 주자 히틀러는 구원이라도 받은 듯 홀가분해 했다. 통증은 가라앉고 머리도 맑아졌다. 그는 다시 한 번 명석한 사고를 할 수 있게 되었다고 에바 브라운에게 말하기도 했다. 여러 다른 독에 이제 새로운 독까지 더해진 셈이었다. 기징 박사도 모렐 박사가 벌써 9년째 허우적거리고 있던 악순환의 고리에 떨어지고 만 것이다. 히틀러는 자신을 조금이라도 홀가분하게 만들어 주는 것이라면 막무가내로 더 달라고 요구했다. 어떤 형태로 주든 아랑곳하지 않았다. 기징 박사는 그래도 히틀러로 하여금 엑스레이 촬영을 받아 보도록 설득할 수 있었다. 머리를 엑스레이 촬영한 결과 불안한 징후는 보이지 않았다. 전두공이 덮쳐지지 않았으므로 수술을 할 필요는 없었다. 그러나 심전도 검사 결과는 좋지 않았다. 심장관상맥관의 석회 침착과 왼쪽 심방의 확대가 나타났던 것이다. 코카인을 계속 사용할 경우 경색을 낳을 수도 있었다.

그러나 히틀러는 이미 코카인에 중독되어 있었다.

그 주간 동안 밖에서 어떤 일이 벌어지는지 그는 전혀 깨닫지 못했다. 우선 위통이 어느 때보다 심해졌다. 이틀 동안 체중이 6파운드나 줄었다. 영국인과 미국인들이 서부에서 대독일 제국의 국경을 넘어 도시를 하나씩 잿더미로 만들고 있었다. 히틀러는 사령부 '늑대의 보루'에서 혼절을 거듭하고 있었다. 혼절 상태에서 깨어나면 그는 밀실로 들어가 열광적으로 독백을 했다. 물론 코카인에 의한 열광 상태였다.

"…우리들은 끝까지 싸울 것이다. 설령 그곳이 라인강 유역이 된다 하더라도 할 수 없다. 그건 아무렇지도 않다. 우리는 어떤 일이 있어도 전쟁을 계속할 것이다. 프리드리히 대제도 말했듯이 저주받은 적들이 더 이상 싸울 수 없을 만큼 지쳐 쓰러질 때까지, 우리가 평화를 얻을 때까지, 독일 민족이 차기 50년, 아니 100년간 영광을 누릴 수 있도록 보장해 줄 그러한 평화를 얻을 때까지…."

환각, 유토피아, 뇌세포에 온통 독이 퍼진 중병 환자의 꿈….

기징 박사가 히틀러에게 코카인을 칠해 주지 않은 날은 하루도 없었다. 이따금 그는 히틀러와 함께 아침 식사를 하기도 했다. 정오가 히틀러의 아침식사 시간이긴 했지만…. 히틀러 앞에 놓인 작은 쟁반에는 작은 공처럼 생긴 까만 것이 항상 놓여 있었다. 히틀러는 어김없이 그것을 집곤 했다. 기징 박사는 그게 뭔지 궁금했다. 히틀러는 어떤 때는 그 알갱이를 두세 개 집어삼키기도 했고 어떤 때는 그보다 더 많이 복용하는 경우도 있었다. 히틀러의 심복인 링에가 히틀러에게 그 작고 까만 알갱이를 서어비스했다. 링에는 기징 박사가 히틀러에게 코카인을 칠해 줄 때 조수 노릇을 하기도 했다. 의사는 링에에게 그 까만 알갱이가 뭐냐고 물어 보았다. 그러자 링에는 벙커에 있는 자신의 방으로 안내하더니 어느 서랍 하나를 열어 보였다. 그 안에는 조그만 상자가 몇 개 있었다. 그리고 링에는 의사에게 히틀러가 어떤 때는 그 알갱이를 16개도 먹는다는 이야기를 들려주었다.

기징은 그 중 한 상자를 집어 들고 거기 쓰여 있는 글씨를 읽었다.

가스억제제 알약, 퀘스터 박사, 베를린. 그리고 깨알 같은 글씨로 쓰여
진 성분 표시도 읽었다.

"Extr. nuc. vomic. 0.04; Extr. bellad. 0.04."

모든 약품에 쓰여 있는 의약 암호. 이런 것은 문외한에게는 수수께끼
일 수밖에 없지만 기징 박사에게는 명백하기만 했다. Nuc. Vomic? 기
징 박사는 이것이 마전나무의 독이라는 것을 알았다. Bellad? 그것은
벨라도나의 추출독이었다.

기징 박사는 몇 시간 후 그에 관한 일을 브란트 박사에게 들려주었
다. 브란트 박사는 하젤바흐 박사에게 비밀을 말해 주었다. 이 세 사람
은 쾨닉스베르그대학의 어느 독물학자에게 조언을 구했다. 그러자 명백
한 답을 얻을 수 있었다. 마전나무에 들어 있는 스트리키닌과 벨라도나
는 이런 양으로 장기간 복용하게 되면 중간뇌에 폐해를 낳으며 수많은
부작용이 따른다는 것이었다.

브란트 박사는 히틀러의 주치의가 처방한 이 위험한 약에 관해 히틀
러에게 보고하기로 했다. 그러나 히틀러로서는 수년 간 자신의 고통을
덜어 준 모렐 박사 없이 산다는 것은 상상할 수도 없었다. 브란트 박사
와 하젤 박사는 히틀러로부터 베를린으로 돌아가라는 명령을 받았다.
거기서 만반의 채비나 갖추고 있으라는 것이었다.

모렐은 승리를 거두었다. 그러나 그 승리는 몇 달 후 드러나듯이 '피
러스(많은 희생을 치르고 얻은 승리)의 승리'였다.

히틀러의 심전도는 거짓말을 하지 않았다. 그것이 보여 준 경고 신호
는 종이 위의 이론적 커브로 남아 있지 않았다. 1944년 10월 1일, 라
스텐부르그 야전병원의 임무를 이전과 마찬가지로 계속 수행하고 있던
기징 박사는 급히 늑대의 보루로 오라는 명령을 받았다. 히틀러의 전두
공 통증이 몹시 격렬해진 것이었다. 그는 닷새만에 보는 히틀러의 모습

에 깜짝 놀랐다. 피부와 눈이 노랗게 변색되어 있었다. 모렐은 속을 쑤시는 위통과 심장 쇠약, 그리고 전두공 통증뿐 아니라 이제는 히틀러의 황달이 문제로 대두됐음을 시인했다. 거의 일주일이나 그는 엄격히 방문 통제를 실시하고 있는 중이었다. 아무도 히틀러의 곁에 갈 수 없었다. 그는 좁다란 야전용 침대 위에 누워 있었다. 커튼은 여느 때와 마찬가지로 굳게 닫혀 있었다. 침침한 방 안에서 곰팡이 냄새가 풍겼다.

더 이상 지도하지 못하는 지도자, 어쩔 줄 몰라 난감해 하는 사령부 장군들, 서부 대독일 제국의 영토 위에 떡 버티고 서 있는 연합군. 남쪽에는 서류상으로만 연맹군으로 남아 있는 연맹군. 그러나 히틀러의 실제 상태가 어떤지에 대해서는 그들 중 누구도 짐작하지 못했다. 안다면 의사들과 당의 고위간부들 뿐이었다. 그들은 알면서도 입을 꾹 다물고 있거나 아니면 자신의 목숨을 부지할 방도를 찾느라 다른 데 신경을 쓸 겨를이 없었다. 히틀러는 스웨덴에서 '평화를 느끼는 사람'들이 기지개를 펼 수 있도록 내버려 두었다. 그 자신이 평화를 사랑했기 때문이 아니라 전쟁이 끝난 후 스스로 히틀러의 후계자가 될 생각에 눈이 멀어 있었던 것이다.

히틀러는 이 모든 사실을 까맣게 모르고 지냈다. 그는 통증이 조금 가라앉으면 쇼펜하우어를 읽었다. 그리고 그 철학자의 사상을 자신의 것으로 만들었다.

"만일 한 사람이 단지 살아 있는 고물에 지나지 않는다면 계속 목숨을 유지해야 할 이유가 어디 있는가? 신체의 몰락은 누구도 붙잡을 수 없는 것이다."

물론 그것은 이론적 인식에 불과했다. 단순히 통증을 가라앉히는 주사뿐 아니라, 이제는 잠시나마 우울증을 잊고 열광의 순간을 만끽하게 해 주는 주사까지 포함해서 그는 여전히 모렐이 놓아 주는 주사의 포로 신세였다. 1944년의 10월, 히틀러의 정신적, 육체적 몰락은 명백하게 그 모습을 드러내기 시작했다. 이에 관해 그의 여비서 크리스타 쉬뢰더의 이야기를 들어 보자.

"좁은 야전 침대, 차갑고 벌거벗은 콘크리이트 벽, 이 모든 것이 마치 감방처럼 초라해 보였다. 히틀러는 완전히 일그러진 몸으로 가장자리를 파란색으로 두른 하얀 잠옷을 입고 침대 위에 누워 있었다. 그는 벌써 관 속의 공기를 들이마시고 있는 것처럼 보였다."

이것은 또 기징 박사가 히틀러에게 미쳐 버릴 듯한 두통을 완화시켜 주기 위해서 다시 코카인을 칠해 주게 된 상황이기도 했다. 그는 히틀러의 벙커에 혼자 있었다. 옆 방에는 히틀러의 시종이자 나치 친위대 대장인 링에가 있었다.

기징 박사가 코의 점막에 코카인을 묻히기 위한 준비를 하고 있는 동안 히틀러는 계속 그와 이야기를 나누었다. 그의 왼쪽 코에 코카인 10퍼센트를 함유한 액을 칠해 주었을 때 히틀러는 한순간 고통에서 해방된 듯 이마의 주름살이 펴졌다. 그러나 이어 황적색의 얼굴이 잿빛으로 변하면서 두 눈이 감겼다. 맥박은 90이 될까 말까 했다. 뭘 물어 보아도 히틀러는 대답이 없었다. 기징 박사는 심장과 혈액 순환이 쇠진한 것으로 짐작할 뿐이었다.

영국의 사학자 데이빗 아이빙은 기징 박사의 1945년 6월 12일 심문 기록을 인용하면서 당시 상황을 묘사하고 있다.

"그 순간 나는 그런 인간이 더 이상은 이 세상에 존재하지 않도록 만들고 싶었다. 이 대단한 권력가가 지금 의식을 잃은 채 완전히 내 손 안에 들어와 있다는 사실을 퍼뜩 머리에 떠올렸다. 나는 마치 무언가에 끌리듯 새 면봉을 코카인 병에 담근 후 점막에 몇 번이고 되풀이해서 발랐다. 벌써 코카인 쇼크에 빠져 있다는 것을 알면서도…."

의학 지식에 의하면 쇼크를 강화시키면 죽게 만들 수도 있다. 그것도 히틀러처럼 약물에 푹 절은 사람일 경우에는 그럴 가능성이 더 크다. 가스억제제 알약을 통해 스트리키닌(Strychnin)과 벨라도나(Belladonna) 같은 독물을 수년 간 계속 복용해 왔으니 그럴 수도 있다. 코카인의 양을 늘이면 신경에 독소로 작용할 수도 있었을 것이다.

그러나 기징 박사가 과연 제2의 스타우펜베르그였을까? 기징 박사가 미국인의 심문을 받으면서 진술한 내용은 거짓말처럼 들린다. 기징 박사가 저항 운동가 행세를 하려고 한 것으로 보는 것이 오히려 더 정확할 것이다. 1944년 10월 1일의 실제 상황을 뒷받침해 줄 증인도 없으니 기징 박사가 마음만 먹으면 그럴듯한 이야기를 지어낼 수도 있었을 테니까. 게다가 히틀러의 시중을 들었던 링에는 그에 관해 아무것도 모르고 있었다. 그는 당시 히틀러가 가벼운 혈액 순환의 쇠진 현상을 보이다가 곧 회복되었노라고 진술했다.

그러니 자신이 히틀러를 코카인으로 암살하려고 했다면서 저항가로 자처하려는 기징 박사의 주장은 무시해 버리는 것이 좋을 것이다.

1944년 11월 21일, 동프로이센에 있는 지도자 사령부는 '늑대의 보루'에서 철수했다. '환자A'의 진료카드는 제국 수상이 머무는 베를린의 개조된 벙커로 옮겨졌다. 하루 후 히틀러는 성대 수술을 받았다. 아이켄 박사의 집도로 이루어진 그 수술은 1935년에 실시되었던 수술과 비슷한 수준의 수술로 별 위험은 없었다. 히틀러가 후두암에 걸렸다는 소문은 근거 없는 낭설이었다. 제거한 혹을 검사한 베를린 자선 병원의 뇌슬레 박사는 그 종양이 악성이 아니었음을 분명히 밝혔다.

모렐 박사는 누구도 넘보지 못하는 위치를 계속 유지하고 있었으나 그 당시 수상실에는 새로운 의사가 모습을 나타냈다. 루드비히 스툼페거 박사가 그 사람이었다. 히블러의 측근이었던 이 정형외과 의사를 추천한 사람도 바로 히믈러 자신이었다. 사실 히틀러에게 정형외과의사는 전혀 필요없었다.

이 천거가 히틀러의 동태를 가까이에서 지켜보고 장차 히틀러의 뒤를 이으려는 꿍꿍이 속에서 나온 것이라는 사실은 훨씬 훗날에 가서야 밝혀졌다. 그러나 히믈러가 스툼페거를 앞세워 무슨 일을 꾸몄던 간에 그것은 한낱 '모래 장난'으로 끝나고 말았다.

브란트 박사와 하젤바흐 박사와는 반대로 스툼페거 박사는 단 한번도 모렐 박사의 치료법을 비난한 적이 없었다.

우울증과 열광이 서로 교체되었다. 신체적으로 몰락해 가는 것을 더 이상 막을 수 없었다. 1944년 12월 히틀러가 동부 전선의 부담을 덜어 주기 위해 무의미한 아르데넨 공격을 감행하기로 결심한 것도 몇 안 되는 이러한 열광 상태에서 비롯된 것이었다. 그 결정을 들었던 장군들 가운데 어느 한 사람도 이의를 제기하지 않았다.

그달에 히틀러가 꼼짝 않고 처박혀 있던 벙커의 수상실은 흡사 유령의 집을 방불케 했다. 아침 식사는 11시에서 12시 사이, 점심 식사는 14시에서 17시 사이, 저녁 식사는 20시에서 24시 사이에 이루어졌다. 그러다 다음날 새벽 6시까지 정세를 의논하는 회의가 열렸고 가까운 측근들과의 대화가 이루어졌다. 사학자 리터 폰 슈람은 그 당시 어느 사령부 장군이 히틀러에게서 받았던 인상을 인용하고 있다.

"히틀러는 지친 듯 몸을 질질 끌었다. 상체를 앞으로 쑥 내밀고 다리는 뒤에서 질질 끌면서 거실에서 벙커의 회의실로 왔다. 몸의 균형을 잃은 게 분명했다. 먼 거리도 아닌 고작 이삼십 미터를 걷다가 멈추는데도 그때마다 양쪽 벽에 놓여 있는 의자에 걸터앉거나 아니면 대화 상대에게 기대야 했다. 눈에는 핏발이 서 있었고 입 언저리에서는 침이 계속 흘러내렸다. 몸이 망가진 것에 비하면 히틀러의 정신은 그래도 생기가 있는 편이었다."

알베르트 스페어는 그의 회고록에 이렇게 기록한 바 있다.

"백발 노인처럼 보이는 그는 실체가 없는 사람 같았다. 사지는 경련을 일으켰고 피부색은 창백하고 얼굴은 퉁퉁 부어올랐다. 늘 깨끗하기만 하던 유니폼도 고통 속에서 지내던 최후의 순간에는 더럽혀져 있기 일쑤였다. 떨리는 손으로 먹다 보니 음식물이 옷에 묻는 것은 당연했다."

크리스타 쉬뢰더가 전해주는 히틀러의 모습은 더욱 소름이 끼친다. 순수하게 심리적인 면만 따지자면 그건 분명 인격이 파괴된 사람의 모습이었다.

"그는 기억상실증 증세를 분명히 드러냈다. 밤마다 그가 나누는 화제는 오로지 조련사에 관한 것과 세상의 식량 문제와 모든 인간 세계가 어리석고 악하다는 내용밖에 없었다. 그는 자신의 주변 세계와 더 이상 아무런 유대감도 느끼지 못했다….

그는 기분이 나쁠 때 간혹 우리가 고기를 먹고 있는 것을 보게 되면 모렐의 채혈을 들먹이며 번번이 이렇게 이야기했다.

"나한테 남아도는 피를 가지고 너희들을 위해 피소시지를 만들게 해주지. 안 될 게 뭐 있어? 그렇게들 고기를 좋아하는데 말야."

어느 날 공습경보가 울리자 여비서 한 명이 가죽 장갑과 포도주처럼 붉은 색의 삼각모를 쓴 채 벙커 안으로 들어왔다. 그러자 히틀러는 그녀 앞으로 쓱 나서며 그녀에게 가죽 장갑과 가죽 부츠, 그리고 모자만 쓰고 다른 것은 아무것도 걸치지 않았으면 꽤 아름다울 거라고 말하기도 했다.

모렐 박사가 놓은 근육 주사는 효과가 분명히 드러났다. 히틀러는 그 주사를 맞은 후에는 아주 편안하게 연설에 임할 수 있었다. 한번은 근육 주사를 맞고 나서 소파에 편안하게 드러누워 기지개를 펴며 두 사람이 사랑을 나누는 장면을 아주 적나라하게 묘사하는 바람에 우리 모두는 몸이 굳어 버렸다.”

1945년 4월 22일, 모렐 박사는 마지막으로 자신의 환자 곁에 있었다. 그러나 히틀러는 이번에는 그 많은 주사 중에서 아무것도 놓아달라고 하지 않았다. 그는 모렐에게 어서 몸을 피하라고 명령했다. 수상실에 남았던 의사는 단 한사람 스툼페거뿐이었다. 그러나 그 역시 마틴 보르만이라는 사람과 함께 흔적없이 사라져 버렸다.

모렐 박사는 히틀러의 패망 후 며칠 지나지 않아서 체포되었다. 그는 근 2년 동안 다카우에 있는 29번 민간 포로 수용소에서 있다가 1947년 6월 30일에 석방되었다. 당시 예순 살이었던 그는 심장병을 심하게 앓고 있었다. 1년 후 그는 테게른제의 알펜호프 병원에서 사망했다.

거의 10년이 지난 뒤에 그의 이름은 나치전범 재판소에서 회복되었다. 나치 정권의 수혜자가 아니었다는 판결이 내려졌다.

칼 브란트 박사는 그 해 4월 중순 히틀러의 명령에 의해 체포되어 당시 히틀러의 청소년 지도자였던 악스만으로부터 사형 선고를 받았다. 금지 명령을 어기고 자신의 아내를 베를린에서 다른 곳으로 도피시켰다는 것이 그 이유였다. 킬의 어느 감옥에서 연합군측이 그를 발견했지만, 1947년 그는 뉘렌베르그 의사재판에서 사형을 선고받았다. 전범이요 인간성을 해친 죄, 그리고 범죄조직에 가입한 죄 때문에. 제국의 보건과 위생담당 코미사르였다는 것이 죄가 되었던 것이다. 그러나 히틀러의 보좌의사로 일한 것은 죄가 되지 않았다. 그 판결은 1948년 6월 2일 란드츠베르그의 감옥에서 형이 집행되어 교수형이 치러졌다.

페리 박사는 케네디 등에 난 상처를 보지 못했다

케네디 (John Fitzgerald Kennedy, 1917～1963)

미국의 제35대 대통령. 매사추세츠주의 브루클린에서 태어나 하버드 대학에서 정치학을 공부했고, 제2차세계대전 때에는 해군 장교로 활약하였다. 1946년에 상원 의원에 당선되어 정계에 발을 들여 놓았으며, 『용감한 사람들』이라는 책을 펴내어 퓰리처 상을 받았다. 1961년에 대통령 재직 중에는 '뉴 프런티어'라는 신개척주의 정책을 내걸어 동서 관계 개선에 혁신분위기를 조성했다. 대외적으로는 쿠바 문제 등 힘의 외교를 통하여 미국과 소련의 협조정책을 추진함으로 두 나라에 평화 공존의 길을 열었다. 또한 인종 차별을 없애는 인권 법안을 만들고, 후진국들에 대한 원조를 실시하는 등 의욕적이고 활기찬 정책을 추진하였다. 1963년 유세 여행 중 텍사스주 댈러스에서 암살당했다.

"만약 누군가 미합중국의 대통령을 총으로 암살하려고 한다면 그것은 과히 어려운 일이 아닐 게요. 조준경이 달린 총을 들고 아주 높은 건물 위로 올라가기만 하면 되니까. 그런 암살 기도를 막을 재간이 어디 있겠소."

존 F. 케네디, 그가 35대 미합중국 대통령에 취임한 지 엄밀히 따지자면 그로부터 1,035일하고 20여 시간 후였다. 마흔여섯 살이라는 젊은 나이의 그는 1963년 11월 22일 아침, 포트 워스의 텍사스 호텔 정원에서 후루시초프와 함께 전세계를 주무르는 막강한 인물의 경호 책임자 오도넬에게 위와 같이 말했다.

텍사스 호텔의 850호 특실에서는 퍼스트 레이디인 재클린 케네디 여사가 어떤 옷을 입을 지 망설이고 있었다. 밖에는 아직도 비바람이 계속되고 있었다. 만약 하루 종일 비가 내린다면 방탄이 된 대통령의 리무진은 위창을 닫은 채 댈러스 거리를 달려야 할 것이다. 하지만 만일 햇살이 난다면 존 F. 케네디와 그녀는 덮개 없는 자동차를 타고 댈러스를 달릴 수 있을 것이다. 그럴 경우에는 보라빛 옷이 잘 어울릴 텐데, 그게 훨씬 더 아름다워 보일 테니까….

오도넬에게는 다른 걱정이 있었다. 텍사스는 대통령을 좋아하지 않았다. 비밀요원의 보고에 따르자면 케네디가 댈러스를 여행하지 못하도록 설득해야 했다.

그러나 대통령은 더 이상의 이의 제기를 용납하지 않았다. 미국 대통령이 자기 나라 안의 도시를 두려워한다면 미국이 국가로서의 의미를 상실하게 될 것 아니겠느냐는 얘기는 지당한 말이었다. 소련과의 맞대결은 조금도 무서워하지 않지만 자국인 텍사스주의 적대감을 무서워하는 미국 대통령이라니 말이나 되겠는가?

더구나 1년 후면 선거가 다시 실시된다. 만일 케네디가 앞으로 대통령 자리에 4년 더 머무르기를 원한다면 텍사스 출신 의원들의 25표가 필요하기도 했다. 케네디는 조금 전에 한 비밀요원으로부터 텍사스 주의 어느 여교사가 그녀의 반 학생들에게 보낸 편지를 전해 받고도 워싱턴을 출발했다.

그 편지의 내용은 다음과 같았다.

"사흘 후면 대통령이 온다. 학교 당국은 너희들이 그날 수업을 받지 않고 공항에서부터 시내까지 도로변에 나가 대통령을 환영하는 깃발을 흔들기를 원한다. 그렇지만 나는 이렇게 말하겠다. 설령 케네디 일가가 전부 이 텍사스에 나타난다 하더라도 너희는 절대로 그 환영 행사에 나갈 수 없다. 너희는 교실에 있어야 한다. 그는 결코 훌륭한 대통령이 아니다. 그건 내가 공화당쪽이고 그가 민주당원이라서 하는 말이 아니다. 대통령이나 그의 동생 보비나 마찬가지다. 둘 다 똑같이 나쁜 자들이다. 너희들은 그 환영 행렬에 끼어서도 안 된다. 물론 나도 가지 않을 것이다. 이상! 만일 내가 그를 보게 된다면 그의 얼굴에 침을 뱉어줄테다!"

그는 텍사스를 두루 여행하며 그의 적들에게 모습을 드러냈다. 그는 조금도 두렵지 않았다. 케네디는 그날 1963년 11월 22일 하루 동안의 스케줄을 대강 훑어보았다.

"11시 8분: 텍사스 호텔에서 출발. 11시 23분: 댈러스로 이륙. 댈러스의 중심지인 트레이드 마트까지 자동차를 타고 간다. 그리고 시민들에게 말을 건다. 다시 공항으로 돌아온다. 다음 목적지는 어스틴의 공군기지 버그스트롬. 텍사스대학 축구팀장이 자신이 사인한 축구공을 케네디에게 증정하게 되어 있었다. 그 다음에는 자동차를 타고 시가 행진. 손님들을 맞아 함께 성찬을 들고 나서 헬리콥터로 부대통령 존슨의 목장으로 간다.”

비가 오고 있었지만 날씨는 후덥지근했다. 기온이 거의 30도를 웃돌고 습도가 무척 높아 숨쉬기가 곤란할 정도였다.

방탄 유리로 된 리무진이 텍사스 호텔에서 공항으로 달리기 시작했다. 그러나 오도넬은 그때까지도 망설이고만 있었다. 댈러스 공항에 준비되어 있는 리무진의 방탄 덮개를 걸으라고 해야 하나? 말아야 하나? 그러나 10분 후 대통령의 특별기 ‘1번기’가 이륙했을 때 그는 이렇게 명령을 내렸다.

“대통령께서는 자동차 덮개를 열고 공항에서 트레이드 마트까지 시가 행진을 하실 것이다.”

조준경이 달린 총을 들고 높은 건물 위로 올라가 대통령의 머리를 겨누려는 사람에게는 이보다 좋은 조건이 없었다.

전용기인 1번기에는 조지 버클리 박사도 함께 탑승하고 있었다. 그는 대통령의 주치의 가운데 한 명이었다. 그가 해군 대장의 직함을 가지고 있다는 사실을 아는 사람은 몇 명 되지 않았다. 그 자신부터도 그런 것은 별로 중요하게 생각하지 않았다. 그는 매우 겸손한 사람이어서 사람들은 그를 가리켜 ‘미스터 겸손’이라고도 불렀다.

포트 워스 공항에서 댈러스까지는 50킬로미터밖에 안 되는 짧은 비행이었다. 그 동안 박사는 케네디가 앉아 있는 칸막이 객실로 갔다.

“빌어먹을…. 습도가 무척 높습니다. 그러니 맥박을 재보는 게 좋을 것 같습니다.”

그러나 케네디는 이렇게 대꾸했다.

“백악관에 가서 합시다. 박사! 텍사스에서 돌아가면 말이오.”

‘미스터 겸손’은 겸손하게 자리를 물러났다.

1번기의 조종사 짐 스윈달은 시계를 보았다. 11시 38분에는 착륙할 예정이었다. 댈러스의 공항에는 모든 경호 조치가 끝나 있었다.

존 F. 케네디가 이 여행을 포기하도록 만류한 사람은 많았다. 그러나 그는 이 여행을 불가피하게 여기고 감행했다. 그는 쾌활하고 낙천적인 젊음을 발산하고 있었다. 그것은 등쪽의 통증이 그 자신을 거의 미치게 만들 때도 마찬가지였다. 그는 한 남자가 지녀야 할 가장 중요한 덕목으로 ‘시민의 용기’를 꼽았다. 그것이 무의미한 영웅주의라는 것쯤은 그도 모르는 바 아니었다. 그는 의사들의 온갖 노력에도 불구하고 거의 죽을 뻔한 적이 세 번이나 있었다. 독실한 가톨릭 신앙 속에서 케네디는 죽음을 그런대로 감당할 만한 것으로 받아들이고 있었다.

케네디 대통령을 루즈벨트나 아이젠하워 대통령처럼 병든 대통령이었다고 결론 짓는 것은 잘못이다. 그가 병자라는 비난은 같은 당의 동료들에게서도 나왔다. 그 중에 특히 린든 존슨이 그랬다. 텍사스주 상원의원인 그는 같은 민주당원으로서 대통령 후보로 출마했다. 1960년 케네디를 밀 것인지 아니면 존슨을 추대할 것인지 최종 결정을 내리기 위해 로스엔젤레스에서 민주당 대회가 열렸다. 존슨의 추종자들은 케네디가 아드레날린 결핍으로 인한 질병으로 피부가 청동색으로 변하는 ‘에디슨 병’을 앓고 있다며 그들은 이 병의 무서운 결과를 늘어놓았다. 쉽게 피곤해지고, 신체적으로 쇠약해지며, 정신상태가 해이해지며 혈압이 110/70으로 떨어진다는 것이었다. 그렇게 되면 결국에는 생명에 필수적인 호르몬이 모자라 전체 신체상의 균형이 파괴되며 마지막 단계에서는 의식 불명이나 사망에 이르게 될 거라고 했다.

그러나 그들도 잊은 것이 한 가지 있었는데 에디슨 병의 무서운 결과쯤은 당시 의학 수준으로도 이미 오래 전부터 물리칠 수 있었다. 그리고 정작 그들이 후보로 밀고 있는 존슨은 케네디보다 열 살이나 위며 여러 번 병원에 입원할 만큼 심한 심장발작을 일으킨 병력을 가진 사람이었다.

1960년 11월 민주당원들이 공화당원 리차드 닉슨에 대적할 만한 사람을 선택하는데 어떤 것이 더 큰 비중을 차지했을까? 케네디가 앓고 있다는 에디슨 병? 아니면 존슨의 심장 쇠약?

존 F. 케네디는 이 논쟁에 직접 나서지 않았다. 그는 중립적인 의사들로 이루어진 위원회에 의뢰한 자신의 건강진단서를 당회의에 보고하도록 했다. 그는 존슨의 추종자들이 그 의사 위원회 위원을 지명해도 좋다고 밝혔다.

이 위원회가 3년간 케네디의 건강을 체크한 진단 보고서를 읽어 보자.

첫째, 1958년 매사추세츠 상원의원에 재선되기 위해 긴장의 연속이었던 선거운동을 시작한 이래로 귀하의 건강이 문제가 된 적은 없었습니다. 예외가 있었다면 그것은 1960년 감기와 턱 염증에서 비롯된 인후염입니다.

둘째, 귀하의 건강은 매우 양호합니다. 귀하의 활기와 지구력, 그리고 병균에 대한 저항력은 평균 이상으로 뛰어납니다.

셋째, 현재까지 진료카드를 철저히 분석하고 세심한 검사를 해본 결과 귀하는 대통령직의 과중한 업무를 감당할 만큼 충분히 건강하다는 결론을 얻었습니다. 그리고 귀하는 어떤 특별한 치료도 필요로 하지 않으며 특별한 휴양 기간도 필요없습니다.

넷째, 귀하의 신체 상태는 극심한 스트레스를 받는다 하더라도 귀하께서 원하시면 어떤 직책이든 거뜬히 수행할 수 있음을 보여 줍니다.

1960년 11월 8일 아슬아슬한 표차로—6,800만의 유권자 중에서 겨우 113,000표를 더 얻었으니까—닉슨을 누르고 제35대 미합중국의 대통령이 되었을 때 의사들은 그때까지 비밀서류로 보관하고 있던 대통령의 건강 진단서를 공개하는 데 선뜻 동의했다. 물론 그 보고서에 케네디의 척추통증에 대해서 한 마디도 언급되지 않은 것을 보고 이상하게 생각한 미국인들도 적지 않았다.

1937년 하버드대학의 축구선수로 활동하던 그는 시합 도중 인대가 끊어지는 중상을 입고 들것에 실려 나갔다. 제2차세계대전이 발발하자 그는 군에 자원했으나 군의관은 그를 진찰한 후 병역불가라는 판정을 내렸다. 그 후 6개월 동안 혹독한 체조를 하고 매일 마사지를 받아가며 하루 두세 시간 동안 수영을 했다. 자신이 불구자라는 생각을 도저히 견딜 수 없었던 것이다.

일본의 진주만 공격 이후 그는 해병에 지원하여 신체 검사에 합격하게 된다. 그는 소형 정찰선 PT-109의 지휘관이 되었고 그 정찰선은 태평양을 항해했다. 1943년 8월 3일, 솔로몬 섬의 블라켓가에 갑자기 일본 침략자의 뾰족한 뱃머리가 모습을 나타냈다. PT-109는 말 그대로 두동강이 나버렸다. 일본 침략함과의 충돌로 케네디는 등을 쇠기둥에 부딪치고 말았다. 다섯 시간 동안 밤 바다를 헤엄친 그는 작은 섬에 닿았다. 구조는 받았지만 야전병원의 도움이 필요했다. 척추 수술에 말라리아까지 겹쳐 그는 뼈만 남은 앙상한 몰골로 변해 버렸다. 그의 얼굴은 람부 람부 야전병원에서 받은 알약으로 인해 누렇게 떴다. 1945년 스물여덟 살 나이로 귀향한 그의 모습은 마치 노인처럼 보였다.

말라리아 발병은 7년에 걸쳐 그를 다시 찾아오곤 했다. 그 병이 드디어 완전히 사라질 즈음 그는 결국 지팡이를 의지하고 걸어야만 했다. 등이 아파서 바로 설 수 없었기 때문이다. 그의 동생 보비는 훗날 이렇게 회상했다.

"존은 이 땅에서 보낸 시간의 거의 절반을 통증으로 시달렸다. 그러나 자신의 아픈 모습을 보여 주는 경우는 극히 드물었다. 그렇지만 그 역시 절망한 나머지 주먹으로 지팡이를 내리치며 '남은 여생을 이 물건에 의지하고 살아야 한다면 차라리 죽는 게 낫겠어!' 라고 소리친 적도 있었다."

그는 정치계에서는 성공했다. 두 번씩이나 상원의원으로 선출되었고 1952년에는 매사추세츠주 상원의원으로 뽑혔다. 1953년 9월 12일, 뉴포트의 성당에서는 가톨릭의 최고 위치에 있는 리차드 쿠싱 추기경이 케네디와 재클린 보비어와의 결혼 미사를 200명이나 되는 귀빈들 앞에서 직접 집전했다. 결혼식은 그 해 미합중국에서 올려진 결혼식을 대표할 만한 성대한 행사였다. 그러나 케네디는 제단 앞에 무릎을 꿇기 위해 이를 악물고 진땀을 흘려야 했다. 얼마나 척추통증이 심했던지 잿빛 베일이 가로막고 있는 것처럼 예식 절차가 가물가물하기만 했다. 상원의원 선거전에서 건강을 혹사한 것이 결국 복수를 시작했다. 그가 지팡이 없이 홀을 들어섰을 때 복수는 시작되었다. 그러나 그 자신도 말했듯이

"달리 다른 방도가 없지 않은가. 촛대처럼 꼿꼿이 그리고 서부 전선의 사관생도처럼 당당하게 연단까지 걸어갈 수밖에. 사람들이 불구자를 뽑아줄 리는 만무하니까…."

1954년 상태가 너무 악화되어 그는 두 번째 척추 수술을 받을 결심을 하게 된다. 고도의 전문지식과 국제적인 명성을 겸비한 뉴욕 맨해튼의 전문외과병원 정형외과 의사인 에프 쇼어 박사는 성공 확률을 50대 50으로 보았다. 이 확률은 금속판 하나로 두 개의 척추를 이어주는 수술 자체의 승패뿐 아니라 수술 후 과연 목숨을 건질 수 있는가 하는 확률이다. 에프 쇼어 박사는 케네디의 아드레날린이 매우 약하기 때문에

수술이 위험하다고 말했다. 그것은 오랫동안 말라리아를 앓은 후유증이었다. 그렇기 때문에 쇼크를 받을 확률이 높고 전염될 가능성이 많다는 것이다.

케네디는 동생에게 했던 말을 되풀이했다.

"내 여생을 불구자로 사느니 차라리 죽는 쪽을 택하겠소."

10월 21일 에프 쇼어 박사는 수술을 감행했다. 오이겐 J. 코헨 박사와 자넷 트레벨 박사가 수술을 도왔다. 자넷 트레벨 박사는 아직 젊은 여의사였지만 이미 정형외과 전문의로서 명성을 얻고 있었다. 두 개의 척추뼈를 이어줄 작은 금속판이 삽입되었다. 정형외과적인 시술 방법은 전혀 문제가 되지 않았다. 그러나 에프 쇼어 박사가 염려했던 대로 감염은 케네디를 죽음의 언저리로 몰고 갔다. 8주 동안이나 위기 상황이 지속되었다. 그는 어두운 방에 누워 있었다. 최후의 종부 성사를 하기 위해 신부가 방문했다. 죽을 지경에 이른 환자는 재키도, 연로하신 부모도 몰라 봤다.

그의 가까운 친구 중의 한 사람인 토마스 쉬리버는 그를 여러 번 찾아 왔다. 훗날 케네디를 회상하며 그는 이런 기록을 남겼다.

"그때는 그에게 가혹한 시련기였다. 그러나 그 친구는 자신이 얼마나 큰 용기를 가졌는지 다시 한 번 증명해 보였다. 자신이 살아 남을 확률이 기껏해야 50퍼센트가 될까 말까하다는 사실을 잘 알고 있었다. 그런데도 그 기회를 놓치지 않으려고 안간힘을 썼다. 용기하면 케네디 집안이 아니던가. 그게 좋은 용기든 나쁜 용기든…."

두 달이나 사경을 헤매는 동안 그 결과가 삶이 될지, 아니면 죽음이 될지는 아무도 몰랐다. 성탄절을 앞둔 시점에 이르러서야 에프 쇼어 박사는 안도의 한숨을 내쉬며 존에게 퇴원해도 좋다는 허락을 내렸다. 담요에 둘둘 싸여 들것에 실린 몸으로 비행기에 태워진 그는 부모님의 겨울 별장이 있는 플로리다의 팜으로 옮겨졌다. 그때 팜 비치는 꽃들이 만발한 봄이었다.

그러나 그는 거기에서도 넉 달이나 판판한 침대에 누워 있어야만 했다. 푹신한 쿠션은 그의 척추에 고문기구나 다름없었을 테니까. 그는 한 시간도 숙면을 취할 수 없었다. 그러나 그는 살아났다. 벌써 두 번째 죽음으로부터의 탈출에 성공한 것이다.

그는 아무것도 안 하고 빈둥거리고 있을 수 없는 사람이었다. 그렇다고 매사추세츠주의 상원의원으로 다시 정치에 정열을 쏟을 수는 없었다. 재키는 그에게 그림을 그려 보는 것이 어떻겠느냐고 했다. 그림? 아내의 제안을 단 한마디로 거절할 수는 없었다. 그녀 자신이 훌륭한 사진사이자 화가였으니까. 하지만 존 케네디에게 그림은 어울리지 않는 일이었다.

이 강요된 회복기 동안 케네디는 『용기의 프로필』이라는 책을 썼다. 그 책은 독일에 『시민의 용기』로 소개되기도 했다. 한마디로 케네디다운 책이라 할 수 있다. 정치에서 비상한 용기를 보여 주고 개인적인 용기와 아울러 도덕적 용기를 지닌 미국 상원의원의 자전적인 에세이였다.

8개월 간에 걸친 수술과 생사의 갈림길에서 방황한 긴 회복기가 가져다 준 결실은 무엇이었는가? 다시 한 번 죽음으로 부터 벗어나 강요된 안정 속에서 『시민의 용기』라는 책을 한 권 쓴 것뿐이었다. 그러나 척추 통증은 그 어느 때보다 심해졌다.

에프 쇼어 박사는 자신의 잘못을 정정할 수 있는 몇 안 되는 의사들 중의 하나였다. 그는 작은 금속판의 접합 시술이 실패로 끝났다는 것을 솔직히 시인할 수 있는 용기 있는 사람이었다. 그리고 케네디에게 재수술을 권유할 만한 용기까지 지닌 의사였다. 그는 케네디의 눈에서 의심을 읽었다. 이번에는 결코 감염될 염려가 없을 것이다. 그저 그 금속판을 제거하려는 것뿐이다. 그 동안 상원의원의 지팡이 인생의 부담을 덜어 줄 새로운 방법을 개발했다는 것이다.

1955년 세 번째 수술에서 금속판을 제거했다. 후유증도 없었고 감염도 없었다. 그리고 생사의 갈림길도 없었다. 다른 방법이란 다름 아닌 코르티손(Cortison) 주사와 초음파 치료였다. 이 방법을 권한 사람은 미스 자넷 트레벨이었다.

자넷 트레벨 박사의 치료 효과는 느렸지만 분명하게 나타나기 시작했다. 자넷 트레벨 박사는 언뜻 보기에 여성이라기보다는 남자처럼 보였다. 그녀의 인상은 매우 딱딱해 보였고 부드러운 구석이라고는 없어 보였다. 그러나 그녀는 한가로운 시간이면 시를 쓰는 인물이었다.

어쩌면 존 F. 케네디가 대통령에 당선되고 나서 그녀를 백악관으로 불러들인 것이 그때문인지도 모른다. 정형외과에 관한 한 국제적인 권위자이기도 했던 그녀는 다른 한편으로는 시민의 용기를 지닌 의사였다. 그녀는 그러한 자신의 용기를 케네디가 35대 대통령의 자리에 올랐을 때 여러 차례 증명해 보여야 했다.

자넷 트레벨은 새로 선출된 대통령의 건강 상태가 양호하다는 보고서에 서명했던 의사 위원회 명단에 들어 있던 의사였다.

"미스 트라벨, 어째서 그 보고서에는 현 대통령의 척추통에 관해서는 한 줄도 언급되어 있지 않았죠?"

세계적인 언론 매체의 어느 기자가 그녀에게 그렇게 물었다.

"케네디 대통령은 대단한 백만장자가 아닙니까? 그를 1955년부터 알고 계셨지 않았던가요?"

질문은 다분히 선동적이었다. 그러나 그녀는 태연하게 이렇게 대꾸했다.

"우리가 의뢰받은 일은 저뿐이 아니라 위원회 전체에 해당하는 것인데, 대통령의 지난 3년간의 건강 상태에 대한 보고서를 제출하는 것이었거든요."

"그럼 그 동안은 한 번도 척추통을 느끼지 않았다는 건가요?"

"척추통은 통증만 줄 뿐이죠. 전 대통령 스스로가 자신의 통증이 그분의 행동에 아무런 지장도 주지 않는다는 것을 잘 증명해 주셨다고 확신해요. 그분이 대통령으로 재임하는 동안 이틀이나 사흘 동안 지팡이를 짚어야 될 상황이 전혀 없을 거라고 장담할 수는 없지만 심장쇠약이나 간이 나쁜 것이 그보다는 훨씬 심각하죠. 한 사람의 고통스러운 통증과 목숨을 좌우하는 주요 기관의 위험한 기능 장애와는 구분돼야 하지 않을까요."

"1960년 이후 대통령의 주치의가 되고 나서 대통령의 척추통증을 완화시켜 주기 위해 어떤 치료법을 쓰고 계시는지요?"

"우선, 저는 대통령의 주치의가 아닙니다. 백악관의 의사일 뿐이예요. 그곳에 살고 있는 모든 사람들을 돌보는 게 제 임무죠."

"알겠습니다. 그렇지만 대통령에 관한 치료는 어떻습니까? "

"사소한 것들이죠. 전 대통령께서 가능하면 흔들 의자에 자주 앉도록 권하고 있어요. 그렇게 하면 척추의 부담을 줄여 주니까요. 그리고 왼쪽 신발의 높이를 5밀리미터 높게 했죠. 그것도 척추의 부담을 줄여 주니까요. 그리고 정기적으로 코르티손 주사를 놓아드리고 있어요. 거기에 정기적인 초음파 치료도 곁들이고 있고요."

"그러면 대통령이 행동에 전혀 불편이 없다는 겁니까?"

"그렇게 하실 수 있도록 최선을 다하고 있어요."

케네디는 자넷 트레벨 박사의 치료를 전적으로 신뢰했다. 그가 거의 늘 등받이를 착용하고 있다는 사실을 아는 사람은 극소수였다. 격렬한 고통에 시달릴 때면 그는 겉으로 미소를 지었다. 대통령과 가까운 어느 측근은 대통령의 약간 일그러진 미소가 통증 때문인지 아니면 진짜 기분이 좋아서 웃는 미소인지 제대로 분간할 수 없다고 고백한 적이 있다.

케네디는 자신이 척추통에서 완전히 벗어날 수는 없다는 사실을 그대로 받아들였다. 그리고 자신이 살아 있는 한 척추가 항상 신체적인 약점으로 남아 있으리라는 것도 인정하게 되었다. 그러나 절망적인 세 번의 수술을 겪었던 1944년과 1954년, 그리고 1955년을 돌이켜 생각해 보면 자신이 상상했던 것보다 자넷 트레벨 박사가 훨씬 큰 성과를 거둔 것만은 사실이었다. 그에게는 자넷 트레벨 박사밖에 없었다. 다른 의사들은 전혀 필요하지 않았다. 겉보기에는 적어도 그랬다.

많은 사람들은 미국의 유명한 잡지인 《라이프》지나 또는 《타임즈》지에 실린 케네디 대통령과 명성은 높지만 여전히 구설수에 오르내리는 '유행을 따르는 의사'가 나란히 찍은 사진을 보고 의아하게 생각했다. 그는 바로 맥스 야콥슨 박사였다. 그가 백악관이나 플로리다에 있는 케네디가의 별장에 손님으로 초대받은 사진이 그것이다. 케네디가는 예술가나 학자 또는 스타들, 흥미로운 사람들을 주위에 두는 것을 좋아했다. 그러니 맥스 야콥슨 박사라고 해서 초대 못할 이유가 어디 있겠는가?

맥스 야콥슨 박사는 1936년 독일에서 미국으로 건너 온 의사로서 당시 '스피드 의사'라는 명칭으로 불리던 의사들 중 한 사람이었다. 여기서 스피드란 일련의 마약 주사를 연달아 주는 것을 뜻한다. 대부분 섞어서 주사를 놓았는데 그중에는 기분을 고조시키는 효과를 갖는 마약도 있고 아무 해악도 없는 마약도 있었다. 이 '스피드 의사들'이 놓아 주는 합성 주사에는 코르티손이나 고나도프린 같은 호르몬제가 많았고 비타민 B12 같은 비타민제와 데메롤 같은 마취제, 특히 덱세드린이나 메트레딘 같은 암페타민, 그리고 그 외에도 감마글로빈과 칼슘글루코낫이 있었다. 스피드 의사들을 찾는 대부분의 환자들은 우울증과 피곤, 그리고 온몸을 축 늘어지게 만드는 슬픔에 시달리는 사람들이었다.

야콥슨 박사가 그의 비밀 의약제나 환자에 관해 자발적으로 속 시원히 털어놓은 적은 단 한번도 없었다. 그러나 그가 트루만 카포테나 테네시 윌리엄스 같은 작가들을 치료한 적이 있고 에디 피셔와 모리스 체발리어 같은 가수, 살바도르 달리 같은 화가, 세실 드 마일과 안소니 퀸 같은 할리우드 스타, 마크 쇼우 같은 유명 사진작가들도 한 때 그의 환자였다는 것만은 분명한 사실이다. 처칠의 주치의였던 모런 경은 그 의사를 자신이 알고 있는 대단한 의사 중의 한 명이라고 칭송해 마지 않았다. 피우스 교황은 그를 친히 접견하기도 했다. 영화 제작가 오토 플레밍어는 석 달 동안 그의 치료를 받고 난 후 이렇게 말했다.

"그건 내 일생에서 가장 무서운 경험이었다. 앞으로 다시는 그런 일이 없을 것이다."

테네시 윌리엄스는 야콥슨 박사의 스피드 치료를 받은 후 석 달 동안 정신요양소에서 치료를 받아야 했다. 사진작가 마크 쇼우는 자기가 직접 놓은 과량의 암페타민 때문에 사망했다. 그러나 많은 환자들은 스피드 주사를 맞으면 우울증과 피로가 어느새 사라진다고 했다.

"긴장이 완전히 풀리고 열두 개의 그림자가 선명해지고 편안해진다. 난 기분이 아주 좋아졌다."

뉴욕 매거진의 여기자 수잔 우드는 야콥슨 박사의 스피드 주사를 맞은 후 이렇게 소감을 밝혔다.

존 F. 케네디가 이 야콥슨 박사로부터 스피드 주사를 맞는다는 소문은 좀처럼 수그러들지 않았다. 케네디가 6월 3일과 4일 후루시초프를 만나기 위해 빈으로 날아갔을 때는 거의 그 소문이 사실처럼 받아들여졌다. 두 강대국간의 관계는 아이젠하워 대통령 재임시 마지막 몇 달 동안 최악의 상태에 있었다. 케네디는 얼음장 같은 분위기를 다시 녹이는 것이 자신의 주요한 과제라고 여겼다.

물론 자넷 트레벨 박사도 케네디의 곁에 있었다. 그러나 그와 같이 간 사람은 비단 그녀뿐만이 아니었다. 맥스 야콥슨 박사 또한 빈으로 날아갔다. 기자들이 그에 관해 질문을 던지자 자넷 트레벨 박사는 이렇게 주장했다.

"나는 이번 여행에서 그를 본 적도 없어요. 그렇지만 나는 매일 서너 차례에 걸쳐 대통령의 곁에 있었어요."

그리고 그녀는 뉴스위크의 보도국 기자가 수행 비행기의 탑승객 명단을 읽어 주었는데도 여전히 그를 보지 못했다는 주장을 굽히지 않았다. 물론 그 명단에는 맥스 야콥슨 박사의 이름도 들어 있었다.

야콥슨 박사 스스로는 케네디의 사망 이후 자신이 빈에서 항생제 주사를 놓아 주었다고 밝혔다. 정말 항생제뿐이었을까? 아니면 암페타민도 주사했을까? 후루시초프와의 어려운 대화를 위한 자극제는?

케네디 자신은 맥스 야콥스 박사가 '제2의 비밀 주치의'였는지 아닌지 그 비밀을 무덤 속으로 가지고 가 버렸다.

자넷 트레벨 박사는 자신의 주장에 머물렀다.

"난 그를 본 적이 없어요."

맥스 야콥슨 박사의 병원은 그 후 수년이 지난 1975년 4월 28일 문을 닫았다. 미국의 최고 감사원은 일흔다섯 살 때 그가 사기행각과 신분에 어긋나는 품행을 보였다는 이유로 의사 면허를 박탈했다. 그가 치료했던 많은 환자들이 계속해서 주사약의 강도를 높여 줄 것을 요구했고 그가 거기에 응했다는 것이다.

젊음이 넘치는 매력과 낙관주의, 거기다 이따금 강인함까지 케네디의 얼굴을 돋보이게 했다. 그것은 해를 거듭할수록 더해 갔다. 자넷 트레벨 박사가 백악관에서 열린 기자 회견에서 대통령의 건강 상태에 관한 질문 공세를 받은 적은 한번도 없었다.

1963년 가을부터 케네디는 벌써 재선 준비에 착수했다. 그는 다시 출마 결심을 굳혔던 것이다. 그의 고문단과 그는 텍사스의 선거인단만 자기 진영으로 끌어들일 수 있다면 승산이 있다고 확신했다. 그들은

1963년 케네디가 공포한 시민법에 대해 거세게 반발하고 있었다. 케네디는 그 법령을 제정함으로써 아프리카계 미국 시민의 법적, 도덕적, 실제적 평등을 보장하는 데 결정적인 계기를 마련해 주는 것으로 믿고 있었다.

이런 맥락에서 그는 11월 21일 텍사스로 떠난 것이다. 그는 자신의 정치가 대내외적으로 올바른 것임을 보여 주고 싶었다. 백인이 일등 시민이고 흑인은 이등 시민이었던 어제와 지난 과거를 청산하고 미래로 도약해야 한다는 신념을 만천하에 공개하고 싶었던 것이다. 그는 텍사스의 대도시에 당당하게 서고 싶었다. 휴스턴과 샌 안토니오, 포트 워스, 댈러스…. 그 중에서도 특히 댈러스가 큰 비중을 차지했다. 왜냐하면 그곳이 반 케네디의 핵심을 이루는 지역이었기 때문이다.

그가 도착하기 하루 전날 온 시내에 익명의 호외가 살포되었다. 마치 전과자를 수배하는 쪽지처럼 케네디의 사진과 함께 이런 문구로 장식되어 있었다.

"범죄자 케네디 수배!"

케네디는 1944년 PT-109의 침몰 이래 이미 충분히 시민의 용기를 입증해 주었다. 댈러스는 이 노정의 일부이지만 매우 중요한 중간역이 되리라.

1번기의 조종사 짐 스윈달은 11월 22일 11시 38분 정각에 댈러스 공항의 활주로에 비행기를 착륙시켰다. 10분 후 자동차 퍼레이드 행렬이 시내로 향했다. 그 행렬이 지나가게 되어 있는 코스는 이미 며칠 전 신문에 공개되었다. 경호요원들이 말렸지만 케네디는 고집을 부렸다. 추종자든 적이든 사람들이 자신을 볼 수 있어야 한다는 주장이었다.

대통령이 탄 자동차는 1961년산 링컨 카브리오렛이었다. 방탄 덮개는 벗겨졌다. 자동차의 뒷부분에는 양쪽으로 작은 발판이 달려 있었다. 그 위에 각각 한 명의 안전요원이 올라 타서 금속 손잡이를 붙들고 있었다. 그러나 케네디는 자동차 퍼레이드 도중에 그 발판 위에 누가 서 있는 것을 원치 않았다.

그는 뒷좌석의 오른쪽에 앉았고 왼쪽에는 영부인 재키 여사가 앉았다. 텍사스의 공화당 상원의원인 코넬리는 오른쪽 개폐식 의자에 앉았고 그 부인은 왼쪽에 앉았다.

대통령의 양쪽으로 오토바이가 두 대씩 달렸다. 바로 그 뒤에 8인승 수행 자동차 캐딜락 카브리오렛이 달렸다. 거기엔 특수 장비가 실려 있었다. 여덟 명의 경호요원들은 갤리버 38구경 권총과 AR-15 자동소총의 안전 장치를 풀어 놓은 상태였다. 그 총의 발사 속도는 엄청나게 빨라서 만일 총알에 가슴을 맞았다면 순식간에 머리까지 날릴 정도였다.

그 다음에는 다른 자동차 행렬이 이어졌다. 거기엔 부통령 존슨과 그의 아내, 주연방 대표와 시 대표들이 타고 있었다. 텍사스 여행에 주치의로 수행하고 있던 조지 버클리 해군 대장은 제일 끝에 있는 자동차를 타고 있었다. 그는 앞쪽 자동차에 자리를 얻으려고 애를 썼으나 헛수고였다.

그는 출발하기 전에 다음과 같이 말했다.

"난 의사니까 앞에 앉아야 하오. 왜 제일 앞쪽 자동차에 탈 수 없는지 이해가 안 되오. 경호요원의 무릎에 앉아 갈 수도 있는데."

그러나 조지 버클리 박사의 말에 귀를 기울이는 사람은 아무도 없었다.

퍼레이드가 시작되는 길 초입에는 사람이 별로 많이 서 있지 않았다. 그러나 어느 정도 행진을 해 나가자 환호성이 울려 퍼졌다. 사람들이 빽빽이 몰려 서서 양쪽 길가를 뒤덮고 있었다. 그리고 환호와 함께 종이 뱀을 집어 던졌다. 거의 2킬로미터에 이르는 대대적인 환영의 거리였다. 찌는 듯한 열기가 거리를 가득 메웠다. 메캔틸 은행의 마천루에 걸려 있는 대형시계가 12시 26분을 가리켰다. 앞으로 9분만 더 있으면 목표 지점에 도착하게 된다. 트레이드 마트의 연회장이 그곳이었다.

그런데 5분 후 총성이 울렸다. 정확히 12시 31분이었다.

12시 32분, 트레이드 마트로부터 대략 7킬로미터쯤 떨어진 해리 하인즈블레바드에 위치한 파크랜드 메모리얼 병원에 전화벨이 울렸다. 전화교환대의 2번석에 앉아 있던 미스 앤 피거슨이 전화를 받았다.

"601 코드 3. 어서 준비를 서두르시오!"

601은 대통령의 오토바이 에스코트의 번호였다. 코드 3은 비상을 의미했다. 댈러스의 파크랜드 메모리얼 병원은 허술한 시골 병원이 아니었다. 병상이 607개나 되고 아메리카 남서부 의학계의 중심부였다. 응급실은 하루에 평균 272건의 환자 치료를 맡았다. 5분마다 한 건씩 처리한 셈이다. 거기에는 모든 전문 진료가 가능했다. 각 분야별로 전문 의사가 다 있었다.

병원의 주임 의사 톰 시어 박사는 그날 텍사스의 어딘가에서 강연을 하고 있었다. 그래서 이 시간에 식당에서 점심을 들고 있던 서른네 살의 말콤 페리 박사가 24740호 응급 수술실에서 실시된 케네디를 살리려는 정신없는 응급 구명의 총책임을 맡게 되었다. 그는 키가 크고 붉은 머리카락의 외과의였다. 병원 관리과 직원들은 숙련된 사람들이었다. 입원수속 기록부를 보면 다음과 같이 되어 있다.

"존 F. 케네디, 백인, 남성, 응급…. 총상."

그리고 두 줄 아래에는

"코넬리 존, 백색, 남성, 응급…. 총상…. 24743호"

대통령을 실은 자동차 운전수는 시속 110킬로미터 이상의 속도로 병원으로 내달았다. 몇 분 후 들것에 실려 1호 응급실로 실려가자 어느새 13명의 의사들이 몰려 왔다. 이들은 아래와 같다.

외과: 찰스 케리코, 말콤 페리, 찰스 R. 박스터, 로버트 N. 맥클레

안트, 로날드 C. 존스. 신경외과: 주임의사 윌리엄 켐프 클라크. 마취과: 마리온 T. 엔킨스, 아돌프 H. 기제크, 재키 H. 헌트, 겐 C. 에이킨. 그리고 비뇨기과: 폴 C. 페터스. 턱 외과: 돈 T. 커티스. 심장 전문의 포드 A. 베셔.

3분 후 버클리 박사도 응급수술실에 도착하여 대통령의 혈액형을 묻는 외과의의 물음에 때맞춰 대답할 수 있었다.

"제로 RH 양성"

그리고 그는 조그만 검은 가방을 꺼내 100밀리그램씩 솔루-콜테프(Solu-Cortef)가 들어 있는 앰풀 세 대를 꺼내 들고 중얼거렸다.

"혈관 주사, 아니면 근육 주사"

그러나 다들 정신없이 움직인 터라 주사를 주었는지 확인할 길이 없었다.

케네디의 목숨을 구하려는 노력을 어느 정도 자세히 살펴보려면 1년 후에 소위 「워렌 리포트」라는 보고서를 참고하면 될 것이다. 얼 워렌은 미합중국의 고등법원 판사로서 존 F. 케네디의 암살 사건을 맡았던 인물이었다.

이 보고서에 따르면 1963년 11월 22일 12시 31분부터 13시까지 파크랜드 메모리얼 병원의 1호 응급수술실에서는 다음과 같은 일이 벌어졌다. 대통령을 제일 먼저 본 의사는 외과 전문의 찰스 J. 케리코였다. 비상벨이 울렸을 때 그는 다른 환자를 치료하느라 벌써 응급실 병동에 있었다.

워렌 위원회 앞에서 그는 이렇게 진술했다.

"대통령께서 들것에 실려 응급실로 옮겨졌을 때 그는 반드시 누워 있었다. 나는 그의 피부가 시퍼렇고 새하얀 잿빛으로 변해 있는 것을 보았다. 호흡은 빈사 상태에서처럼 느리고 불규칙적인 경련을 일으키고 있었다. 그는 미동도 보이지 않았다. 눈은 흰자위를 드러낸 채 활짝 열려 있었고 빛을 비춰도 반응이 없었다. 맥박도 느낄 수 없었다. 그러나 흉강으로부터 소리가 들렸기 때문에 나는 그가 아직 살아 있다는 결론을 내렸다.

나는 두 군데의 상처를 발견할 수 있었다. 하나는 목 아래쪽에 난 작은 총상이었고 다른 하나는 대통령 머리부분에 크게 난 상처였다. 두개골의 일부가 떨어져 나가고 없었다. 나는 그 상처에서 누더기 조각으로 변한 뇌와 걸쭉한 뇌수를 보았고 출혈이 심했다. 그리고 약간 왼쪽으로 밀려 나간 목부분의 오른쪽이 짓이겨져 있었다. 핏줄이 선 부위와 뭉개진 살갗으로 보아 기도 부상이 틀림없었다. 나는 상처 속으로 존데를 집어 넣어 대통령의 호흡을 인공으로 돕기 위해 베네타 기구와 연결시켰다.

바로 그때 말콤 페리 박사가 나타나 다음 조처를 맡았다. 그는 식당에서 달려오는 길이어서 여전히 입 안에 음식을 우물거리고 있었다. 그는 파란색의 스포츠 재킷을 피로 흥건한 바닥에 훌쩍 집어 던지고 커다란 두 손에 고무장갑을 꼈다. 손 씻을 시간도 없었으니까. 그도 위원회에 나가 진술을 했다.

"제일 먼저 머리에 떠오른 것은 대통령이 나보다 큰 사람이라는 것이었다. 그리고 두 번째 생각은 그가 이 세상에서 아주 중요하고 탁월한 인물이라는 생각이었다. 물론 나는 그가 트레이드 마트에서 병원까지 오는 동안 엄청난 양의 피를 흘렸음을 알 수 있었다. 나는 팔 윗부분에서 맥박을 짚어보려고 했으나 허사였다. 살아 남을 희망이 조금이라도 있다면 기도를 절단해야 했다. 그건 3분에서 5분 가량 걸렸다. 동시에 캐리코 박사와 존스 박사는 대통령의 오른쪽 다리와 왼쪽 팔을 절개했다. 대통령에게 혈액과 수액을 공급하기 위해서였다. 대통령이 부신이 약하다는 것을 알고 있었던 터라 캐리코 박사는 히드로 코르티손을 주사했다. 대통령의 흉강에서 공기 소리와 피가 흐르는 소리를 들은 나는 그것을 빼기 위해서 배수 존데를 끼우게 했다. 페터스 박사와 박스터 박사가 시술을 시작했다.”

이런 상황에 재클린 여사가 1호 응급수술실로 들어왔다. 그녀는 수술실의 왼쪽 한 구석에 서 있었다. 그녀의 볼은 튀긴 피로 얼룩져 있었다. 한동안 그녀는 버클리 박사의 어깨에 얼굴을 묻었고 그 다음에는 꼼짝도 않고 그 자리에 서서 심장 마사지를 시작하는 페리 박사를 바라보았다.

페리 박사의 진술을 들어 보자.

“나는 10분간 마사지를 했다. 그리고 우리들은 할 수 있는 한 최선을 다했다. 식염수, 히드로 코르티손, 그리고 첫번째 저장 혈액이 두 개의 도뇨관을 통해 대통령의 몸 속으로 흘러 들어갔다. 위 존데를 콧속으로 집어 넣어 그의 위에서 구토를 일으키지 않도록 막았다. 두 개의 고무관이 허파의 약화를 방지하고 거기 있던 점액을 배수관을 통해 빼냈다. 그 동안 나는 심장을 뛰게 하려고 대통령의 흉곽 위의 근육을 문지르고 주물렀다. 그렇게 있는 힘을 다해 마사지를 하다가 더 이상 계속할 힘이 없어서 교대해 달라고 부탁했다. 나는 그의 경련성 호흡이 이미 멎었다는 것을 알고 있었다. 오른쪽 머리 상처에서 흐르던 출혈도 멎었다. 너무나 많은 피를 쏟아서 이제 더 나올 피도 없었던 것이다. 혈관 속에는 공급한 수액만 흐르고 있을 뿐이었다. 대통령의 피부는 무서울 정도로 하얗게 변했다. 심전도기의 바늘이 거의 움직이지 않았다.”

시계가 13시를 가리켰다. 심전도의 바늘이 동작을 멈췄다. 페리 박사는 이상할 정도로 하얀 케네디의 흉곽으로부터 손을 떼고 의자에 털썩 주저앉았다. 13시, 윌리엄 클라크 박사는 35대 미합중국 대통령이 사망했다고 밝혔다. 경호요원들은 이미 새로운 대통령 린든 존슨의 신변 보호에 정신을 쏟고 있었다.

댈러스 동부 시간으로 14시 47분, ‘1번기’는 댈러스의 활주로를 타고 이륙했다. 그보다 조금 앞서 린든 존슨은 새로운 대통령으로서 선서를 마쳤다.

비행기 뒷좌석에는 댈러스에 있는 오닐 장의사가 여느 때와 마찬가지로 신속하게 준비한 관이 마련돼 있었다.

여전히 '케네디 암살 사건'과 씨름하고 있던 얼 워렌 미합중국 고등법원 판사는 페리 박사를 다시 한 번 심문했다.

"그때 1963년 11월 22일 대통령의 등을 진찰하지 않은 이유는 뭡니까?"

페리 박사의 대답이다.

"대통령은 당시 위급상황에 처해 있었습니다. 조금이라도 자세히 검사하려고 했다면 그것만도 몇 분을 잡아먹었을 겁니다. 그렇고 말고요. 대단히 큰 시간 소모를 뜻합니다. 우리는 당시 그럴 만한 시간이 없었습니다. 자세히 검사를 하려면 등을 씻기고 깨끗이 해야 했을 겁니다. 그러나 그것은 당시와 같이 생사의 갈림길에 있는 위급환자를 치료하는 상황에서는 적절치 않은 조처였을 겁니다. 지금까지 시달려 온 다른 상처 검사보다는 목숨을 위협하는 현상을 확인하고 그것과 싸우는 것이 급선무였습니다."

"그렇다면 대통령의 등을 볼 기회는 있었습니까?"

페리 박사의 대답은 이러했다.

"아뇨, 우리는 제일 먼저 그의 호흡을 보살펴야 했습니다. 충분한 공기 주입과 그 외에도 혈액순환을 보조해 줘야 했습니다. 채 그것을 해내기도 전에 대통령의 심장 박동이 멈추고 말았습니다. 그래서 심장 마사지가 불가피했으므로 등을 검사한다는 것은 불가능했습니다."

"페리 박사, 그러면 대통령이 숨을 거두고 난 후에라도 그의 등을 검사해 보려고 해 봤습니까?"

"아닙니다."

"왜 그런 검사를 하지 않은 것입니까?"

"제 생각에는 그럴 만큼 강심장을 가진 사람은 우리 중에 아무도 없었던 것 같습니다. 제 개인적으로는 대통령의 치료는 고사하고 직접 만나 본 대통령은 케네디 대통령이 처음이었으니까요."

1년 넘게 케네디 암살 사건을 조사한 얼 워렌 판사는 다음과 같이 말했다.

"케네디 대통령의 암살에 관한 일련의 진상은 국가안전 유지차원에서 75년 후에야 세상에 공개될 수 있다."

1944년, 1954년, 1955년 그리고 1963년 이렇게 네 번에 걸친 수술을 통해 케네디를 살리려고 애썼던 의사들의 노력을 살펴보았다. 그러나 1963년 11월 22일 아무런 희망도 없는 수술을 할 수밖에 없도록 만들었던 것이 무엇이었든지 간에—얼 워렌 판사의 말을 믿어도 된다면—2040년까지 비밀로 남아 있으리라.

사랑하는 연인의 죽음 이후
레닌의 가슴앓이

레닌 암살 기도와 너무 성급했던 사망 보도
레닌의 발병을 접한 로자노프 교수의 불길한 예감
유럽의 뇌전문가들, 모스크바로 불려가다
5년간 해부대 위에 오른 레닌의 뇌
뇌를 모신 신전

레닌 (Vladimir Iljitsch Lenin, 1870~1924)

러시아의 혁명가. 본명은 울리야노프. 학생 때부터 전제정치에 반대하여 학생과 노동자들에게 마르크스주의를 퍼뜨리며 사회개혁운동에 나섰다. 마르크스주의 이론의 혁명적 실천가로서 소련 공산당을 창시하였으며, 소련 혁명을 주도했다. 1917년에 케렌스키 정권을 타도하고 프롤레타리아 독재 정권을 세워 러시아 혁명을 일으켰으며 소비에트 사회주의 공화국 연방을 건설하였다. 공산주의를 보통 마르크스-레닌주의라고 하는 것은 그가 마르크스의 이론을 실천에 옮긴 최초의 사람이기 때문이다. 『국가와 혁명』『제국주의론』 등의 저서가 있다.

　레닌은 자신의 원래 이름을 까마득하게 잊고 있을 정도였다. 블라디미르 일리치 울리야노프가 그의 본명이었다. 이것이 1870년 4월 22일자로 볼가 유역의 소도시 심비르스크의 출생 신고서에 올라 있는 그의 이름이다. 레닌이라는 이름을 사용한 것은 소련 망명인들이 발간하던 잡지 《사르야(여명)》에 글을 기고할 때부터이다. 그때가 1901년 12월이었다. 감옥 생활을 몇 년 하고 난 블라디미르 일리치 울리야노프는 스위스로 망명을 떠났다.

　16년 후 바로 그날 레닌은 최고인민회의 의장으로 선출되었다. 즉 국가의 최고 권력자가 된 것이다. 그때 그는 마흔일곱 살의 건강이 넘쳐 흐르는 사나이였다. 감옥 생활과 유배, 반쪽짜리 유럽을 떠돌아다닌 방랑에도 불구하고 건강했다. 의사들? 그런 것은 그에게 전혀 필요치 않았다. 아직까지 그에 대한 어떤 진료카드도 작성된 적이 없었다.

　그는 일만 했다. 10시쯤 일어나 11시면 벌써 서재에 앉아 신문을 보았다. 다음에는 미리 약속해 놓은 인터뷰나 강연이 이어졌다. 인터뷰는 항상 정확하게 시간이 정해져 있었다. 5시에 점심 식사를 하기 위해서 크렘린에 있는 자신의 집무실을 나섰다. 7시에는 각료회의가 열렸는데, 그 회의는 대부분 새벽 1시나 2시까지 계속되었다. 그는 집으로 돌아와서도 5시나 6시까지 일을 하는 게 보통이었다.

　각료회의 중에는 철처히 금연이 실시되었다. 레닌이 견디지 못하기 때문이었다. 그러나 각료들 중에는 애연가들이 있어서 번갈아 가며 벽 밖으로 뚫어 놓은 '공기 구멍'에 대고 담배를 피울 수 있도록 했다.

레닌의 비서 중의 한 사람인 므스티슬라브스키는 훗날 이렇게 회고했다.

"만일 어떤 낯선 사람이 그 회의 광경을 목격했더라면 아마 배꼽을 잡았을 것이다. 인민대의원들이 마치 몰래 담배를 피우는 소학교 학생들처럼 담배를 갖고 공기 구멍이 있는 곳으로 몇 모금 담배를 빨고는 다시 자리에 되돌아오는 모습이라니. 어떤 때는 여러 사람들이 공기 구멍이 자기 차례가 오기를 기다리는 경우도 종종 있었다."

뜻밖의 일만 없었다면 레닌은 아마 오랫동안 장수했을 것이다. 그의 주변 사람들 중 이를 의심하는 사람은 아무도 없었다. 그 자신도 그러기를 바랐다. 30년 넘게 끌고 온 혁명은 아직도 시작단계에 불과했다. 그가 눈앞에 그리는 볼셰비키 국가까지는 아직도 머나먼 여정이 남아 있었고, 그 길은 매우 험난한 길이기도 했다.

1918년, 뜻밖의 일이 발생했다. 레닌은 모스크바의 어느 노동자 집회에서 연설을 하기로 되어 있었다. 선동적인 연설이 아니라 인사나 몇 마디 할 계획이었다. 그런데 집회에서 바로 연단 앞쪽에 앉아 자신을 뚫어져라 응시하며 신경이 날카로워진 듯 연신 줄담배를 피우고 있는 한 여인이 눈에 띄었다. 레닌은 대략 10분 정도 이야기를 한 다음 연단을 떠나 모자와 외투를 걸치고 홀을 나왔다. 밖에는 다른 집회장으로 가기 위해 자동차가 대기하고 있었다. 갑자기 아까 눈여겨보았던 그 여인이 옆에 나타났다. 그는 바로 그녀를 알아보았다. 그녀는 몇 가지 질문을 했고 그가 대답하는 동안 그의 곁에서 따라 걸었다. 그가 막 자동차에 올라타려는데 갑자기 총성이 울려 퍼졌다. 아주 가까운 거리에서 그 여인이 권총을 꺼냈던 것이다. 레닌은 바닥에 쓰러졌다. 그리고 죽은 듯이 꼼짝 않고 그대로 있었다. 그의 운전기사와 노동자들이 그를 들어 자동차 뒷좌석에 뉘였고 소문은 삽시간에 주위로 확산되었다.

"레닌이 죽었다!"

운전수는 미친듯이 차를 크렘린으로 몰았다.

"그는 신음소리는 물론 아무 소리도 내지 않았다. 얼굴은 창백해져서 한 동지의 무릎에 어린아이처럼 힘없이 누워 있기만 했다."

훗날 운전수가 했던 진술을 들어 보자.

"우리는 그를 크렘린의 3층에 있는 그의 침실로 옮겨 침대에 눕혔다. 나는 그의 셔츠를 벗기려고 했지만 엉킨 피가 달라붙어 할 수 없이 찢어내야 했다."

모스크바에 있는 유명한 의사들 가운데 한 사람인 로자노프 교수는 총알 하나가 레닌의 왼쪽 어깨를 박살내고 다른 총알은 폐끝을 관통했음을 확인했다. 곧 수혈을 받고 4주 동안 휴양함으로써 이번 암살 기도로 인한 상처를 잘 이겨낼 수 있었다. 환자에게나 의사에게 큰 무리 없이 치료가 이루어진 셈이었다. 모스크바 감옥에서 그 여인은 이렇게 진술했다.

"나는 파냐 카플란이라고 한다. 내가 레닌을 쏘았다. 그것은 내 뜻이었다. 난 이미 오래 전부터 레닌을 죽이려고 마음먹고 있었다. 내가 보기에 그는 혁명의 배반자다."

암살 기도 후 3주일이 지났을 때 레닌은 아직 완쾌되지 않은 상태에서 심브리스크로부터 고향에서 온 전보를 받았다. 붉은 군대가 그 소도시를 점령했다는 소식이었다.

"이것이 귀하의 부상에 대한 하나의 대답입니다."

전보에는 그렇게 쓰여 있었다. 그의 대답은 이러했다.

"내 고향인 심비르스크의 점령은 내 상처를 낫게 할 가장 강력한 붕대요. 난 엄청난 힘과 에너지가 솟아나는 것을 느낄 수 있소."

근거리에서 총탄이 발사된 것은 뜻밖의 일이었다. 레닌은 자신의 목숨을 구했던 의사들에 관해서는 한마디도 언급하지 않았다.

"레닌, 만세!"

4주 후 레닌이 다시 세상에 모습을 나타냈을 때 노동자들은 환호했다. 레닌의 장수를 의심하는 사람은 아무도 없었다. 레닌 자신도 그 사실을 의심하지 않았다. 그는 자신이 죽음을 몸 안에 지니고 다닌다는 사실을 까맣게 몰랐다. 레닌을 증오했던 한 여인의 총탄이 그를 죽음의 언저리로까지 몰고 갔다.

1920년 레닌을 사랑했던 한 여인의 죽음은 독재자를 또 한 번 매우 위험한 위기 상황으로 몰고 갔다. 레닌은 마음이 무너져 내리는 것 같은 아픔을 느꼈지만 의사들은 약을 쓸 수조차 없었다. 당시는 정신신체 의학이라는 개념조차 낯선 때여서 레닌은 혼자서 그 문제를 이겨내야 했다. 그러나 그러한 모습은 겉으로 드러났다. 보통 때 같으면 그렇게 강인해 보이던 얼굴에는 실연의 고통을 견뎌 내려고 애쓰는 흔적이 역력했다.

당시에는 아무도 영문을 몰랐다. 그 사실을 아는 유일한 인물 역시 입을 다물고 있었다. 그 사람은 바로 그의 아내 나데쉬다 크룹스카야였다. 그녀는 그 일이 벌어졌던 파리 망명지의 그날로부터 지금까지 거의 10년 동안 입을 다물고 있었다.

당시 레닌은 러시아 망명 여성인 볼셰비키 당원 이네스 아르만드를 알게 되었다. 그녀는 세 자녀를 거느린 이혼녀였다. 처음에는 그저 친구처럼 지내다가 결국에는 열정적인 연애 스캔들로 발전했다. 레닌의 아내는 그 일을 그대로 감수했다. 그리고 그녀는 레닌이 권좌에 오르고 나서 그의 애인을 러시아로 데리고 왔을 때도 묵묵히 참아냈다. 그는 이네스를 공산당 중앙위원회의 여성국 총책임자로 지명했다. 1920년 그녀가 과로로 완전히 기력을 상실하자 그녀를 쉬게 할 생각에서 코카서스로 휴양을 보냈다. 자필로 쓴 편지에서 레닌은 코카서스 휴양소의 모든 관리국에 이네스 아르만드를 도와 줄 것을 요청했다. 이 편지를 보면 이런 구절을 읽을 수 있다.

"세르고 동지! 오늘 이네스 아르만드가 출발합니다. 약속을 잊지 마시기를 부탁합니다. 키슬로보드스크로 전보를 쳐서 그녀가 편히 쉴 수 있도록 조처해 주시오. 그리고 실제로 일이 잘 진행되는지 확인해 주시오. 확인하지 않으면 아무도 손가락 하나 까닥하지 않으려 들 것이오. 그리고 내게 회신을 주시오. 가능하다면 전보도 괜찮소. 답장을 받으면 내가 할 수 있는 한 모든 수단을 동원하여 효과적으로 조정할 수 있도록 조처하겠소.

쿠반 일대가 위험하니만큼 이네스 아르만드와 연락을 취해서 필요하다면 그녀를 제때에 페트로브스크나 아스트라헨으로 옮기든가 아니면 카스피해 해안으로 요양을 보내든가 필요한 모든 조처를 취해 주시면 고맙겠소."

거의 애원에 가까운 편지다. 어느 한 군데도 명령하는 어조가 없다. 오로지 이네스 아르만드에 대한 염려가 가득배어 있다. 근 10년 동안 그의 인생에 속했던 여인에 대한 염려….

그러나 코카서스를 떠난 지 며칠 후 흑해 연안의 어느 해안가에 발생한 콜레라는 세르고 동지도 어쩔 수 없었다. 레닌이 그녀의 비보가 적힌 전보를 받아들었을 때 그는 일순간에 무너져 내리는 것처럼 보였다. 그날 이 장면을 지켜본 증인이 있다. 역시 공산당의 여성지도 간부였던 앙겔리카 발라바노프였다.

"나는 그렇게 자신의 아픔을 온몸으로 송두리째 껴안는 사람을 본 적이 없다. 그러면서도 동시에 혼자서 그 아픔을 간직하고 다른 사람들의 이목을 받지 않으려고 노력하는 것이었다. 비단 얼굴뿐 아니라 그의 모습 전체가 시름을 담고 있었다. 그러나 이 슬픔이 얼마나 심각해 보였는지 감히 가벼운 목례조차 할 수 없었다. 그는 자신의 슬픔을 쓸어 안으며 혼자 있고 싶어했던 것이 분명하다. 그는 체중이 줄어든 것처럼 보였다. 모자가 그의 얼굴을 가렸다. 그리고 두 눈가는 가까스로 억누르고 있는 눈물로 흠뻑 젖어 있었다.”

레닌은 당시 쉰 살도 채 안 되었다. 애인의 죽음은 수없는 반혁명분자들의 죽음을 명령했던 그를 심리적 붕괴로 몰고 갔다. 이네스 아르만드의 장례를 치르고 난 후 그는 다시 일을 손에 잡았다. 그전보다 더 바쁘고 더 고된 날들이었다. 아무런 조건 없이 더욱 더 일에 몰두했다. 그러나 그는 이미 무너져 내리고 있는 남자였다. 그러한 정신적 침체에 신체적 붕괴가 뒤따르는 것은 시간 문제였다.

그 첫 징후는 1921년 말엽에 나타났다. 불면증과 머리를 뚫을 듯한 두통, 쉽게 찾아오는 피로, 현기증, 회의장에서 갑자기 두 손으로 머리를 잡고 5분간 꼼짝 않고 거의 죽은 듯이 앉아 있는 경우가 종종 생겼다.

로자노프 교수가 그를 진찰했다. 심장과 허파, 간과 신장을 조사했지만 별로 신통한 결과를 얻지 못했다. 그는 모든 증상을 과로에 기인한 것으로 결론지었다. 요즘 같으면 아마 스트레스가 원인이라고 했을 것이다. 벌써 수년 째 하루에 16시간에서 18시간 아니면 20시간을 일하는 사람에겐 당연한 결과였다. 치료법은 안 봐도 뻔했다. 긴장을 풀고 푹 쉬는 것, 연설도 짧게 하고 몇 주 동안 시골에 가서 신선한 공기를 마시고 쉬는 것, 로자노프 교수는 이런 휴양법이 모든 문제를 해결해 줄 것이라고 확신했다.

모스크바에서 약 50킬로미터쯤 떨어진 고리키라는 마을에 레닌은 예전의 어느 궁전을 별장으로 쓰고 있었다. 그는 로자노프 교수의 제안을 마지못해 따랐다. 크렘린의 집무실을 떠나기 전 그는 정치국의 임원들에게 친서를 건네 주었다.

“3월의 제11차 전당대회에 참석치 못할 것 같소. 불면증이 심히 악화되었소.”

롤스로이스를 타고—그것은 암살한 황제의 차고에서 꺼낸 차였다.—크렘린의 거대한 성문을 통과했다. 그는 의학서적을 구해 읽고 스스로 '진행성 마비증'을 앓고 있다는 착각에 빠져들게 되었다. 자신에게서 발견한 질병 증상은 진행성 마비증의 증세와 한치의 오차도 없이 일치했다.

진행성 마비증이라는 고정 관념이 그를 완전히 사로잡았다. 아무도 그로 하여금 이 생각에서 벗어나게 할 수는 없었다. 가까운 친구도 아내도 속수무책이었다. 로자노프 교수는 다시 진찰을 한 후 지난번 진단 결과와 마찬가지로 과로가 원인이라고 고집했다.

대체 누가 옳았을까?

우선은 로자노프 교수가 옳았던 것 같다. 고리키 마을에서 편히 휴식을 취한 레닌은 상태가 많이 좋아졌다. 1922년 3월, 그는 제11차 전당대회에 모습을 나타내 모두를 놀라게 만들었다. 그러나 스탈린을 공산당 최고 서기장으로 선출하는 것을 막을 재간은 그에게도 없었다. 그는 자신이 깊이 불신하는 사람이 이제 제일 높은 당서기 자리에 앉는 것을 지켜볼 수밖에 없었다. 그는 싸움에 진 것 같은 기분이었다. 실망한 그는 현실을 비관하며 마음이 몹시 침울해졌다. 그는 그전보다 더 아픈 몸으로 고리키의 별장으로 돌아왔다. 격심한 두통이 밤낮으로 계속되었다. 로자노프 교수는 또다시 정밀 진찰을 실시했다. 그러나 레닌의 신경조직에는 아무런 이상이 발견되지 않았다. 몇 달 간의 요양이 최선의 처방이라는 것이 그의 의견이었다. 1922년 5월 20일 밤, 로자노프 교수는 고리키 마을로부터 급한 전화를 받았다. 그가 도착했을 때 레닌은 발작을 일으켜 몸이 굳어 있었다. 오른쪽 손과 오른쪽 다리가 마비현상을 보였다. 그날 밤 정치국의 고위간부들이 함께 모였다. 그들은 레닌의 병에 관한 조심스러운 공보를 작성했다. 그의 질병이 '레닌으로 하여금 몇 달 간 절대적인 휴식을 요한다.'는 내용의 공보였다. 그리고 그날 밤 그들은 국가 보건국 코미사르인 세마쉬코에게 레닌의 치료를 위탁했다.

세마쉬코 박사는 러시아 의사들 몇 명을 모스크바로 불러들였다. 그들과 함께 레닌의 병의 원인을 규명하고 이번에야말로 제대로 진단을 내린 후 효과적인 치료를 하기 위해서였다.

훗날 세마쉬코 박사는 이렇게 회고했다.

"나는 의사들과 블라디미르 일리치 사이의 중개자였다. 의사들은 나를 통해 그에게 어려운 질문을 던졌다. 정치국은 의사들이 그에게 직접 질문하는 것을 허용하지 않았기 때문이다. 나는 블라디미르 일리치가 내가 하는 일을 대수롭지 않게 생각한다는 것을 알고 있었다."

그러나 이들은 진단도 못했고 치료할 수도 없었다. 크렘린의 무대 뒤에서는 이미 서로 레닌의 후계자가 되려고 암투를 벌이고 있었다. 주연 배우는 스탈린과 트로츠키였다.

고리키의 작은 별장에 붙은 어두운 창문 뒤에 레닌은 반쪽이 마비된 채 뻣뻣이 앉아 있었다. 그는 계속되는 발작으로 말미암아 몸에 심한 경련이 일어나 실신하는 때도 있었다. 발작이 지나면 그는 조금 나아지는 것 같았다. 그의 누이 마리아가 그를 돌봐 주었고 그의 아내 나데쉬다는 한없는 인내심을 발휘하여 왼손으로 글씨를 쓸 수 있도록 가르쳐 주었다.

"이제 막바지에 이른 거요?"

어느 날 세마쉬코 박사는 레닌에게서 이런 질문이 쓰여진 쪽지를 받았다. 박사가 레닌에게 의사들은 그렇게 생각하지 않는다고 이야기해 주었지만, 레닌은 다른 종이 쪽지를 하나 써서 박사에게 건넸다.

"만약 임종이 다가왔다면 내게 말해 줘야 하오. 매우 중요한 명령을 하달해야 하니까."

세마쉬코 박사는 정치국에 있는 고위 간부들에게 날마다 레닌의 상태를 보고해야 했다.

레닌은 어린아이처럼 말을 다시 배워야 했다. 나데쉬다는 옛날 페테르부르그 초등학교에서 어린이들에게 말을 가르치던 여교사 시절로 되돌아간 느낌이었다.

긴 저녁 시간 동안 레닌은 러시아의 피아니스트 피아타코프를 고리키로 불렀다. 레닌은 쇼팽과 브람스, 바흐의 음악을 듣고 싶어했다. 피아타코프가 연주를 하면 레닌은 두 눈을 감고 비몽사몽 헤매이며 누워 있었다. 그것은 유령이 나올 듯한 무시무시한 전원시였다. 피아타코프는 훗날 이렇게 회상했다.

"내가 연주를 할 때면 레닌의 얼굴이 완전히 달라지는 것을 느낄 수 있었다. 평온하고 소박한 어린아이 같은 표정이었다. 보통 때의 날카로운 눈빛은 완전히 사라지는 것이었다."

레닌이 1922년 7월, 다시 한 번 권력을 손에 넣을 수 있었던 것은 의사들의 노력에 의한 것이라기보다는 그 자신의 불굴의 의지덕분이었다. 의사들은 그에게 매일 11시부터 2시간 동안, 그리고 6시부터 8시까지만 일을 하고 일주일에 이틀은 무조건 쉰다는 조건하에 그에게 일을 하도록 허용했다. 그러나 그 규정은 서면상의 규정일 뿐이었다. 크렘린으로 돌아온 레닌에게 누가 감히 명령을 내릴 수 있었겠는가? 그는 이전의 어느 때보다 더 강행군을 했다. 그리고 그 어느 때보다 과격하게 일했다. 다른 공산주의 국가를 포함한 전세계는 소비에트 재판부가 반혁명가들에게 사형 언도를 내린 것에 거센 항의를 표했다. 그러나 레닌은 그 판결에 동의했고 항의는 그칠 줄 몰랐다.

1922년 11월 레닌의 새로운 붕괴 조짐이 보였다. 제4차 국제 공산당 대회에서 레닌이 기조 연설을 했다. 주제는 5년간의 러시아 혁명과 세계적인 혁명의 전망이었다. 연설 도중 레닌은 힘을 잃었다. 목소리가 점점 약해졌고 적당한 말을 찾는 듯 손가락을 자주 튕겼고 식은 땀을 뻘뻘 흘렸다.

3주일 후 그는 두 번째 발작을 일으켰다. 엄격히 휴식 규정을 지키라는 의사들의 요구에 그는 최후 통첩으로 답했다. 그에게 매일 짧은 시간 동안 자신의 일기를—그는 그렇게 불렀다—받아 적을 수 있도록 해주지 않으면 모든 진료를 거부하겠노라는 것이었다. 세마쉬코 박사는 스탈린과 부하린에게 이 최후 통첩을 전했다. 그들은 세마쉬코 박사에게 이렇게 지시했다.

"레닌이 하루에 5분에서 10분 이상은 받아 적지 못하도록 할 것. 그리고 누구와도 편지 교환을 못하게 막을 것, 방문을 금지할 것. 고민거리나 흥분거리를 주지 않기 위해서 친구든 친지든 레닌에게 정치에 관한 정보를 전해 줄 수 없도록 막을 것 등이었다."

보건국 코미사르는 의사의 본연의 의무와는 전혀 상관없는 과제를 떠맡게 된 셈이었다. 후계자들은 레닌을 고립시킬 작정이었던 것이다. 이들은 여전히 레닌을 두려워하고 있었으므로 의사를 그들의 수단으로 이용할 수밖에 없었다.

'비서 일지'를 보면 다음과 같은 내용의 글을 찾아볼 수 있다.

"12월 23일

8시가 조금 지나서 블라디미르 일리치가 나를 불러 4분간 받아 적게 했다. 그는 상태가 좋지 않았다. 옆 방에는 세마쉬코가 앉아 있었다. 레닌은 부르기 전에 이렇게 말했다. '당대회에 보낼 편지를 불러 주겠소. 받아 적으시오!' 그는 빠른 속도로 불렀다. 그러나 영락없는 환자의 목소리였다.

12월 24일

다시 블라디미르 일리치가 나를 불렀다. 6시에서 8시 사이였다. 그는 지금 불러 주는 것이 극비 사항이라고 밝혔다. 세마쉬코 박사는 그 자리에 없었다….

12월 25일

받아 적으시오. 스탈린 동지가 최고 서기장이 되고 나자 그는 막강한 권력을 손에 넣게 되었다. 나는 그가 이 권력을 필요한 만큼 조심스럽게 행사하리라고 믿기가 어렵다….

1월 4일

받아 적으시오. ‘스탈린은 너무 거칠다. 그러니 동지에게 스탈린을 이 자리에서 물러나게 할 방법을 찾을 것을 제안하는 바이오.’”

그것은 자신의 집을 그래도 손보려고 하는 죽음을 앞둔 병자의 마지막 반짝거림이었다. 이렇게 해서 받아 적은 글은 ‘레닌의 유언’으로 역사에 기록되었다.

보건국 코미사르 세마쉬코가 옆 방에 앉아 있었다. 스탈린과 부하린의 명령이 머리 속에 박힌 채…. 그러나 레닌은 보건국 코미사르가 감시하지 않을 때도 받아 적게 했다. 나데쉬다는 레닌이 부르는 것을 받아 적었다. 누군가 그 사실을 스탈린에게 알렸다. 결국 스탈린은 그의 아내와 격렬한 언쟁을 하게 되었다. 스탈린은 그녀에게 비단 레닌의 건강을 해칠 뿐만 아니라 정치국의 분명한 규정을 어기고 있다고 비난했다.

레닌이 그 사실을 알게 된 것은 1923년 3월 6일이었다. 그는 화가 머리끝까지 나서 이렇게 받아 적게 했다.

“스탈린 동지에게
극비, 사적인 서신,
카메노프 동지와 시노브예프 동지에게 사본

친애하는 스탈린 동지께

귀하는 내 아내에게 전화를 걸어 모욕하는 실례를 범했소. 그녀는 귀하의 말을 다 잊어버리겠노라고 말했지만 나는 도저히 그런 부당한 대우를 쉽게 잊어버릴 생각은 없소. 그리고 사람들이 내 아내에게 한 부당한 행동을 바로 나 자신을 겨냥한 것으로 받아들이는 것은 당연하다고 생각하오. 그러니 귀하가 자신의 행동을 사과하고 이미 했던 말을 취소하든가 아니면 우리 사이는 끝난 것으로 하든지 둘 중에 하나를 선택하시오.

경의를 표하며 레닌."

이 얼음장 같은 편지는 레닌이 받아 적게 한 마지막 서류로 남게 되었다. 스탈린의 대답을 레닌은 알아듣는 둥 마는 둥 했다. ―스탈린은 사과를 택했다.―그 이유는 3월 7일 밤, 가장 심각한 세 번째 발작이 그를 덮쳤기 때문이다. 그 발작이 가져온 결과를 그는 이겨내지 못했다. 레닌은 전세계에서 벌어지고 있는 일을 러시아에서 어렴풋이 짐작할 수 있을 뿐이었다.

로자노프 교수는 레닌을 진찰했다. 열이 무척 높았다. 오른쪽 반신이 마비되었다. 그는 말을 할 수가 없었다. 실어증이 나타난 것이다. 이 진단 결과를 접한 보건국 코미사르 세마쉬코는 정치국의 다섯 거물 앞에서 레닌을 진찰할 외국 의사들을 부르자고 고집했다. 왜냐하면 그때까지도 정확한 진단이 나오지 않았기 때문이다. 레닌이 다시 정치 활동을 할 수는 없으리라는 전망이 확실해지자 비로소 사람들은 겉으로나마 레닌의 생명을 구하기 위해 노력을 아끼지 않는 것처럼 행동했다.

3월의 마지막 주일, 유럽에서 명성을 얻고 있는 뇌전문가들이 모스크바로 불러 들여졌다. 독일에서는 정신과 교수 오스발트 붐케, 신경외과 의사이자 추밀원 고문인 스트룸펠 교수, 함부르크에서 온 논네 교수, 브레슬라우 출신 오스발트 포에스터 교수와 민코프스키 교수, 스웨덴의 살로몬 헨쉔 교수. 그들이야말로 질문에 명확한 답을 내려줘야 했다. 대체 레닌은 무슨 병을 앓고 있는가?

거의 일주일 동안 그들은 레닌을 진찰했다. 거의 무디어진 중환자는 어린아이처럼 가만히 몸을 맡겼다. 3월 말 그들은 레닌이 무슨 병을 앓는지 답을 찾게 되었다고 생각했다. 3월의 마지막 일요일 그들은 크렘린의 커다란 회의실 탁자 앞에 네 명의 남자들을 마주하고 있었다. 그 네 사람은 모두 똑같은 목적을 가지고 있었다. 레닌의 후계자가 되려는 목적이었다. 그들은 트로츠키와 스탈린, 시노브예프, 그리고 카메네프였다. 일흔 살의 추밀원 고문 스트룸펠 교수는 모든 의사들의 이름으로 보고서를 읽었다.

그는 진행성 마비증은 아니라고 단호하게 말했다. 그는 레닌의 병상을 설명했다. 두통, 현기증, 언어장애, 마비, 짧은 실신상태, 갑작스러운 발작 증세, 이는 뇌의 동맥경화증에 기인한다. 그러니까 뇌의 혈관 변화와 경화에서 비롯되는 증상이다.

트로츠키는 그 원인을 물었다. 스트룸펠 교수는 과로와 기력 소모에 있다고 보았다. 그리고 어쩌면 레닌의 유전적 체질 때문일지도 모른다고 대답했다. 그는 레닌의 아버지 역시 동맥경화증으로 사망한 사실을 지적했다.

다시 트로츠키의 치료 가능성에 대한 질문에 대해 스트룸펠 교수는 대답을 회피했다. 어떻게 진행될지 알 수 없다는 것이었다. 그러나 진단은 확실하다고 했다. 그리고 사실 의사들을 부른 것은 정확한 진단을 내리기 위한 것이었을 뿐이다.

전문의들은 모스크바를 떠났다. 오스발트 포에스터 교수는 몇 주일 동안 더 머물렀다. 보건국 코미사르 세미쉬코의 요청에 따른 것이었다. 후계자들인 트로츠키와 스탈린, 시노프예프, 카메네프는 자신들의 자리를 만들어 갔다.

1923년 5월 초 레닌은 아무도 모르게 고리키로 이송되었다. 그 사실을 아는 사람들은 극소수였다. 혁명의 아버지는 세계사 무대에서 사라진 것이었다. 그는 목숨을 유지하고는 있었으나 사그러들고 있었다. 그가 할 수 있는 말은 단지 몇 마디밖에 되지 않았다.

이 상황에서도 그는 다시 한 번 마지막 용트림을 했다. 지팡이를 짚고 방을 서성거리며 말을 하려고 애를 썼다. 그러나 그것은 알아들을 수 없는 울부짖음에 지나지 않았다. 그는 단어를 표현할 수 있는 능력을 상실해 버린 것이다. 자신이 찾는 단어가 무엇인지는 알았지만 발음을 할 수 없었다. 혁명이라는 말을 그저 '혀ㅇ어ㄱ며ㅇ…' 라고밖에 발음할 수 없었던 것이다.

나데쉬다는 정성을 다해 그를 보살폈다. 그녀는 맨 처음 음절을 발음하게 하고 그 다음에 두 번째 음절, 그리고 그 다음 음절을 발음하게 했으나 별 성과가 없었다. 레닌은 말을 제대로 할 수 없었다. 그리고 아무것도 할 수 없는 어린아이가 되고 말았다. 사람들은 그를 휠체어에 앉혀 작은 시골 성의 정원을 산책시켰다. 겨울이 오자 그를 외투로 감싸주고 썰매를 태워 주었다. 그는 살아 있었지만 죽어 가는 중이었다.

그의 후계자들은 그를 방문하지 않았다. 부하린이나 크레스틴스키 같은 2인자들을 보낼 뿐이었다. 스탈린 동지와 트로츠키 동지의 안부 인사를 전하라고 말이다.

로자노프 박사와 세마쉬코 박사는 매일 그를 찾아와 정치국에 레닌의 동향을 보고했다. 그들이 그토록 오랜 세월 학수고대한 소식은 1924년 1월 24일이 되어서야 접할 수 있었다.

"레닌이 죽었습니다. 18시 50분경에."

거의 12시간에 걸쳐 단말마의 고통이 있었다. 아침 7시가 되기 전에 새로운 발작이 그를 엄습했다. 호흡 장애가 나타나고 곧 그는 의식을 잃었다. 열이 오르고 경련이 사지를 뒤흔들었다. 저녁 7시가 채 못 되어서 나데쉬다는 블라디미르 일리치의 눈을 감겨 주었다. 영원히….

의사들의 사망 진단서에는 뇌혈전이라는 사망 원인이 적혀 있었다.

레닌은 죽었다. 방부제로 처리된 그의 몸은 날림으로 건축한 영묘의 유리관 속에 누워 있었다. 그는 자신이 절대로 용납하지 않을 만한 일을 겪게 되었다. 사람들은 그를 신으로 만들었다. 작가 고리키에게 언젠가 그는 이렇게 쓴 적이 있었다.

"누구든 신을 만들어 내거나 아니면 그런 우상화를 묵인한다면 그것은 아주 나쁜 짓입니다."

의사들의 과제는 그것으로 끝난 것이 아니었다. 방부제 처리를 하기 전에 검시 결과는 이미 나와 있었다. 검시 결과 뇌의 왼쪽 부분과 일부는 오른쪽 부분에서 짓무른 상태로 넓게 확대된 부위를 많이 발견할 수 있었다. 따라서 검시 보고서에 심한 뇌혈관 석회화는 과도한 정신 활동과 부모로부터 유전된 동맥 경화에서 비롯되었다고 결론지었다.

"레닌의 뇌는 전체적으로 정상적인 뇌 부피의 4분의 1로 수축되어 있었고 뇌를 절개했을 때 우리는 뇌 혈관의 경화 확대를 발견할 수 있었다. 그러나 그렇게 경화된 뇌를 가지고도 정확한 사고력이 나올 수 있었다는 점이 놀라운 것이 아니라 그렇게 오랫동안 살 수 있었다는 것이 기적처럼 보였다."

레닌의 죽음을 지켜보았던 포에스터 교수는 이렇게 확언했다.

"레닌의 질병은 2년간 진행되었다. 그 병은 알지 못하는 사이에 침투해서 지속적으로 진행되었던 것이다. 비교적 나아지는 단계를 거치며 완쾌될 것 같은 희망을 불러일으킨 후에 느닷없이 발작을 일으켰고 그 발작은 한 시간 가까이 이어지다가 호흡기에까지 영향을 미쳐 죽을 가져왔다. 레닌의 병은 내적 원인에 의해서 비롯된 것이다. 그 병은 외적

요인과는 상관없이 내적인 법칙에 따라 무자비하게 움직인 것이다.”

레닌의 시체는 크렘린 광장 앞의 영묘에 안치되어 있다. 그 자신이 절대로 용납하지 않았을 테지만 거의 신 같은 대접을 받게 된 것이다. 그러나 그 시체는 뇌가 없는 시체이다. 레닌의 뇌는 스테아린 덩어리 속에 누워 있다. 정밀기계가 그의 뇌를 현미경으로 관찰한 다음 3천 개의 조각으로 절단했다. 이 조각 하나하나를 색칠한 후 사진을 찍어 놓았다.

후계자들의 권력 싸움에서 승리를 거둔 스탈린은 레닌의 뇌에 얽힌 비밀을 풀고 싶었다. 보건국 코미사르는 베를린의 카이저 빌헬름 연구소자인 오스카 보그트 교수를 모스크바로 불러 두 가지 과제를 위탁했다. 모스크바에 국립 뇌연구소를 세우라는 것이 그 하나였다. 보건국 코미사르의 표현을 빌면 ‘뇌의 신전’ 건설이 임무였다. 그 첫번째 과제로 레닌의 뇌를 연구하라는 것이었다.

1929년 11월 10일 레닌이 죽은 지 거의 6년이 지난 시점에 보그트 교수는 ‘뇌의 신전’의 연단에 섰다.

“레닌의 뇌 중에서 질병의 영향을 받지 않은 부분이 있다. 이것은 세 번째 뇌하층으로 보기 드문 크기와 숫자면에서 평균을 뛰어 넘는 피라미드 세포층으로 되어 있다…. 이러한 레닌의 뇌해부 결과에 준하여 레닌을 대단한 연상력을 가진 대가라고 부를 수 있을 것이다.”

연상의 대가? 이것이 무슨 말인지 이해할 사람은 많지 않을 것이다. 아마도 오늘날 같으면 한번 있을까 말까한 천재적인 아이큐, 즉 탁월한 지능의 소유자라고 표현할 수 있을 것이다.

스탈린은 자신이 원하던 목적을 달성할 수 있었다. 권위 있는 의학자들은 수년 간에 걸친 연구를 토대로 그 사실을 재확인해 주고 있었다. 레닌의 지능은, 그러니까 사물의 상호 연관을 번개처럼 빨리 포착하는 그의 능력은 전례를 찾아보기 힘들 정도로 높았다.

  후계자들은 선구자의 후광을 마음껏 즐겼다. 그 지능이 파괴적일 수도 있다는 사실에 대해서는 한마디도 언급하지 않았다.

  1936년 SS기관지 《흑군단》에는 보그트 교수에 대한 거센 공세문이 실렸다.

  "과학이라는 가면을 쓰고 그는 온 세상에 레닌의 지능을 들먹였다. 사실 레닌의 머리 속에는 스위스의 치즈밖에 들어 있지 않았는데도…."

비소 중독에 얽힌 동화

천재, 스파이, 돌팔이 의사
나폴레옹의 첫번째 주치의, 쟝 니콜라 코비사르
의학적 천재
어느 의사도 치료할 수 없었던 나폴레옹의 특이한 방심 증상
성 헬레나 섬에 있던 나폴레옹의 주치의들은 스파이
그리고 안티오마르치 박사, 돌팔이 의사

나폴레옹 보나파르트 (Napoleon Bonaparte, 1769~1821)

프랑스의 군인, 황제. 지중해의 코르시카섬에서 지주의 아들로 태어났다. 뛰어난 전략으로 공을 세워 일약 장군으로 승진되었다. 그 뒤 이탈리아, 이집트 원정 등 가는 곳마다 승리를 거두어 부하와 국민들의 신망을 모았다. 1804년 제1통령(統領)에 취임, 서른네 살에 자기 손으로 직접 왕관을 쓰고 황제가 되었다. 신헌법을 제정하고 나폴레옹 법전의 편수와 여러 제도의 개혁에 힘썼다. 전쟁을 일으켜 여러 나라를 대부분 차지하였으나, 1812년에 러시아 원정에 실패하여 엘바섬으로 귀양갔다. 왕정복고에 대한 국민의 감정에 편승하여 파리로 돌아와 다시 황제가 되었으나, 워털루 전투에서 영국의 웰링턴 장군에게 패하여 세인트헬레나섬으로 귀양, 그 곳에서 일생을 마쳤다.

    2천여 년의 세계 역사가 흐르는 동안 변함없이 반복되어 온 사실이 있다. 이 지구상의 어떤 대단한 권력자라도 명성이 사그라들면 그 말로는 전혀 부러워할 것이 못 된다는 사실이 그것이다. 어떤 사람들은 흥분한 군중의 손에 죽임을 당하기도 하고, 어떤 사람들은 자살을 하는가 하면 또 간혹 저주를 받은 사람 마냥 자기가 택한 곳이든 아니면 강제에 의한 곳이든 망명 생활로 여생을 마감할 수밖에 없다. 성 헬레나 섬—대서양의 한복판에 있는 이 섬은 아프리카 해안에서 1천 8백 킬로미터 떨어져 있고 아메리카 대륙의 해안으로부터는 4천 킬로미터 떨어져 있다—에 있는 조그만 도시 제임스타운의 문서 창고 속에 보관된 다 낡은 서류에 쓰여 있는 단 석 줄의 글귀가 이러한 권력자의 운명을 기록하고 있다.

    "1815년 10월 15일 일요일, H. M. S. 노텀버랜드 호가 쿡번 해군 소장의 깃발을 달고 영국을 출발하여 섬으로 들어왔다. 그 배에는 나폴레옹 보나파르트 장군과 또 몇 명의 사람들이 국가의 포로 신분으로 타고 있었다."

    이 거물의 종말에 관한 기록은 같은 문서철에서 단 한줄의 보고로 충분했다.

    "1821년 5월 5일 토요일 나폴레옹 보나파르트 장군 사망."

    유배자 나폴레옹은 죽기 며칠 전 자신의 부관 베트랑 백작에게 이렇게 받아쓰게 했다.

"난 때가 되기도 전에 죽는다. 영국의 과두 정치주의자들과 그들이 고용한 살인청부업자의 손에."

나폴레옹이 죽은 지 몇 시간 뒤, 이제 갓 서른을 넘긴 그의 마지막 주치의인 코르시카 섬 출신 프란체스코 안티오마르치가 왕년에 전 유럽을 지배했던 거물의 시신 부검을 시작했다.

나폴레옹은 헬레나 섬에서 자신에게 보내진 다른 의사들과 마찬가지로 이 안티오마르치도 미워했다. 그의 명성이 전 유럽 하늘을 뒤덮었을 때 자신의 건강을 관리해 주던 주치의들은 한결같이 핑계거리를 내세워 치료를 거부했다. 이제 왕위에서 밀려나 별 볼일 없게 된 그에게 더 이상 관심을 쏟을 이유가 없었던 것이다.

그래서 나폴레옹은 1815년 7월 프랑스의 항구 로세포르에 정착하고 있는 영국 전함 '벨러로폰'으로 향했다. 영국의 포로 신세로 앞날이 막막한 상황에 처하게 된 그에게는 주치의도 따라오지 않았다. 운명은 그를 어디로 인도할 것인가? 벨러로폰에서 그가 대화를 나눌 수 있었던 사람은 단 한명밖에 없었다. 당시 서른세 살이었던 외과의이자 그 군함 의사였던 베리 에드워드 오메아르였다.

오메아르는 자신의 메모장에 이렇게 기록하고 있다.

"나폴레옹이 처음으로 벨러로폰에 올랐을 때 그는 내게 군함의 항로를 묻고는 군의관 소령이냐고 물었다. 난 이태리어로 그렇다고 대답했다. 그러자 그는 이태리어로 어디 사람이냐고 다시 물었다.

그래서 나는 '아일랜드 사람입니다.' 라고 대답했다.

'어디서 의학을 공부했소?'

'더블린과 런던입니다.'

'그 둘 중 어디가 더 나은 의학 학교인 것 같소?'

나는 더블린이 해부학에서는 최고이며 런던은 외과대학으로 유명하다고 말했다.

'오, 더블린이 최고의 해부학교인 것은 당신이 아일랜드 태생이기 때문이지요.' 하면서 그는 미소를 지었다.

나는 양해를 구하면서 내 말은 사실이라고 대답했다.

그러자 그는 '그렇소. 왜지요?' 라고 그 이유를 물었다.

나는 더블린에서 어떤 의사든 시체 해부를 위한 시신 구입비로 런던에서 지불하는 것의 4분의 1만 있으면 충분하다는 것과 교수들도 런던과 다를 바 없이 훌륭하다고 설명했다.

그러자 그는 또 다시 미소를 지어 보였다.

며칠 후 로비고 공작이 혹시 나폴레옹의 외과 의사의 자격으로 그를 따라 헬레나 섬으로 갈 용의가 없느냐고 물어왔다. 난 영국 정부와 선장이 허락한다면 달리 거절할 이유가 없다고 대답했다. 물론 몇몇 조건이 있기는 했다. 마이트랜드 선장은 그 제안을 받아들이라고 권했다. 며칠 후 함대 사령관 케이트 경이 날 부르시더니 이와 똑같은 충고를 했다. 그는 그 말에 덧붙여 내가 그렇게 하면 영국 정부에 보증을 서게 되는 거라는 확신을 내비쳤다. 아직까지도 영국 정부는 나폴레옹이 자기 멋대로 외과의사를 골라서 데리고 갈까 봐 염려하고 있다는 것이었다. 더구나 이것은 내가 영국에서 해야 할 의무와 내 자신의 개인적인 명예에도 일치되는 것이라는 이야기이기도 했다.

그렇게 하겠다는 내 뜻이 나폴레옹으로부터 받아들여지자 나는 기쁘게 그 자리를 맡고 노텀버랜드호의 갑판으로 향했다. 그러나 나는 함대 사령관에게 보낸 편지 속에서 나는 여전히 영국군 장교이며 외과의사의 명단에 들어 있으므로 연봉에는 변함이 없어야 한다는 것과 이런 특별한 임무가 만약 내가 바라는 것과 부합되지 않을 때에는 언제라도 그만둘 수 있는 자유가 있다는 뜻을 분명히 밝혔다."

오메아르는 당시 나폴레옹의 주치의가 되기로 결정했을 때 자신에게 요구되는 임무가 무엇인지 전혀 상상도 하지 못했다. 단순히 나폴레옹의 의사가 되는 것만이 아니라, 사실은 나폴레옹이 가까운 사람들과 무슨 이야기를 하고 어떤 계획을 세우는지 그의 동향 하나하나를 상부에 보고해야 하는 일종의 비밀 임무를 맡아야 했다. 결국 스파이 의사가 되어야 했던 것이다.

권력을 빼앗기고 유배당한 자의 운명…. 프랑스와 전유럽의 지배자인 거물의 주치의가 되고 싶어서 의학계의 천재들이 앞을 다투어 몰려 오던 그 화려했던 과거는 다 흘러가 버린 것이다.

예를 들어 쟝 니콜라 코르비사르 같은 의사가 그런 인물일 것이다.

집권 초기에 나폴레옹은 당시 코르비사르에게 한마디로 우상이다. 그 이유는 1803년 이른바 나폴레옹 법전에서 그가 돌팔이 의사들을 상대로 전쟁을 선포했기 때문이다. 이제 더 이상은 아무나 자신을 의사라고 자칭할 수 없었다. 나폴레옹의 의료관련법에 따르면 의학 박사들과 외과 박사, 그리고 보건소 직원들만이 의료 사업을 펼 수 있었다. 누구든 장차 의사가 되고 싶으면 파리나 스트라스부르그, 몽펠리어 또는 투린에 있는 국립의학교에서 4년간의 의학 수업을 마쳐야 했고 다섯 과목의 시험에 합격한 후 프랑스어나 이태리어로 박사 논문을 써야 했다.

오늘날의 현실을 감안할 때는 별로 놀랄 것도 없지만 당시로서는 거의 혁명적인 법안이었다. 그것도 '태양왕'(루이 14세의 별명)들 중의 한 사람이 아니라 코르시카 섬의 아야키오 출신의 평민 아들이 반포한 법령이었다.

코르비사르는 쉽게 독재자들의 당원으로 변모하는 천재 중에서 그 최초의 사람도 아니었고 마지막 사람도 아니었다. 그 천재들이 독재자들을 사랑하기 때문에 독재당원이 되는 것은 아니었다. 오히려 독재자들이 스스로 일종의 신과 같은 존재로 군림하기 위해서는 천재들의 명성을 필요로 하기 때문이다. 물론 그 천재들이 이 사실을 의식하는 경우는 드물다. 아마 오늘날 내과의 선구자는 다름 아닌 코르비사르가 아닌가 싶다.

그는 파리의 에콜르 의과 대학생들을 대상으로 한 강의에서 다음과 같이 가르친 바 있다.

"실제 의학의 목표는 죽은 자의 시체를 놓고 생산성도 없는 호기심으로 사망 원인을 찾는 것이 아니라 질병의 정확한 증상을 인식하는 것이다. 의사들이 해부학을 열심히 연구하면 할수록 질병의 정확한 관찰 아래 여러 가지 신체 기관의 상해를 보다 분명하게 인식하게 된다."

그는 어떻게 보면 진단에 특별한 천부적 재능을 타고난 의사였다. 그의 제자 중에 한 사람인 유명한 자연 연구가 조지 쿠비어는 이렇게 주장한 바 있다.

"코르비사르는 환자의 병상에서 아주 멀리 떨어져 있으면서도 정확한 진단을 내릴 수 있었다."

물론 이같은 주장에는 과장이 섞여 있다. 그리고 코르비사르 자신도 자신의 진단력에 대해 이렇게 자만한 적은 한번도 없었다. 그러나 그의 모든 생각과 의학 강의에서 질병 진단이 핵심을 이루고 있었던 것만큼은 사실이다. 그는 학생들에게 병상에서의 오진이 무엇보다도 생리학 지식의 결여와 환자에 대한 부정확한 관찰에 그 원인이 있다는 것을 증명하려고 애를 썼다.

"고통을 당하고 있는 사람, 이 경이로운 기계를 끊임없이 연구하여 건강한 상태에 있는 신체의 생명 기능과 환자의 생명 기능을 서로 비교해야 한다. 그리고 이 기계를 살아 움직이는 그림처럼 생각하고 아주 조그만 변화라도 놓치지 말아야 한다."

그는 이론적 학술 지식에 대해서는 그리 대단하게 여기지 않았다. 의과 대학에 들어온 신입생들에게 첫 강의가 시작되기 전, 병실로 데리고 가 환자들을 보여 준 것도 다 그런 이유에서였다.

"여기 여러분들에게 필요한 책들이 있습니다!"

교구 내의 심각한 반발과 다른 동료들의 반발을 받으면서도 그는 파리 자선 병원에서 사망한 환자는 누구든 시체 해부대에 오르게 만들었다. 오로지 시체 부검만이 질병의 진단이 옳았는지 아니면 오진이었는지 증명해 줄 수 있기 때문이었다.

이러한 시체 부검을 실시하던 중—그러니까 나폴레옹의 주치의로 불려 가기 직전이었다—그는 몸을 다쳤다. 당시만 해도 그것은 치명적인 독혈증이었고 이 패혈증을 치료할 수단이 없었다. 그는 스토아 학파 사람처럼 평안한 마음가짐으로 시계를 손에 들고 죽음이 임박했음을 알리는 첫 징후인 오한과 함께 전율이 나타나기를 기다렸다. 그런데 마치 기적처럼 경련이 찾아오지 않았고 그는 생명을 지킬 수 있었다.

단순히 이름만 날리던 의사가 아니라 이처럼 시계를 들고 죽음이 다가올 때를 기다릴 수 있는 용기와 냉정함까지 지닌 의사라면 나폴레옹의 마음을 사로잡을 만했다. 명성 대 명성, 용기 대 용기, 그리고 냉정함 대 냉정함, 의사와 황제가 궁합이 딱 맞아떨어진 것이다.

코르비사르는 다루기 어려운 황제에 대해 주치의로서 항상 당당한 자세로 치료에 임할 수 있었다. 그리고 나폴레옹은 신속하게 처리하는 걸 좋아하고 복잡한 치료법은 증오할 만큼 싫어했기 때문에 항상 빠른 결단을 내리는 코르비사르를 신뢰했다.

"난 의학 따위는 안 믿어."

그는 언젠가 이렇게 말하기도 했다.

"하지만 코르비사르는 믿지."

코르비사르와 나폴레옹 사이의 긴밀한 관계에 대해서 1821년 코르비사르의 장례식에서 그를 기렸던 프랑스의 위대한 외과의 라레리는 다음과 같이 말했다.

"뛰어난 통찰력과 환자에 대한 올바른 관찰, 판단의 신속성과 정확함이야 말로 코르비사르의 위대한 면모였고 이는 바로 황제가 그를 주치의로 택한 이유이기도 했다. 황제의 머리 속에는 항상 거대한 구상들로 꽉 차 있어서 그는 대화를 할 때면 주로 질문을 던지고 생기 있고 신속하며 앞뒤 연결 없는, 비약이 심한 순간적인 착상을 선호했기 때문이다."

불같은 열정과 무기로 나폴레옹은 새로운 유럽을 만들어냈다. 겉으로 보기에는 151센티미터밖에 되지 않는 난쟁이였으나 내면적으로는 불이 끓어 오르고 있는 사람이었다. 그의 질병 기록을 보면 공포감을 자아낸다.

"행동성, 움직임, 피 속에 들어 있는 내면적 동요, 야망, 이것이 권력욕으로 상승하다. 한계를 모르는 내면적 긴장, 참을 줄 모르는 예민함과 격렬한 분노의 폭발, 노여움의 발작, 노이로제와 같은 경련, 체읍경련, 그리고 명백한 파괴 욕구."

난쟁이 같은 작은 체구 안에 천재와 사탄이 모두 들어 있었던 것이다. 스물여섯 살에 장군이 되고 쿠데타를 일으켜 서른 살에 최초의 집정관이 되고 서른네 살에는 드디어 황제가 되어 교황을 파리로 오게 만들었으나 자기 손으로 직접 왕관을 썼던 인물. 그러나 마흔여섯 살이 되어서는 휴화산과 같은 처지로 전락되어 유배당했던 사람.

모스크바의 성문과 이집트의 피라미드에 이르기까지 유럽 전역의 헤아릴 수 없이 많은 전투지에서 명성을 떨친 20년 동안 나폴레옹이 야영지와 천막 속에서 보낸 날들은 태양신의 화려한 궁전에 머문 날보다 훨씬 많았다.

이런 인물을 위해서는 내과의보다는 외과의가 더 필요했다. 물론 나폴레옹이 그 외과의들을 코르비사르만큼 높이 평가했다는 것은 결코 아니다. 그러나 장군들 역시 일반 병사들 못지 않은 위험에 노출되어 있었다. 적어도 당시에는 그랬다. 왜냐하면 장군들이야말로 제일 선두에서 있어야 했기 때문이다. 그래야 전투 상황을 정확하게 파악하고 신속한 판단을 내릴 수 있었으니까. 이렇게 피흘리며 싸운 20년간 나폴레옹을 따라다닌 외과의가 두 명 있었다. 그 두 사람은 승리를 안겨다 준 수많은 몇몇 전투와 치명적인 패배를 가져다 준 몇몇 전투에서 항상 나폴레옹 곁에 있었다.

첫번째 외과의 알렉시스 보이어는 변변치 않은 상황에서 자수 성가한 사람이라 할 수 있다. 의사로서의 그의 출발은 당시만 해도 흔히 찾아볼 수 있는 사례로서 간단하고 평범한 이발소에서 시작되었다. 그러나 그는 야망이 있는 사람이었고 타오르는 지식욕과 재능을 지닌 사람이었다. 그는 파리 자선병원의 의과대학에 입학할 수 있었고 후에 외과전문의 시험에 합격했다. 그렇게 해서 그는 1801년 마흔세 살의 나이로 에콜레 드 상테의 보건학교에서 외과 과목을 가르치는 교수가 되었다. 그러나 그는 전투장에서 피를 튀겨가며 수술에 전념하는 사람이라기보다는 학자에 가까웠다. 그는 온갖 열의와 신중함을 발휘하여 외과의 전 분야와 모든 외과 학교로부터 외과 수단에 관한 자료를 모조리 모았다. 그렇게 해서 그는 당시 외과에 관한 총 지식을 열한 권짜리 책으로 엮었다.

나폴레옹의 두 번째 외과의 알렉산드르 우르반 에반은 보다 실무에 능한 사람이었다. 1805년 쓰여진 그의 박사 논문의 주제는 「총상을 입은 후의 사지 절단」이었고 전투장에서 재빠른 솜씨로 신속하게 외과 수술을 집전했다. 이것이 나폴레옹으로 하여금 에반을 항상 곁에 두게 했던 가장 중요한 이유였다. 자신이 외과의의 칼에 몸을 맡겨야 할 상황을 대비해서 말이다. 나폴레옹은 그에 대해 이렇게 말한 적이 있다.

"그래도 그는 금방 절단을 하지는 않아. 적어도 그 사지 중 하나를 보존할 수 있는지 아닌지 신중하게 검토는 하거든."

그러나 그의 주치의 중에서 반짝이는 별은 쟝 라레리였다. 그는 프랑스 군대의 외과의 책임자다. 그가 이런 평가를 받게 된 동기는 나폴레옹을 직접 수술했기 때문이 아니다. 그는 나폴레옹 군대의 위생부를 과감히 개혁한 경력을 갖고 있었던 것이다.

그는 야전병원이 전선으로부터 최소한 2킬로미터 떨어져 있어야 한다는 규정을 폐지했다. 기존의 규정에 따르면 부상병은 전투가 끝나서 야전병원으로 실려갈 때까지 24시간이든 36시간이든 아무런 치료도 받지 못하고 전투지에 머물러 있어야 했다. 그렇기 때문에 대부분의 부상병들은 기다리는 동안 과다한 출혈로 목숨을 잃고 말았다. 라레리는 새로운 환자 들것과 수송마차를 고안해 내고 전투 중에라도 부상병을 실어나를 수 있게 한 것이다.

티푸스나 페스트 같은 전염병은 적군의 포탄이나 방어보다도 나폴레옹의 군대 병력에 더 큰 피해를 입혔다. 전염병이 확산될 위험을 잘 알고 있던 라레리는 처음 듣는 새로운 명령을 내렸다.

그는 의사들과 간호사들이 밀납천이나 아니면 고무로 된 타프트(호박직) 천으로 된 옷을 입도록 지시했다. 만일 이것이 여의치 않을 경우에는 식초를 탄 물에 담갔다가 잡아 당긴 튼튼한 린넬 천 옷을 입게 했다. 그리고 발에는 샌들이나 나막신을 신되 그 위에 송진으로 칠하도록 했다. 얼굴과 손은 가능하면 식초를 탄 물에 씻도록 했다. 의사와 간호사는 식초에 담근 린넬 천으로 된 마스크를 쓰게 했다. 그들은 환자에게 가기 전에 커피나 포도주 또는 리코르를 마시고, 환자를 치료할 때에는 계피나 기나피를 입에 물고 있어야 했다. 옛날에 쓰던 붕대는 모두 불에 태웠고 의사와 간호사는 병원을 나가기 전에 옷과 내의를 다 갈아입고 공기 중에 노출되어 있던 신체 부위를 식초 물에 씻게 했다. 머리카락은 가능하면 짧게 깎아야 하고 온욕을 금지시키고 거처하는 곳에는 가능하면 불을 피우지 못하게 했다. 온기는 땀구멍을 열어 병균 침투를 용이하게 하므로 이를 막기 위해서였다.

라레리가 '기적의 외과의'로도 여겨졌지만—그는 고관절 절단 수술을 15초 만에 끝낸 경험이 두 번 있었다.—나폴레옹은 그가 실시한 전염병 퇴치 조처 덕분에 자신의 군대가 과다 출혈로 무의미하게 희생당하지 않게 되자 이에 대한 감사 표시로 그에게 백작 칭호를 내렸다. 이렇게 나폴레옹으로부터 백작 칭호를 받은 것은 코르비사르도 마찬가지였다. 사우어부르후는 라레리를 가리켜 5백 년에 한 명 날까 말까한 의사라고 격찬했다.

나폴레옹은 과연 얼마나 아팠던 것일까? 스물여섯 살에 젊은 장군이 되었던 1795년부터 영국의 군함 노텀버랜드호에 올라 성 헬레나 섬으로 유배를 떠나던 1815년까지 그는 실제로 병을 앓고 있었던 것일까? 아니면 대서양의 한가운데 있는 저주받은 헬레나 섬에서 유배 생활을 시작하면서부터 나폴레옹의 병세가 나타났던 것일까?

나폴레옹 자신은 수년 간 암이라는 심적 동요에 시달리고 있었다. 정확히 말해서 그는 위암의 위협을 느꼈다. 그의 아버지는 채 서른 살이 되기도 전에 세상을 떠났다. 그의 누이 마리아 파울리네와 다른 누이 아눈치아타도 그랬다.

"난 내 몸 속에 조기 죽음의 씨를 품고 다니고 있소. 그래서 아마도 부친이 앓았던 것과 똑같은 병으로 일찍 죽고 말거요."

그는 언젠가 코르비사르에게 위와 같이 말한 적이 있었다. 그때만 해도 여전히 힘이 넘치고 권력과 영화를 누리던 때였다.

질병이나 혹은 병을 유발하는 유전적 체질은 보통 그 사람의 어린 시절에 뿌리를 두고 있기 마련이다. 나폴레옹은 어린 시절에 구루병을 앓았고 영양 부족에 시달렸다. 그리고 그의 혈색은 건강치 못한 누런 빛이었다. 브리앙의 소년 사관학교에 갔던 것도 실은 그 부모들이 집안에 한 입이라도 줄이려는 의도에서 어린 아들을 그곳으로 보냈던 것이다.

그는 사관학교에서 구토증과 위통으로 시달린 적이 많았다. 사소한 실수에도 심할 정도로 빈인간적인 처벌이 가해지는 엄격한 스파르타식 교육을 받는 과정에서 그는 신경 발작을 숱하게 일으켰고 경우에 따라서는 실신하기도 했다. 나폴레옹의 나이 열세 살때 그의 어머니 레티티아가 어느 날 브리앙으로 아들을 찾아갔을 때 아들은 도저히 알아 볼 수도 없을 정도로 여위어 있었다.

훗날 아욱소네의 사관학교 시절, 나폴레옹은 포병대의 신참 소위로 있으면서 얼마 되지도 않는 쥐꼬리만한 월급을 대부분 집으로 송금하고 자신은 우유와 빵으로 근근히 살았다. 이따금 옥수수죽을 곁들이는 이러한 식사법을 그는 언젠가 '동물성과 식물성의 원칙'이라고 부른 적이 있었다.

젊은 나폴레옹의 초상화를 본 프랑스의 의사 뚜르스는 오래 전에 갑상선과 뇌하수체의 기능 장애가 있었음을 읽을 수 있었다.

"뾰족하게 앞으로 튀어나온 턱과 바싹 잡아당겨진 아랫입술, 열병을 앓는 듯한 눈의 광채, 격렬하고 거친 몸동작, 경련 등은 이러한 증상을 잘 보여 주고 있다."

또 다른 프랑스 의사 R. 브리스도 다음과 같이 확언한 바 있다.

"나폴레옹은 늘 병을 달고 다녔다. 그러나 그는 자신의 병을 잊어버리고 자신의 몸이 망가지고 있다는 사실을 무시하려고 무척 애를 썼던 환자였다."

그래서 모든 사람들은 언제 쓰러질지 모를 정도로 여윈 몸에 발작까지 잦았던 그가 기껏해야 육군 소령으로 진급될 때까지 버틸 수 있을 정도지 그 이상은 꿈도 못 꾸리라고 예상했다. 만일 그의 걷잡을 수 없는 의지와 공명심, 그리고 자부심이 없었더라면 그의 성공은 불가능했을 것이다…. 살려는 의지와 출세에 대한 공명심이 그의 몸을 버티게 해 주었던 것이다.

나폴레옹은 성 헬레나 섬에서 자신 시종에게 이렇게 받아 적게 했다.

"언젠가 한번 생클로드에서 마차 밖으로 굴러 떨어진 적이 있었다. 경계 표시로 세워진 돌이 거의 위장까지 파고 들어오는 것만 같았다. 난 생명이 나를 버리는 것을 느낄 수 있었다. 그 와중에서도 아직은 죽고 싶지 않다는 말로 내 자신을 타이를 수 있었다. 그렇게 해서 난 살았다. 아마 다른 사람들 같았으면 그런 상황에서 죽고 말았으리라."

그의 의지는 어떤 질병보다 강했다. 그리고 그 질병은 점점 늘어만 갔다. 만성 습진, 계속되는 기침, 고열로 인한 발작, 배뇨장애, 위장애, 말라리아 발작 등. 그는 자신이 강철같이 건강하다고 스스로를 타이르며 겉으로도 건강한 척하면서 전혀 지칠 줄 몰랐다. 전형적인 나폴레옹 포즈라 불리는 그 포즈를 만들기 위해 그는 거울 앞에서 연구를 거듭했다. 그 포즈를 본 사람들은 그가 151센티미터밖에 안 되는 왜소한 코르시카 사람이라는 사실을 잊곤 했다.

나폴레옹의 별은 찬란한 빛을 발했다. 스물여덟 살에 프랑스의 독재자가 된 그는 서른세 살에 황제가 되었고 틸사이트의 평화조약 이후에는 전 유럽의 대부분을 손아귀에 넣고 주무르는 강력한 지배자로 군림했다.

그의 개인 비서들과 궁중 시종들은 이와는 다른 나폴레옹을 겪었다. 예를 들어 파우블레 드 보리네 같은 경우 훗날 다음과 같이 회고한 바 있다.

"나폴레옹은 자신의 말을 받아 적게 하던 중에, 갑자기 깊은 한숨을 내쉬었다. '너무 고통스러워.'라고 하면서 그는 탁자에 몸을 기대고 조끼를 열어 젖힌 다음 손바닥으로 오른쪽 옆구리를 짓눌렀다. 참기 어려울 만큼 몹시 고통스러운 통증인 듯했다."

그의 주치의인 내과의사 코르비사르도 이러한 나폴레옹을 도와 주지 못했다. 그는 약과 안마 고약을 써 보았으나 통증이 줄어들지 않았다.

나폴레옹은 자신만의 독특한 치료법을 가지고 있었다. 그는 통증을 난폭하게 다스려 아픈 것을 잊으려고 했다. 그래서 한 순간도 쉬지 않고 60마일이나 되는 거리를 말을 타고 달리거나 몇 시간 동안 사냥을 나갔다. 그렇게 해서 자신의 육신이 최고의 기능을 발휘하도록 강요했던 것이다. 그리고 그것은 어떤 기적을 일으키는 것 같았다. 아브랑떼즈 공작 부인은 나폴레옹을 회상하면서 외형적인 변모에 관해 이렇게 묘사했다.

"지금까지 뼈마디가 불거져 나오고 누렇고 병색이 완연했는데 이제는 살이 붙고 밝게 다듬어졌다."

나폴레옹은 정말 의학계의 불가사의였던 것일까? 그리고 그를 담당했던 의사들도 풀지 못했던 수수께끼였을까? 심장 박동이 1분간 48번밖에 되지 않던 그는 도대체 어디서 힘을 얻었던 것일까? 그러나 코르비사르가 해명할 수 없었던 것은 나폴레옹의 놀라운 능력이었다. 그 능력이라는 것은 다른 게 아니라 정신적으로나 신체적으로 몹시 긴장된 순간에도 눈깜짝 할 사이에 깊은 수면 상태로 빠져들 수 있는 능력이었다. 그 수면은 길어야 반 시간쯤 이어졌고 어느 새 잠에서 깨어나 멀쩡한 정신으로 돌아오는 것이었다. 과연 그가 정말로 잠을 잔 것일까? 아니면 정신이 완전히 나간 상태였을까? 또는 눈을 뜨고도 꿈을 꾸는 상태였을까?

그의 궁내 대신 마몬트는 이와 관련하여 다음과 같이 기록하고 있다.

"마치 장님을 인도하는 손길처럼 어떤 누를 수 없는 힘이 그를 끌어가는 것은 아닐까?"

그 당시보다는 두뇌의 기능에 대해 많은 것을 알고 있는 오늘날의 현대 의학은 이러한 갑작스러운 '방심 현상'을 보다 잘 해석할 수 있을 것이다. 현대의 신경전문의들은 아마도 이러한 증상을 '마취 현상(Narkolepsie)'이라고 진단하리라.

다른 말로 표현하자면 두뇌의 소모 현상이라고 할 수 있다. 두뇌 중에서도 특히 수면상태와 지각상태가 구분되는 그 부분이 소모된 것이다. 게르하르트 벤츠머 박사는 이에 대하여 설명한다.

"두뇌 깊숙이 박혀 있는 히포 탈라무스라 불리는 이 기관은 히포피제의 윗쪽에 바짝 붙어 있으며 이는 호르몬 작용을 하는 상부 중심을 싸안고 있다. 현대 두뇌생리학은 바로 이 기관에서 감정과 심리적 충동, 그리고 결단력과 의지가 생겨나는 것으로 생각하고 있다. 하지만 이와는 달리 인간의 지능, 즉 '정신'은 두뇌의 가장자리 구역인 두뇌 피에 있다고 생각된다. 이렇게 볼 때 나폴레옹의 놀라운 정신이 죽음에 이를 때까지 동일한 수준에 머물렀다는 것은 큰 의미를 갖는다. 반면 나폴레옹의 의지와 결단력, 그리고 번개처럼 신속한 행동에서의 생기와 신선도는 그에게 성공을 가져다 주는 데 큰 공을 세웠지만 1809년에 이르면서 그것이 삐걱거리고 있음을 알 수 있다."

이는 오늘날의 의사가 내리는 결론일 뿐이다. 당시 의사들은 그저 나폴레옹이 1803년에 이르러 기름이 끼고 윤곽이 두리뭉실해지고 생기 있던 눈의 광채가 사라졌다는 사실밖에 확인하지 못했다.

그의 부인인 조세핀에게 보낸 편지에서 나폴레옹은 자신의 신체와 관련하여 다음과 같이 암시한 적이 있다.

"나이 사십은 역시 사십이오."

그리고 그가 거느리고 있던 장군들도 황제의 변모를 모를 리 없었다. 지금까지 그렇게 바싹 말랐어도 피곤한 줄 모르고 생생하던 사람이 갑자기 하루아침에 몸이 무거워졌던 것이다. 그랬다. 정말로 기름기가 낀 나폴레옹은 사람들 눈에 금방 띄었다.

그의 외과 담당인 라레리는 일기에 다음과 같이 썼다.

"이집트에서 멀고 먼 사막을 행군하면서도 그렇게 쾌활하기만 하고, 스페인에서는 스페인 사람보다 더 강인한 지구력으로 스페인 출신을 탄복케 했던 그 장본인이 지금은 춥다고 엄살을 피우며 밖으로 나오지 않고 옷까지 벗고 침대에 몇 시간씩 누워 있다니 도무지 믿을 수가 없다.”

라레리는 이와 같은 사실을 확인하긴 했지만 그로서도 도울 방법이 없었다. 그로부터 130년이라는 세월이 흐르고 난 지금에서야 사람 몸의 신진대사를 관장하는 중심부가 중간 뇌 영역에 있다는 것이 밝혀졌다. 이는 잠을 자고 깨어나는 것을 조종하는 기관과 아주 가까운 곳에 위치한다. 점점 잦아지는 나폴레옹의 전형적인 방심 증상에 관해 틸 폴 장군은 다음과 같이 회고한 바 있다. 나폴레옹이 오스트리아의 프란츠 1세의 딸인 미리 루이제와 결혼한 지 얼마 되지 않았을 1810년의 어느 날이었다고 한다. 꼼뻬엥의 궁전에서 황제는 유럽의 대단한 귀빈들을 초대하여 파티를 열었다. 장군들, 대사들, 국왕들, 후작들, 공주들과 주교들이 총 집합된 파티였다. 파티의 저녁 만찬이 끝나고 모두들 넓은 홀로 자리를 옮기던 중이었다. 나폴레옹이 제일 마지막으로 홀 안으로 들어서고 있을 때였다.

“살롱의 한가운데쯤 이른 황제는 갑자기 그 자리에 우뚝 멈춰서 버렸다. 그리고 가슴 위에 팔짱을 끼고 한 여섯 발자국 앞쪽의 바닥을 내려다보는 자세로 꼼짝 않고 그대로 서 있는 것이었다.

그러자 다른 사람들도 모두 그 자리에 멈춰 서서 널찍한 원을 그리고 그의 주위를 둘러쌌다. 서로 곁눈질을 할 엄두도 못 내고 입을 꾹 다문 채. 그러다 그들은 차츰 서로 눈짓을 주고받으며 그 상황이 어떻게 끝날지 가슴 졸이며 기다리고 있었다. 5분, 6분, 7분, 그리고 8분이 흘렀다. 다들 어이가 없었고 의아스러워하는 기색이 역력했다. 그 중 누구도 영문을 알 수가 없었다. 이윽고 제일 앞줄에 서 있던 마세나 장군이 슬그머니 그에게로 다가가 귀에 대고 뭐라고 소근거렸다. 하도 작은 소리여서 뭐라고 하는지는 아무도 들을 수 없었다. 그러나 그 장군이 그렇게 속삭이자 황제는 눈 하나 깜짝 않고 그대로 선 채 청천벽력 같은 소리를 무섭게 내질렀다.

"그게 당신과 무슨 상관이요?"

전사들의 명성을 한몸에 받고 있던 전사들의 아버지요, 슈바로프를 정복한 '승리의 총아'인 이 장군은 기가 푹 꺾여 두말도 못하고 뒷걸음질을 쳐 자기 자리로 되돌아갔다. 그러나 나폴레옹은 여전히 꼼짝 달싹도 하지 않고 그대로 서 있었다. 이윽고 마치 꿈에서 깨어나는 사람처럼 그는 고개를 들었다. 그리고 팔짱을 풀고 주변에 둘러 선 사람들을 하나하나 유심히 살피더니 아무 말 없이 몸을 돌려 만찬식장으로 되돌아가는 것이었다. 그는 황후의 곁을 지나면서 냉정한 목소리로 이렇게 말했다. "따라오시오!" 그리고 그녀와 함께 궁전의 내실로 들어가 버렸다. 난 지금도 그 광경이 눈에 선하다. 그리고 아직까지도 그 이유를 전혀 알 수 없다."

그런 현상은 더 자주 일어났다. 나폴레옹의 권좌는 기울기 시작했던 것이다. 그의 두뇌 기능은 당시 극도로 쇠약해 있었다. 오랜 세월 동안 무리한 긴장의 연속이었으니 당연한 결과였다. 그런 까닭에 이제 그렇게 강했던 그의 의지마저도 더 이상 뇌기능을 자신의 명령에 복종시킬 수 없었던 것이다.

그리고 그와 동시에 신체의 통증도 너무 오랫동안 참아 왔던 까닭에 이제는 걷잡을 수 없이 밖으로 드러나기 시작했다.

이전에는 모든 신체상의 욕구를 무시함으로써 전쟁을 승리로 이끌 수 있었다면, 종종 전쟁에서 패배한 이유는 잠이 부족했기 때문이다. 그리고 완전한 무감각이 그를 사로잡아 버리고 위경련이 그를 절망의 도가니로 몰아넣었던 것도 패배의 이유였다.

1814년, 몇 번의 전투를 승리로 이끌었던 것은 잠깐 동안 반짝하는 마지막 불꽃에 지나지 않았다. 자신의 병든 몸이 자신의 의지보다 강하다는 것을 깨달은 나폴레옹은 죽으려고 작정을 했다.

아르시스 슈르 아베에서 그는 모든 신실한 장군들로부터 버림을 받고 오로지 사령부와 친위병들만 대동한 채 6천 명이나 되는 코자크 적군들을 향해 돌격하여 그들을 후퇴시켰다. 그는 목숨을 내놓고 이런 무모한 기마 공격을 했지만 살아 돌아왔다.

결국 그는 왕관을 내놓아야 했다. 영국의 대사가 나폴레옹의 서명을 받기 위해 퐁텐블뢰로 퇴위서를 가지고 왔을 때 그는 몰락한 황제의 끔찍한 모습과 맞닥뜨리게 되었다. 맥도날드는 자신의 '추상곡'에 이렇게 쓰고 있다.

"황제는 간단한 하얀 색 플란넬 잠옷을 입은 채 벽난로 곁에 앉아 있었다. 그리고 맨발에 슬리퍼를 신고 가슴은 다 드러나 있었다 그는 양 팔꿈치를 무릎 위에 올려 놓고 양손으로 얼굴을 가리고 있었다. 시종이 내가 도착했음을 큰소리로 알려 주었으나 황제는 내가 방 안으로 들어설 때까지도 꼼짝 않고 있었다. 그는 깊은 잠 속에 빠져 있었던 것이다."

이제 그가 권좌에서 완전히 물러나자 나폴레옹이 병든 사람이라는 것은 누구나 단박에 알아차릴 수 있게 되었다. 엘바 섬에서 유배 생활을 하는 동안 마지막으로 저항을 했던 것도 따지고 보면 고집스러운 반응이었을 뿐이다. 그리고 대략 1천 명쯤 되는 심복들과 함께 파리로 행군을 시작했던 것도 사실 백일 동안의 막간극에 불과했다.

그는 다시 한 번 자신의 권좌와 행운, 그리고 자기 의지력에 모든 것을 걸면서도 더 이상 자신을 믿지 않는 것처럼 보였다.

"공명심으로 채찍을 맞게 되면 나처럼 모두 이렇게 뚱뚱해지는가?"

그는 주앙 레펜의 프랑스 해안가에 도착하고 나서 자신의 외과 담당인 라레리에게 위와 같이 물어 본 적이 있었다.

100일 후 영국 전함 노텀버랜드 호는 그를 성 헬레나 섬으로 실어 날랐다.

어떤 주치의도 그의 유배지로 따라가려 하지 않았다.

좌절과 질병과 독살당하지나 않을까 하는 두려움에 묻혀 산 세월, 그의 인생 중 마지막 6년을 그와 함께 한 사람은 모두 낯선 의사들이었다. 그리고 병이라는 것도 새삼스러울 것이 없는, 옛날부터 이미 그의 몸에 붙어다니던 질병들이었다. 그러나 이제 그의 의지가 꺾여 버리자 건강이 더욱 악화되었다.

나폴레옹이 암벽으로 둘러싸인 성 헬레나 섬에 도착했을 때 그 섬은 건강에 안 좋은 날씨로 이미 소문나 있었다. 그 중에서도 가장 기후가 좋지 않은 곳이 롱우드의 고지였다. 그 고지 위에 농가가 서 있었고 그 집이 나폴레옹의 거처로 지정된 곳이었다. 여기선 소나기와 안개, 바람과 습기가 삽시간에 작열하는 열대성 기후로 바뀌어진다. 바람이 불어도 늪지대는 제대로 마르는 법이 없다. 방마다 습기로 눅눅했고 쥐들이 사방을 누비고 다녔다. 어느 날 밤에는 나폴레옹의 시종들이 스무 마리도 넘는 쥐를 잡아 죽여야 했다. 섬의 총독이었던 허드슨 로우에 경은 나폴레옹이 엘바에서처럼 행여라도 섬 밖으로 빠져나갈까 봐 엄중한 감시 조처를 취했다. 1,500명의 영국군들이 그 섬에 주둔하고 있었고 농가는 항상 감시 속에 놓여 있었다. 낮에는 125곳에 보초를 서고 밤에는 72곳에 보초를 섰다. 제임스타운처럼 작은 항구에 전함이 닻을 내리고 정박해 있었다.

나폴레옹이 성 헬레나 섬에 머무는 동안 자신의 회고록을 받아 적게 했던 라 가제에게 나폴레옹은 뢰베 경에 대해 이렇게 말했다

"그들은 내게 단순히 교도소장만을 보낸 것이 아니라 목자르는 형리까지 보냈어. 로우에 경이 내 목을 자를 형리니까."

악천후와 총독의 굴욕적인 대우는 나폴레옹이 어린 시절부터 시달려 왔던 위점막 염증을 더욱 부추겼다. 이는 결국 위궤양으로 발전했다.

1816년 성 헬레나 섬에서 발발한 아메바성 이질은 나폴레옹의 간에 치명적인 타격을 가했다.

유배자에게 보내졌던 의사들은 그에게 별다른 도움을 주지 못했다.

나폴레옹의 유배기간 중 처음 4년 동안 그의 진료를 맡았던 오메아르 박사는 모든 질병 증상에 관해 매일 병상 일지에 꼼꼼하게 기록했으나 적절한 처방을 내리지 못했다. 영국 해군에서 외과의로 근무했던 그에게 모든 내과 질병에 관한 지식을 요구한다는 것은 처음부터 무리였다. 마사지 치료와 해수욕, 그리고 감홍의 함량이 높은 파란 알약으로 나폴레옹의 통증을 덜어 주려고 노력했지만 허사였다.

총독의 입장에서 오메아르는 오직 자신에게 매일 나폴레옹의 동태를 보고해 줘야 할 임무를 가지고 있는 사람에 불과했다. 나폴레옹을 따라 성 헬레나 섬에 함께 머무르고 있는 나폴레옹의 측근들과 나폴레옹이 나누는 대화 내용이 그의 주된 관심사였던 것이다. 그 의사에게 장교의 선서는 히포크라테스의 선서보다 더 중요한 의미를 가졌던 것이다. 5년 후 오메아르를 더 이상 신뢰하기가 어려울 것으로 짐작한 뢰베 경은 느닷없이 오메아르를 나폴레옹의 주치의 자리에서 해방시켜 주었다. 오메아르는 자신의 일기에 해고서를 그대로 옮겨 놓았다.

"육군 중장 허드슨 로우에 경께서 제게 귀하께 보나파르트 장군의 주치의로서의 임무를 그만두고 다른 주민들과의 접촉을 일채 삼가라는 명령을 하달하라고 지시하셨습니다. 그러므로 귀하께서는 이 서신을 받는 즉시 여기에 살고 있는 어떤 사람과도 접촉하지 말고 롱우드를 떠나셔야 합니다.

1818년 7월 25일 농가에서, 에드워드 원야드 중령."

훗날 오메아르에 관한 비밀이 하나씩 그 베일을 벗기 시작했다. 이런 표현이 적당할지 모르지만 여하튼 그는 세 사람 몫의 스파이 역할을 수행했다. 영국 정부는 그로부터 나폴레옹과 총독에 관한 정보를 직접 얻고자 했다. 그래서 그는 이 정보를 제공했다. 그리고 총독은 총독대로 그에게서 모든 것을 알아내려고 했다. 롱우드에서 이야기되는 대화 내용과 매일 벌어지는 일상 생활에 대해 그는 모든 것을 알 수 있었다. 그리고 마지막으로 나폴레옹은 나폴레옹대로 오메아르로부터 유럽이 돌아가는 소식을 들으려고 했다. 오아메르는 나폴레옹에게 그에 관한 정보도 주었다. 영국 정부와 총독에게 정보를 제공한 것은 그가 장교였기 때문에 군에서 한 선서가 그렇게 하도록 명령한 것이었고 나폴레옹에게 정보를 제공한 것은 우정에서 나온 스파이 활동이었다.

이를 증명해 주는 편지가 한 통 있다. 오아메르는 영국으로 돌아간 직후 해군 사령부로 다음과 같은 편지를 띄웠다.

"저는 나폴레옹이 계속 성 헬레나 섬과 같이 기후 조건이 나쁜 곳에 머물게 되면 곧 목숨이 위태로워질 거라고 생각합니다. 게다가 가뜩이나 견디기 어려운 섬 체류와 지금까지 당해 온 끊임없는 억지 농간과 훼방으로 더욱 곤란해질 경우 그렇게 될 확률은 한층 커질 것입니다."

1년이 넘도록 나폴레옹은 의사도 없이 지냈다. 총독은 유배자의 상태가 극도로 악화되었다는 보고를 받으면 해군 의사들 중 아무나 한 명 골라서 롱우드로 보내는 것이 고작이었다.

이제 나폴레옹의 가족들은 새 주치의를 물색하기에 바빴다. 그들의 선택은 이제 갓 서른이 된 프란체스코 안티오마르치에게 낙찰되었다. 그는 나폴레옹과 마찬가지로 코르시카 섬 출신의 외과의였다. 그를 추천한 것은 나폴레옹의 숙부 페쉬 추기경이었다. 그는 왕년의 황제가 진짜 병이 든 것은 아니므로 그저 의사라는 형식만 갖추면 된다고 잘못 판단했던 것이다.

나폴레옹과 그의 새로운 주치의의 관계는 처음부터 잔뜩 찌푸린 상태였다. 1819년 9월에 성 헬레나 섬에 도착한 새 주치의가 먼저 사흘 동안이나 총독 로우에 경의 시중을 들어야 하는 것은 당연한 일이었다. 그러니 나폴레옹이 자신의 주치의를 진심으로 신뢰할 수 없었던 것도 결코 무리가 아니었다. 나폴레옹은 언젠가 이렇게 말한 적도 있었다.

"내 다리를 그에게 직접 수술하게 하느니 차라리 내 말을 수술하라고 시키겠어."

안티오마르치가 '코르시카 출신의 이발사'일 뿐 진짜 의사가 아니라는 소문은 가라앉을 줄 몰랐다. 100년이 지나서야 비로소 그가 실제로 백내장에 관한 박사 논문으로 박사 학위까지 취득한 의사였다는 사실이 알려졌다.

1819년 9월 23일 안티오마르치는 나폴레옹을 진단하고 이렇게 확인했다.

"나는 황제께 다가갔다. 그의 청각은 약한 상태였다. 그리고 얼굴은 흙색이었고 눈빛이 탁했다. 눈의 결막이 노랗고 붉은 빛을 띠고 있었다. 그리고 온몸이 심하게 붓고 피부색이 창백했다. 콧구멍은 막혀 있었고 타액 분비가 심했다. 그리고 하복부가 팽팽하게 긴장된 상태였다. 맥박은 약했지만 1분간 60회로 일정했다. 나는 왼쪽 간엽이 딱딱하게 굳어 있어서 누를 때마다 심한 통증을 가져온다는 것을 알았다. 명치를 손끝으로 누르면 호흡이 점점 곤란해졌다."

안티오마르치는 황제에게 무엇보다 신체 단련을 처방했다. 승마를 권하고 정원 일에 재미를 붙이도록 자극하기도 했다. 그는 간의 통증에 아편과 염화암모늄, 뜨거운 유황욕을 처방해 주었다. 그리고 이따금 발포 연고를 부착시키기도 했다. 그가 고약 연고의 가장자리를 너무도 솜씨없이 잘라내자 왕년의 황제는 몹시 언짢아하며 이렇게 말했다.

"당신은 참으로 무지한 사람이오. 하기야 당신한테 이렇게 일을 맡기고 있는 나는 당신보다 더 무지한 사람이지만."

일시적으로 나폴레옹의 상태가 조금 호전되었다. 그는 더 이상 승마를 하지 않고 그나마 잠시동안 산책하던 것도 뜸해졌다. 그러자 간과 장 부위의 통증이 극심해졌다. 통증 때문에 나폴레옹이 안티오마르치를 찾으면 그 의사는 도무지 행방이 묘연했다. 그는 말을 타고 섬을 돌아다니거나 아니면 제임스 타운에 있는 영국 장교들과 어울리며 한껏 즐기고 있었던 것이다.

"빈민가의 하찮은 환자도 나처럼 박대를 당하지는 않을 거야."

그는 언젠가 그렇게 말하기도 했다.

아무런 도움도 되지 못하는 의사와 함께 보낸 고통의 몇 개월이었다. 안티오마르치는 어찌할 바를 모르고 결국엔 영국 군의관을 급히 불러들였다. 그는 애치벌드 아르노트 박사였다. 그날이 1821년 4월 1일이었다. 아르노트 박사는 나폴레옹에게 0.6그램이나 나가는 엄청난 양의 감홍을 조제해 주었다. 이는 당시에 흔히 쓰이던 설사약으로 수은과 클로리드를 섞은 것이었다. 그러나 오늘날은 그렇게 과도한 양의 감홍은 간을 앓고 있는 환자에게 독이나 마찬가지라는 사실을 잘 알고 있다.

나폴레옹은 서서히 저물어 가기 시작했다. 그러다 잠깐씩 반짝하는 순간도 있었다. 그때는 자신의 유언에서 원래 20만 프랑을 주려고 했던 안티오마르치의 이름을 삭제해 버렸다.

안티오마르치가 쓴 일기의 마지막 기록은 1821년 5월 5일자로 되어 있다.

"…오전 11시. 나는 임종의 순간에 있는 자의 입술과 입을 계속 깨끗한 물로 적셔 주었다. 그 물은 약간의 설탕과 오렌지 주스가 조금 섞인 것이었다. 그러나 식도가 거의 막혀 버렸다. 그는 이제 아무것도 삼킬 수 없게 되었다. 꼴깍거리는 소리로 호흡이 끊기면서 복부 근육이 강하게 움직였다. 눈썹이 경직되었고 눈이 천장을 향했다. 맥박이 끊겼다가 다시 살아났다….

6시 11분 전이다. 나폴레옹은 죽음에 임박했다. 입술이 가벼운 거품으로 덮혔다.

그는 더 이상 이 세상에 존재하지 않는다….

명성은 이렇게 사라져 버린 것이다….”

나폴레옹이 비소로 독살되었다는 소문은 이미 오래 전부터 설득력을 잃고 있다.

오늘날 학자들이 인정하고 있는 사실은 다음과 같다. 나폴레옹은 두 가지의 다른 질병을 앓고 있었다. 그 중 하나는 충분히 치료 가능했던 헤파티스, 즉 간염이였고 다른 하나는 치유할 수 없었던 위장병이었다.

나폴레옹의 마지막 주치의였던 오메아르와 안티오마르치를 어떻게 평가하든 간에 한 가지 확실하게 말할 수 있는 것은 당시 의학 지식으로는 이러한 질병의 진단이 불가능했다는 점이다.

그러므로 나폴레옹의 운명은 정해진 것이었다. 당시는 어떤 의사라 해도 그를 도울 수 없었을 것이다. 명성을 날렸던 코르비사르나 아니면 라레리라 하더라도 마찬가지였을 것이다.

이런 의미에서는 나폴레옹의 어떤 주치의보다도 나폴레옹을 감시한 엄격한 교도소장 허드슨 로우에 경에게 더 큰 잘못이 있다 하겠다.

빈민의 천사가
죽어서는 안 된다

절망적인 진단
뉴욕 암전문의 조지 팩 박사의 무의미한 수술 감행
6개월간 고통 속에서 들이닥친 무서운 종말
죽은 빈민의 천사는 과연 어떤 관에 누워 있을까?
권력자의 명령 앞에 아연해하는 의사들
죽음은 마음대로 조종할 수 없다

에비타 페론 (Evita Perón, 1919~1952)

아르헨티나 대통령 후안 페론의 두 번째 부인. 연극 배우와 라디오 성우로서 평범한 연기생활을 한 뒤 1945년 상처하고 독신으로 있던 후안 페론 대령과 결혼했다. 그녀의 남편이 처음 대통령으로 재임한 1946~1952년 하층민들의 존경을 받는 등 비공식적이나 강력한 정치지도자가 되었다. 노동조합에 대해 임금인상, 여성의 참정권법 통과에 기여했고 여성 페론당을 결성 아르헨티나의 학교에 의무적인 종교교육 실시 등 빈민들의 천사로 불리웠다. 그녀가 암으로 죽자, 죽어서도 국민들의 지주가 될 것을 두려워한 페론주의 반대파에 의해 유해가 은닉되었다가 1974년에야 본국에 안장되었다.

　여기에 소개될 이야기는 처음부터 끝까지 끔찍한 내용이다. 이런 일이 아르헨티나 같은 나라에서만 있을 법한 일이라고는 아무도 장담할 수 없을 것이다. 다른 곳에서도 권위 있는 의사들이, 국제적으로 명망 높은 의학계의 명사들이 권력자와 오로지 권력만을 염두에 두는 그 수하들의 축구공처럼, 꼭두각시 놀음을 할 수도 있을 것이다.

　이런 경우 의학적인 시각에서 다루자면 단 몇 줄로 해결될 수 있는 문제다. 여기 아주 젊고 아름다운 아름다운 여인이 있다. 이제 서른두 살밖에 되지 않은 이 여인의 진찰 결과는 절망적이었다. 자궁암 말기. 수술을 해도 소용없는 단계다. 그녀가 살 수 있는 시간은 고작 몇 달, 아니 어쩌면 몇 주가 될지도 모른다. 사람들이 그녀를 위해 할 수 있는 일이란 진통제로 고통을 줄여 주는 것뿐이다. 그리고 가능하면 그녀가 하루속히 죽음을 맞아 질병의 고통으로부터 해방되는 것만이 그들이 바랄 수 있는 유일한 희망이다. 의사들 그리고 가까운 가족들과 친지들도 그렇게 되길 바랄 뿐이다. 물론 가슴을 에이는 슬픈 일이지만 어쩔 수가 없었다.

　이 글의 주인공인 한 여인의 삶과 죽음은 국가 정책에 의해 결정되었다. 이 여인의 생사가 바로 페론 정권이 살아 남느냐 아니면 무너지느냐를 결정했기 때문이다. 이런 사실들을 잘 알고 있던 사람들이 있었다. 권력자 후안 페론과 여당의 수뇌부, 특히 노동조합의 보스인 조세 에스페오였다. 그들은 권좌에 머무르고 싶었으므로 이 여인이 죽어서는 안 되었다. 에비타 페론이 죽으면 그들도 끝장일 테니까. 따라서 이들은 의사들이 그들에게 복종하도록 만들어야 했다. 결국 그들은 복종했다.

에비타 페론은 대중의 우상이었다. '빈민의 천사'요 '헐벗은 자들의 어머니'였다. 그녀가 발산하는 카리스마야말로 페론 정권의 존속과 불가침성을 보장해 주는 유일한 것이었다. 그녀가 어두운 슬럼가 출신이고 여러 남자를 거친 전력이 있는 댄서였음에도 불구하고 말이다.

어쩌면 이 이야기는 안 하는 게 좋을지도 모른다. 하지만 이 이야기를 하지 않고서는 치유가 불가능한 자궁암을 안고 산 6개월 동안(1951년 11월~1952년 7월) 어떻게 그녀가 생기를 유지할 수 있었는지 이해하기 어려울 것이다. 가난의 여로는 그녀의 운명인 듯했다. 바스킨 유안나 이바르구엔과 부유한 가축상 주앙 두아르테 사이의 스치는 바람 같은 사랑의 결과로서 사생아로 태어났다. 부에노스 아이레스에서 3백 킬로미터 이상 떨어진 아르헨티나 남부의 산과 세상으로부터 버림받은 로스 톨도스라는 둥지에서 태어난 그녀는 대체 어떤 사람이 되을까? 사람들을 홀릴 만한 미모 외에 그녀가 이 세상에 가지고 온 것은 무엇이었을까? 여기에 부자들과 힘 있는 자들에 대한 증오가 더해지고 이것은 유리처럼 명석한 지능과 합쳐진다.

부자 가축상은 바스킨 유안나와 재미를 보는 것에 맛들여 그녀로 하여금 혼외 자녀 세 명을 더 출산하게 했다. 그러나 그 후 이 장사꾼은 등을 돌리고 말았다. 그녀가 넷이나 되는 아이들을 데리고 어떻게 살아가든 아무 관심도 없었다. 흔히 시골의 부자들이 동네 토지의 4분의 3은 자기네 땅이라고 말하듯, 그 또한 이 지역에서 2백 가구쯤 차지하고 있는 마을의 부자였다.

에바는 열다섯 살이 되면서 자신이 현재 가진 재산이란 단 한 가지밖에 없다는 사실을 깨닫는다. 즉 자신의 몸뚱어리, 즉 자신의 아름다운 몸매 그것뿐이었다. 남자들은 그녀라면 미치려고 했다.

'좋다. 그렇다면 그들에게 값을 치르게 하리라. 그들의 돈과 그들의 영향력으로….'

필루포라는 이름의 한 탱고 가수가 순회 공연 중 로스 톨도스에 들렀다. 그는 에비타를 부에노스 아이레스에 있는 자신의 별장으로 데리고 갔다. 1년 후 그는 그녀에게 싫증이 났다. 그러나 그녀는 더 심했다. 그가 자신에게 권력과 부를 가져다 줄 남자가 아니라는 사실을 깨달았던 것이다.

그녀가 머문 인생의 다음 정류장은 나체 사진 모델이었다. 그리고 카바레의 바걸, 백만장자인 비누공장 사장의 정부, 호화 주택가인 칼레 포세다스의 우아한 집주인이 된 그녀. 그녀의 그 멋들어진 집은 점차 에비타에게 중요한 남자들이 모이는 비밀 장소가 되었다. 그러니까 돈만 가진 것이 아니라 영향력도 있는 그런 남자들…. 그녀는 자신의 사랑의 대가로 단순히 돈만 받는 것에는 진력이 났다. 이제부터 누구든 그녀를 소유하려는 사람은 돈이 아닌 다른 것으로 대가를 지불해야 했다.

그녀가 아르헨티나에서 가장 큰 라디오 방송국인 벨그라노 라디오 방송국장 사무엘 이안켈레위치의 정부가 되었을 때, 그녀의 나이 갓스물이었다. 그 대가로 그녀는 여배우가 되고자 했다. 마리아 슈투어트도 되고 마리 앙뜨안네, 카타리나 여왕, 스페인의 이사벨라의 배역도 맡고 싶었다. 사무엘 이안켈레비치는 자신의 여비서 자리를 제안했다. 그녀는 그를 비웃었다. 그러나 그는 에비타를 잃고 싶지 않았다. 완전히 그녀한테 미쳐 있었던 것이다. 그녀는 그의 품에서 빠져 나갔다. 그는 별수없이 그녀에게 무엇을 줄 수 있을 지 골머리를 싸매야 했다. 결국 매일 저녁 8시 15분에 방송되는 5분짜리 사회보도 시간의 아나운서 자리를 제안했다. 평범한 사람들은 그 프로를 '민중의 소리'라고 불렀다.

그녀는 그 제안을 흔쾌히 받아들일 만큼 영리한 아가씨였다. 매일 저녁 전국 방방곡곡에서 자신의 목소리를 들으리라. 그녀 자신도 한 일원인 민중의 소리를 말이다. 그 프로는 단순히 기사를 낭독하는 일에 지나지 않았다.

"마틴 지메네츠는 오늘 사고를 당했는데 무료함을 달랠 책을 구하고 있습니다."

"휠체어를 가지신 분 안계십니까? 열여섯 살의 마누엘 게론이 긴요하게 쓸 것입니다…."

가난과 궁핍, 그리고 절망어린 보도. 가난한 자들의 절규와 부자들에 대한 요구. 에비타는 이 프로를 굉장한 화젯거리로 만들었다. 그녀는 울기도 하고 애원을 하는가 하면 어느새 목소리를 바꿔 감미롭게 속삭이기도 하고 갑자기 다음 순간에는 공격적인 소리로 억양을 높이기도 했다. 새로 기용된 에비타 이바르구엔 두아르테 같은 여성 진행자는 아나운서 가운데 단 한명도 없었다. 그녀는 단어 하나하나 사이에 간격을 두기도 하고 한 구절을 반복하기도 했다. 매일 저녁 5분짜리 방송이 어떤 때는 10분이 되기도 하고 15분이 되기도 했다. 에비타는 알고 있었다. '나는 이 가난한 사람들의 수호신이요, 그들의 행운의 상징이다….'

그러나 그녀는 사무엘 이안켈레위치가 더 이상은 자신을 도와 줄 수 없다는 사실도 알았다. 그녀는 앞으로 아르헨티나의 장래가 군인들에 의해 좌우되리라는 사실을 예감했다. 그들 중의 한 사람에게 다가가는 길은 그리 어렵지 않았다. 임베르트 육군 대령. 그는 체신부와 라디오 방송을 담당하는 체신부 장관이었다. 이안켈레위치는 자신의 빚을 갚았고 육군 대령은 다른 것으로 그녀에게 지불했다. 에비타는 벨그라노 방송국 역사상 최초의 여성 아나운서가 되었다. 그리고 대령은 매달 3만 페소라는 거액의 월급을 받도록 해 주었다. 오늘날의 화폐 가치로 따진다면 거의 4만 마르크(2억원 이상)에 달한다. 그것도 국고에서 지불되는 것이었다. 물론 에비타와 함께 보내는 대령의 달콤한 시간은 그 안에 당연히 포함되어 있었다.

그녀는 격문을 읽었고 장관들을 따라 전국을 순회했다. 그녀는 부에 노스 아이레스에 자신의 사무실을 갖고 있었다. 이 사무실에는 가난한 사람들과 '헐벗은 사람들'의 편지가 산더미처럼 쌓여 있었다. 그녀가 스물다섯 살이 되던 해에 산 주앙 시가 지진으로 말미암아 황폐한 달 동네가 되고 말았다. 사망자 4천 명, 1만 명이 되는 부상자를 낸 유례 없는 대참변이었다. 에비타는 임베르트 대령의 지원 호소문을 낭송했 다. 그녀의 낭송이 얼마나 감동적이었던지 듣는 사람들의 등에 소름이 오싹할 정도였다.

그녀의 방송을 열심히 듣는 청취자 중에 한 사람이 있었다. 바로 후 안 페론이었다. 그가 장차 아르헨티나를 손에 넣게 될 인물이라는 것은 세상이 다 아는 사실이었다. 두 명의 야심가, 에비타와 후안은 '출세를 하기 위해서는 다른 누군가가 필요하다.'는 생각을 둘 다 똑같이 하고 있었다. 임베르트 대령은 '아내로부터 배신당한 남자' 꼴이 되고 말았 다. 에비타와 후안 페론을 만날 수 있도록 처음 자리를 주선해 준 것도 사실 임베르트 대령이었다. 그녀는 직감적으로 페론이 아르헨티나의 다 음 주자라는 사실을 예감했다. 그녀는 자신이 가진 무기인 미모와 매 력, 그리고 세련됨과 사람을 홀리는 듯한 마력으로 그를 공략했다. 그 녀는 이미 15세 때부터 해 왔던 대로 자신의 몸을 그 대가로 지불했다. 그것은 그녀가 미혼 여성으로서 몸을 무기로 사용한 마지막 경우였다. 1945년 10월 21일 빈민의 목소리를 대변하던 그녀는 아주 조용한 가운 데 혼례를 올렸다. 그녀의 새 이름은 에비타 페론이었다.

그로부터 채 두 달이 지나기도 전에 페론은 아르헨티나의 대통령으로 선출되었다. 1,527,231명이 그에게 표를 던졌고 반대표는 1,207,155 표였다. 가난한 남부 출신 아가씨는 드디어 자신의 목표에 도달했다.

페론주의는 유럽의 파시즘과 마르크스 사회주의 사이의 기묘한 변종이다. 페론을 기리는 어떤 사람들은 그를 미제국주의에 반대하는 선구자라 칭송했고 페론의 다른 추종자들인 무산계급의 대중들은 그를 경제적 빈곤에서 구해낼 구세주로 보았다. '빈민들의 목소리'인 에비타와 육군 대령의 결혼은 희망의 신호였다.

농업국이던 아르헨티나는 제2차세계대전을 통해 외화를 많이 벌어들였다. 헐벗은 자들의 천사인 에비타는 민중들에게 선물을 한 아름씩 안겨 주었다. 드디어 그녀는 단순히 벨그라노 라디오 방송을 통해 구조를 요청하는 데 그치지 않고 민중을 직접 도와 줄 수 있게 된 것이다. 그녀는 대통령의 의견은 묻지도 않고 그렇게 했다. 그리고 대통령 또한 그녀에게 제동을 걸지 않았다. 그만큼 그는 현명했던 것이다. 가난한 사람들이 처절한 선거전에서 그에게 승리를 안겨다 주지 않았던가.

자신은 부자가 되었지만 그녀는 여전히 부자들에 대한 증오를 대변하는 자요, 가난한 사람들의 대변자로 남았다. 그렇게 해서 그녀는 절망에 빠진 사람들의 수호신으로 머물렀던 것이다. 군장성들과 대지주들은 퍼스트 레이디를 지옥으로 보내고 싶은 적이 한두 번이 아니었다. 사실 자신이 가난한 사람들에 대한 따뜻한 마음을 가졌다는 것을 만천하에 공개하기 위해 에비타와 결혼한 페론은 자신이 그녀를 지배하는 것이 아니라 그녀가 자신을 지배하고 있다는 사실을 뼈저리게 깨닫고 있었다. 그는 그저 명목상 대통령일 뿐이었다.

그러나 그는 또 다른 사실도 알고 있었다. 이 사실이 에비타에 대한 그의 사랑을—그런 것도 사랑이라 부를 수 있다고 한다면—증오로 돌변하게 만들었다. 에비타가 자궁암에 걸렸다는 의사들의 이야기를 들었을 때 그는 에비타의 종말이 곧 자신의 종말이라는 것을 깨달았다. 자신이 출세하는 데 한몫 크게 기여한 여인인 에비타에게 별다른 애정을 느끼고 있지는 않았지만 권력자는 자신의 권력을 위해 공권력을 동원하기에 이르렀다.

권력자가 명령을 내리면 의사들은 복종할 수밖에 없었다.

히포크라테스의 선서 따위는 우스갯소리가 되어 버렸고 의사들은 권력에 의해 좌지우지되는 꼭두각시 인형으로 전락했다.

후안 페론은 1951년 가을에 선거를 치를 예정이었다. 1946년에는 가까스로 승리를 거두었으므로 페론은 압도적인 승리를 거두기 위해 에비타가 꼭 필요했다. 그 선거에서는 여성들에게 처음으로 선거권이 주어졌다. 후안과 에비타, 이는 누구도 대적할 수 없는 기막힌 한쌍이었다. 그녀를 동반하면 대중의 환호성이 하늘을 찔렀다. 그러나 그녀 없이 페론 혼자만 가면 박수소리도 그저 그랬고 그나마 각본에 따라 움직여질 뿐 전혀 자발적인 환호가 터져 나오지 않았다. 페론주의의 주축을 이루는 노동조합에 대해서도 후안과 에비타는 환상의 커플이었다. 부자와 가난한 사람의 결합이니만큼 그들에게는 절대적인 의미를 가졌던 것이다.

그런데 타르노브스키 박사는 이런 진단을 내렸다.

"에비타는 죽을 병에 걸린 후보자다!"

처음엔 그저 주장일 뿐이었다. 에비타 페론이 극구 거부해서 검사는 아직 하지 못했다. 그녀는 그 어두운 과거의 그늘이 드러날까 봐 정밀검사를 거부한 것이다. 나체 사진 모델, 칼레 에스미랄데에 있는 악명 높은 술집에서의 바걸 생활, 여러 남자들…. 그때 어느 의사는 매독이라는 진단을 내렸다. 그녀는 병을 완치하기 위해 자신이 가진 모든 재산을 털었다. 그녀는 류앙의 마돈나에게까지 순례를 가 기도를 올렸다. 그리고 나서 그녀는 다시 건강해졌었다.

그런데 그 복수의 유령은 이렇듯 뒤늦게 찾아오고 있었다. 하체를 마구 헤집어 놓는 미칠것 같은 통증. 이 날 이후 그녀는 도망치듯이 대통령의 궁전을 떠나 칼레 포세다스의 집으로 옮겨 갔다. 그러나 그녀는 사람들이 자신의 일거수 일투족을 감시하고 있다는 사실은 까맣게 몰랐다. 걸어가든, 자동차를 타고 가든 그녀의 뒤에는 항상 미행자가 따라 붙었다.

정권은 의사들이 자기들의 말을 듣도록 강요했다. 에비타의 생사가 정권의 생사를 판가름할 테니 당연한 처사였다. 모든 것을 일치 단결시켜주는 것은 권력자가 아니라 에비타였기 때문이다.

그녀가 강자가 아니라는 사실을 어렴풋이 느낄 수 있었던 사람이 딱 한 명 있었다. 타르노브스키 박사였다. 부에노스 아이레스의 피부과 의사인 그는 불쾌한 피부 반점 때문에 후안 페론을 치료해 준 적이 있었다. 그때가 1951년 여름이었다. 몇 달 후 11월 11일, 아르헨티나 국민은 장군이 다음 6년간 계속 대통령직에 머무르느냐 마느냐를 결정짓는 선거를 치르게 되어 있었다. 겉으로 민주주의를 과시하려는 페론의 속이 들여다 보이는 제스처였다.

에비타 페론은 여성들의 선거권을 관철시켰다. 아르헨티나 역사상 처음 있는 일이었다. 그녀의 야심은 부대통령으로 임명받는 데까지 뻗쳤다. 그녀는 매일 18시간을 일했다. 그리고 전국을 누비고 다니며 연설을 강행했고 유치원을 열고 병원의 개원식에 참석해 테이프를 자르는 등 '가난한 자들의 천사' 요 '헐벗은 자들의 어머니' 로서 어느 때보다도 열성적으로 일했다.

그같이 눈코뜰새없이 바쁜 나날을 보내던 어느 날 저녁 타르노브스키 박사가 대통령의 궁전에 가 있는데 에비타 페론의 부름을 받게 되었다. 그는 그녀의 얼굴을 보고 기겁을 했다. 창백한 얼굴에 목 부위의 피부가 푹 꺼져 있었다. 그녀는 가까스로 아픔을 숨겼다. 그녀는 이제 그전보다도 더 휴식을 생각할 수 없게 되었으며 모든 것을 견뎌내야 한다고 고백했다. 자신의 몸 안에서 반란을 일으키는 통증을 견뎌내기 위해서는 모르핀을 맞아야 한다고 설득했다. 즉 진통제가 필요했던 것이다.

타르노브스키는 안 된다고 말할 수 없었다. 그는 이 사실에 대해 침묵해야만 했다. 물론 후안 페론에게도 발설해서는 안 되었다. 그가 항상 그녀 곁에 있어 줄 수는 없기 때문에 에비타에게 혼자 주사놓는 법을 가르쳐 주었다. 그녀를 자주 방문하는 일은 의심받기에 십상이었다. 어디나 비밀 경찰이 지키고 있고 대통령 궁이라고 예외는 아니었다. 만일 에비타를 자주 방문하는 이유를 추궁당하면 뭐라고 대답할 것인가? 히포크라테스의 선서, 의사로서 환자에 대해 침묵해야 하는 의무는 손 한번 까딱하면 무용지물이 될 게 뻔했다. 그러면?

타르노프스키 박사는 그 질문을 곧 잊어버릴 수 있게 되었다. 에비타 페론에게 수혈을 하기 전에 그녀의 피를 뽑을 수 있었던 것이다. 에비타 페론은 졸도를 했고 그때문에 수혈을 해야 했는데 그녀의 혈액을 조사하게 되면 그녀가 실제로 어떤 병을 앓고 있는지 알 수 있기 때문이다. 만약 그것이 초기 출혈성 백혈병 증상이 아니라면, 점점 자주 졸도하는 것은 적어도 빈혈임을 암시해 주었다. 그러나 타르노프스키 박사 머리 속에는 또 다른 생각이 맴돌고 있었다. 그녀에게는 하체에 찌르는 듯한 통증도 있었던 것이다. 물론 진통제 주사 덕분에 고통은 곧 가라앉지만 진통제의 효과는 단축되고 있었다. 얼마 지나지 않으면 진통제도 듣지 않을 날이 곧 닥칠 것이다. 암일까? 타르노프스키 박사는 암에 대한 의심을 떨칠 수 없었다. 그렇지만 의심만 가지고는 무슨 소용이 있는가? 확실해야 했다. 그래야 마지막 순간에라도 수술을 할 것이 아닌가?

에비타 페론은 모든 검사를 거부했다. 타르노프스키 박사는 물론 에비타 페론에게 거의 애원하다시피 검사를 종용하면서도 수술이라는 말은 입 밖에 내지 않았다. 그는 자신이 페론에게 불려왔던 그날이 저주스러웠다. 그놈의 피부 반점 때문에 후안 페론에게 불려오지만 않았어도…. 차라리 부에노스 아이레스로부터 멀리 떨어진 삭막한 시골의 이름 없는 의사가 되지 않은 것이 한스러웠다. 빠져 나갈 구멍이라고는 없는 막다른 길이었다. 만일 심각한 사태가 벌어지면 그에게 책임을 추궁할 것이 뻔했다. 왜 아무 말도 하지 않았소? 왜 제때에 치료를 하지 않았소? 바로 타르노프스키 박사, 당신의 그 비겁한 양심 때문에 '빈민의 천사', '헐벗은 자들의 어머니', '민족의 수호신'을….

1951년 9월초, 선거까지는 아직까지 10주일이 남아 있었다. 에비타는 오로지 부통령으로 임명받으려는 한 가지 야심밖에 없었다. 그녀는 대중 시위를 조직했다. 전국의 어디서든 수천 명의 군중이 똑같이 합창을 부르도록 만들었던 것이다.

"우리는 후안과 에비타를 원한다!"

그녀는 짐 트럭과 열차편을 이용하여 25만 명의 어린이들을 부에노스 아이레스로 수송하게 했다. 그 어린이들이 다음과 같은 문구가 적힌 선전용 초상화를 흔들었다.

"25만 이상의 어린이들은 페론과 에비타를 원한다."

아르헨티나의 노조위원장 조세 에스페요는 에비타와 오랜 세월 동안 신뢰와 우정을 다져온 사이였다. 그는 자신의 노조원들을 동원하여 에비타를 부통령 자리에 앉히려는 시가행진을 벌이게 했다.

에비타가 출세와 권력의 마지막 계단에 이르지 못하도록 막는 장애물은 하나도 없는 듯했다. 페론 자신은 국방부 최고 사령관인 에두아르도 로나르디 장군을 불러 육해공군의 동의를 받을 수 있는지 물었다. 그의 질문에 대한 답은 강경하고 분명한 '아니오'였다. 명성있는 아르헨티나 군대가 '페티코트를 입은 여자 사령관'을 승인할 수는 없다는 것이었다.

1946년 대통령 선거 이래 처음으로 페론은 동료의 최후 통첩을 무시했다. 부에노스 아이레스의 번화가 아베니다 9번가 드 줄리오에 후안과 에비타의 대형 사진이 걸렸다. '대통령과 여자 부통령'이라고 쓴 높이가 몇 미터씩 되는 글자를 읽을 수 있었다. 군부의 반대는 점점 드세어 갔다.

9월 2일 저녁 아르헨티나 국민들이 저녁 뉴스를 들으려고 라디오를 켰을 때 에비타 페론의 목소리가 울려나왔다. 그녀가 벨그라노 라디오 방송국의 '민중의 소리'를 맡아 이 프로를 눈물과 기쁨의 도가니로 만들었던 그 목소리를 수백 만 민중들은 아직도 기억하고 있었다. 이번에는 그녀의 목소리가 이상하리만큼 조용하고 거의 억양이 없었다. 그리고 가끔씩은 더 이상 말을 할 기력이 없는 듯했다. 9월 2일 저녁 에비타는 이렇게 말했다.

"저는 아르헨티나 국민 여러분께 결코 번복하지 않을 최종 결심을 말씀드리고 싶습니다. 저는 부통령에 출마하지 않을 것입니다. 만일 훗날 후안 페론에 관해 빛나는 역사의 한 페이지를 장식하게 되는 날이 온다면 개인적인 소망이 한 가지 있습니다. '민중이 페론 장군에게 건 희망이 물거품이 되지 않도록 그 실현을 위해 자신의 일생과 정열을 바친 한 여인이 있었노라'는 짧막한 글귀가 덧붙여진다면 다행으로 여길 겁니다. 그 여인의 이름은 민중들에게 에비타로 불리워졌다고 말입니다. 그렇게 부른 이유는 민중들이 그녀를 참으로 사랑하고 아껴 주었기 때문이라고…."

아르헨티나의 국가가 울려 퍼졌다. 그리고 나서 어느 아나운서가 이렇게 말했다.

"방송은 15분 후에 계속 이어집니다."

무슨 일이 벌어진 것일까? 지금까지도 부통령이 되려는 에비타의 마음이 바뀌도록 설득한 사람이 누군지는 알려져 있지 않다. 어쩌면 후안 페론이었을까? 아니면 그녀가 출마하면 군부의 격렬한 반대에 부딪치게 될 것이라는 암시를 줬던 에두아르도 로나르디 장군? 그도 아니면 노조위원장 조세 에스페요였을까? 정권의 이익 차원에서—그리고 그녀의 개인적인 이익을 생각하더라도—그런 요구는 하지 말라고 했을까? 그녀가 후안 페론의 아내가 되고 난 후 스스로 목표를 세우고 끝없는 야심을 키워 나간 것 중에서 이루지 못한 것은 단 하나도 없었다. 그런데 아무도 이길 수 없는 강력한 이 여인은 처음으로 패배를 겪었다.

"감정을 해치는 것은 건강도 해친다."

이는 정신신체 의학에서 말하는 지당한 명언이다. 에비타는 말할 수 없을 정도로 마음이 상했다. 타르노프스키 박사가 그녀에게 하루에 진통제를 두 번씩이나 주사해야 하는 경우가 잦아졌다. 그는 절망의 늪을 허우적거리다 결국은 에비타와 오랜 친분을 맺고 있는 노조위원장 조세 에스페요에게 속마음을 털어놓았다.

에스페요는 머뭇거리는 사람이 아니었다. 그는 어떤 조처를 취해야 하는지 잘 알고 있었다. '헐벗은 자들의 천사'가 비록 부통령이 될 수는 없지만, 절대로 죽어서는 안 되었다. 페론을 위해서도 정권을 위해서도, 물론 그 자신을 위해서도. 사실 권력에서 물러나는 것을 좋아할 사람이 어디 있겠는가?

조세 에스페요와 에비타의 남동생인 후안 두아르테에 의해 일은 척척 진행되었다. 에비타의 남동생은 누이 덕분에 가난의 티를 벗은 사람이었다. 만일 그녀가 사라지면 그 자신도 이전의 가난 속으로 다시 추락해야 했다. 아무것도 아닌 신세로 전락해야 하는 것이다.

그 계획은 무서우리만큼 간단했다. 실패라고는 있을 수 없었다. 그저 에비타에게 모르핀 대신에 마취제를 주사하면 되는 것이었다. 그렇게 해서 의식과 의지도 없게 만든 후 정밀 검사를 받게 하면 되는 것이었다. 마취에서 깨어났을 때는 원래 주사를 맞았던 그 장소에 있게 되는 것이다. 그러면 그녀는 아무것도 기억할 수 없을 테니까. 물론 그 음모에는 의사들의 도움이 필요했다. 그 중 한 명은 이미 준비되어 있었다. 어차피 에비타와의 약속을 어기고 그녀의 비밀을 노조위원장에게 털어놓은 마당에 더 이상 망설일 것도 없는 타르노프스키 박사였다. 그는 에비타에게 마취제를 주사하는 임무를 맡았다. 이제 에비타를 진찰할 의사가 필요했다. 리카르도 피노치토 박사. 그는 '페론 대통령' 종합병원 원장이었다. 그 병원은 부에노스 아이레스의 북쪽에 있는 아벨라네다의 나지막한 노동자들의 집 위에 하늘을 찌를 듯이 서 있는 17층 대형 건물이었다. 남아메리카 전역에 이보다 더 현대적인 종합병원은 없었다. 에비타 페론은 수백만을 모금해서 이 병원을 짓는 데 투자했다. 정권이 얼마나 진보적인지 보여 주기 위한 표시였다. 전세계의 의사들이 이 종합병원을 구경하기 위해 몰려들었다. 현대적인 의료장비가 갖춰져 있고 모든 환자들이 무료로 진료와 수술을 받을 수 있도록 만든 병원이었다. '페론 대통령' 종합병원은 에비타가 세운 기념비였다.

아르헨티나에서 가장 훌륭한 외과의 중 한 사람인 피노치토 박사를 병원장으로 임명했다. 그는 자신의 지위에서 파면되거나 아니면 에비타라는 환자의 동의도 없이 몰래 검사해야 할지 양자택일을 해야 했다. 그는 오랫동안 골머리를 싸매지도 않았다. 조세 에스페요도 그것이 대통령의 명령이라고 못박고 있지 않은가. 조수들은 말을 잘 들었다. 일을 극비리에 치르기 위한 모든 준비가 완료되었다. 구급차로 위장한 최고급 캐딜락 승용차 안의 들것에 에비타 페론이 깊은 마취 상태로 누워 있으리라는 사실은 누구도 예측하지 못했다. 에비타 페론은 1951년 어느 가을날, 늦은 저녁 시간에 자신에게 벌어질 일을 전혀 상상도 못하고 깊은 수면에 빠져 있었다. 채혈, 조직 검사, 산부인과 진료대 위에서의 검사는 피노치토 박사와 같은 노련한 노의사에게는 누워서 식은 죽 먹기였다. 병상이 천 개가 넘는 병원에서 그가 수없이 해 온 관례적인 일이었다. 그러나 대부분 이런 '자질구레한 일'은 보조 의사들에게 맡기는 것이 상례였다.

원래 있던 자리로 되돌아오고 난 후 마취에서 깨어나도록 하기 위해서는 에비타에게 다시 한 번 마취제를 주사해야 했다. 그런 다음 환자를 나르는 보조원들이—사실은 아르헨티나 정보국의 비밀요원이었지만—들것을 들고 한쪽을 차단해 놓은 복도를 지나 캐딜락이 있는 쪽으로 옮겼다. 그녀의 얼굴과 몸에는 하얀 천이 덮혀 있었다.

피노치토 박사는 자신의 검사 결과를 종합병원의 검사실에서 직접 평가했다. 그는 검사 결과를 세 번이나 재확인했다. 그리고 또 한 번 검토했다. 그러나 도무지 다른 결론을 얻을 수 없었다. 그는 의사 생활을 시작한 이래 이와 비슷한 진단을 내린 것은 수천 번도 넘었다. 그러니 그를 속일 수는 없었다. 암은 여전히 이길 수 없는 적이었다. 게다가 출혈성 백혈병은 어떤 치료방법도 먹혀 들지 않는 유령과 같은 존재였다.

이런 진단을 바로 에비타 페론에게 내려야 하다니! 그 자신을 출세시켜 준 바로 그 당사자에게! 그녀의 나이가 지금 얼마더라? 이제 서른두 살밖에 안 되었는데! 전화벨이 울렸다. 에스페요였다. 박사는 그에게 진실을 말할 용기가 없었다. 그는 그럴 듯한 핑계를 둘러댔다. 아직까지 확실하게 말할 수 있는 단계가 아니라고. 그러나 핑계를 댄다고 해서 진실의 순간이 못 오게 막을 수는 없는 노릇이었다. 에비타 페론이 악성 자궁암을 앓고 있다는 무서운 진실이 언제가는 밝혀질 것이다. 그 병의 진전 단계는 수술을 해 봐야 알 수 있었다. 그러나 에비타 페론의 혈액 검사 결과는 위험스럽게도 적혈구가 계속 감소되는 것으로 나타났다. 출혈성 백혈병 말기임이 거의 확실했다.

피노치토 박사가 그 결과를 조세 에스페요에게 알리는 순간 그는 자신이 아르헨티나에서 가장 유명한 종합병원의 책임자가 된 것이 원망스럽기까지 했다. 그가 이름없는 시골 의사였던 시절이 얼마나 좋았던가. 그때는 나라의 권력자들과 부딪칠 일도 없었는데….

10월 초가 되었다. 뉴욕의 라 구아르디아 공항에 부에노스 아이레스발 정기노선 항공기에서 검은 서류 가방을 든 별로 눈에 띄지 않는 남자 한 명이 내렸다. 그는 그 가방만 있으면 자신이 맡은 임무를 충분히 수행할 수 있었다. 그 작은 가방에 중요한 것이 모두 들어 있었다. 세관 직원이 그의 여권을 펼쳤다. 아벨 카르카노 박사라고 되어 있었다.

작은 가방을 훑어보니 별것도 없었다. 슬라이드 필름 몇 장과 서류 몇 장뿐이었다. 특별할 것 하나 없는 평범한 물건들이었다.

택시 한 대가 아벨 카르카노 박사를 미국에서 가장 권위 있는 암 전문의 조지 팩 박사가 있는 뉴욕의 메모리얼 병원으로 실어다 주었다. 아벨 카르카노 박사 자신은 그리 유명하지 않은 암 전문의였다. 그래서 그는 자신의 임무 때문에 아주 묘한 기분에 사로잡혀 있었다. 의사들을 아는 사람이라면 그들이 얼마나 예민한 사람들인지 잘 알 것이다. 한 의사를 버젓이 젖혀 두고 다른 전문가를 선호하면 어떤 기분이 드는지 말이다. 남아메리카 사람들의 특성을 안다면 이러한 차별 대우가 간혹 범죄로까지 번질 수 있다는 사실 또한 잘 알 것이다.

팩 박사와 카르카노 박사는 서로 모르는 사이가 아니었다. 대략 6주 전쯤에 그들은 부에노스 아이레스에서 열린 국제 암대회에서 서로 인사를 나눈 사이였다. 그런데 이렇게 빨리 다시 만나게 될 줄은 두 사람 중 누구도 예측하지 못했었다.

카르카노 박사 역시 타르노프스키 박사나 피노치토 박사와 마찬가지로 국가 권력을 손에 쥔 사람의 명령을 따를 수밖에 없는 사람이었다. 에비타에 관한 무서운 진단이 소위 페론의 측근에게 알려지자 곧 바로 수술받게 해야 한다는 결정이 내려졌다. 그녀가 자의로 이에 응하지 않으면 다른 방법을 쓸 수도 있었다. 한번 써 먹은 방법도 있지 않은가.

아르헨티나와 미합중국 사이의 관계는 당시 언제 찢어질지 모르는 팽팽한 긴장 관계에 놓여 있었다. 그러나 에비타의 목숨을 구하기 위해서라면 의사만 한 명 있으면 되었다. 미국인 팩 박사. 누가 팩 박사를 아는가? 카르카노 박사에게 명령이 하달되었고 그는 그 명령에 복종했다.

팩 박사 역시 기분이 나쁘지 않았다. 당연하지 않은가. 자기를 최고라고 알아주는 데 싫어할 의사가 어디 있겠는가. 그는 카르카노 박사가 가져온 자료를 꼼꼼히 살펴본 후에 수술을 해 봐야 암의 진행 단계를 알 수 있겠다고 했다.

암외과의라면 누구든 그런 수술이 어떤 식으로 이루어지는 지 잘 알았다. 절개를 하고 혹이 얼마나 진전되어 있는지 눈으로 확인한 다음 제거하는 것이다. 최악의 경우 전체를 제거해야 한다. 그것은 한 여자가 맞을 수 있는 최악의 상태라 할 것이다. 그런데 전체를 들어내는 수술로도 여의치 않을 경우에는 방사선 치료로 마지막을….

팩 박사는 따라 나설 자세가 되어 있었다. 의사들은 무엇보다도 그들의 환자들이 누리는 명성에 덩달아 명성을 얻게 된다. 문제는 그들이 전문 분야를 마음대로 주무를 수 있느냐에 달려 있다. 팩 박사는 자신 있었다. 암이라는 질병이 그렇게 마음대로 주무를 수 있는 것이라면…. 그리고 너무 늦지 않았다고 전제한다면 말이다.

팩 박사는 에비타 페론의 수술 날짜와 시간을 결정할 권한이 없었다. 그는 메모리얼 병원에서 부를 때만 기다리고 있었다. 수술 날짜와 시간은 국가가 명령했다. 11월 11일로 선거일이 확정되었다. 그 선거는 후안 페론이 다시 6년간 대통령 자리에 앉을 수 있도록 국민이 동의해 줘야 하는 선거였다.

페론의 승리를 의심하는 사람은 아르헨티나에 한 사람도 없었다. 그리고 전세계가 그 사실을 믿었다. 그러나 승리의 횃불 행렬이 대통령 관저 앞으로 이어졌을 때 페론의 옆에 아내인 에비타, 아르헨티나를 대통령 자신보다 더 크게 대변해 주는 그녀가 없어서는 안 된다.

그러니 어떻게 의사들이 에비타의 수술 날짜와 시간을 결정할 수 있겠는가? 그 결정은 선거 날짜에 따라 달라질 사항이었다. 팩 박사 역시 일이 그렇게 연관되어 있는 점에 수긍하고 따랐다. 12월 4일, 부에노스 아이레스로 향하는 비행기에 몸을 실을 때만 해도 그는 수술을 끝내고 나서 어떤 요구를 받을지 아무것도 몰랐다. 그는 공항에 내려 캐딜락을 타고 페론의 여름 별장이 있는 올리보스에 가서 기다렸다.

에비타 페론은 강제로 또 한 번의 마취를 당할 필요가 없었다.

타르노프스키 박사는 또 한 번의 치욕은 모면하게 되었다. 에비타 페론은 통증 때문에 의지력이 약해졌던 것이다. 그것은 에비타 페론이 두 번째로 항복하는 순간이었다. 이번에는 단 한가지 염원밖에 없었다. '나는 죽기 싫다. 나는 살고 싶다. 난 이제 겨우 서른두 살밖에 안 되었는데!'

비밀 요원은 언제나 그렇듯이 완벽하게 일을 처리했다. '페론 대통령' 종합병원의 2층은 외부인 출입이 통제되었다. 팩 박사는 수술실로 들어섰다

1951년 11월 6일 흐린 아침이었다. 누군가 부에노스 아이레스에 소문을 퍼뜨렸다. 이제 더 이상 비밀은 없었다. '페론 대통령' 종합병원으로 사람들이 몰려왔다. 모두들 창문을 올려다 보았다. 여인들은 기도를 했다. 몹시도 적막한 순간이었다. 그 사이로 이름 하나가 터져나오곤 했다. 에비타, 에비타, 오! 에비타…. 경찰이 나섰다. 그러나 군중을 공격하지는 않았다. 조지 팩 박사는 수술 메스를 들었다. 옆에는 피노치토 박사, 맞은편에는 아르헨티나의 암 전문의인 알베르텔리 박사가

섰다. 그 외에 마취 전문의와 각별히 선발된 간호사들이 자리에 함께 있었다.

4시간 후 에비타 페론은 수술실에서 그녀의 방으로 옮겨졌다. 아직까지는 의사들만이 진실을 알고 있었다. 그 진실은 그들이 수술 전에 가정했던 최악의 경우보다 더 심각했다. 암이 꽤 퍼져 있는 말기 상태였다. 팩 박사는 자궁 전체를 들어내는 수술을 감행해야 했다. 그리고 대장과 소장의 일부에도 퍼져 있는 암을 제거하고 인공 장으로 이식 시켰다. 그러나 암은 간까지 침투했음을 알 수 있었다. 더 이상 암을 제거할 수는 없었다. 방사선 치료는 생의 마지막 시간을 조금 늦춰 줄 수는 있을지는 몰라도 6개월이나 9개월이 지나면 아르헨티나는 더 이상 에비타 페론을 볼 수 없게 되리라.

후안 페론은 팩 박사로부터 그 소식을 듣고 겉으로는 태연한 자세를 취했다. 그러나 갈색 피부가 창백해지는 것으로 보아 그의 얼굴에 온통 핏기가 가셨음을 알 수 있었다. 팩 박사는 아무 말도 하지 않았다. 후안 페론은 조세 에스페요를 불러 뭐라고 귓속말을 이른 후 뉴욕에서 온 교수와 차갑게 작별 인사를 나누었다.

에스페요는 팩 박사를 따라 그의 방으로 함께 갔다. 한 의사가 권력가의 음모에 올가미를 쓰게 되는 세 번째 경우가 벌어졌다. 에스페요는 아르헨티나 사람들 중 누구도 미국 의사인 팩 박사가 에비타를 수술했다는 사실을 알아서는 안 된다고 말했다. 물론 에비타에게도 비밀이라고 했다. 사실 그것은 이미 카르카노 박사가 뉴욕으로 그를 찾아갔을 때부터 결정된 사항이었다.

당시는 팩 박사에게 그 사실을 숨겼었다. 페론의 부름에 응하지 않을까 봐 그렇게 한 것이다. 이제 수술이 끝나자 팩 박사는 공식적으로는 에비타를 수술한 사람이 자신이 아니라 아르헨티나의 암전문의인 알베르텔리 박사로 공개되리라는 사실을 알게 되었다.

그제서야 팩 박사는 왜 그렇게 모든 것이 비밀리에 이루어졌는지 이해할 수 있을 것 같았다. 카르카노 박사의 방문이며 부에노스 아이레스에 자신이 도착한 경위며 그곳에서 곧장 페론의 여름 별장으로 데리고 간 것, 수술 직전까지 그 별장 밖으로 나올 수 없었던 것 등.

팩 박사는 높은 창문을 통해 아래쪽의 광장을 바라보았다. 수천 명의 군중이 몰려 와 있었다. 남자들, 여자들, 그리고 아이들도 있었다. 단 하나의 외침이 공중을 메우고 있었다. 에비타…. 에비타. 어느 확성기를 통해 라디오 벨그라노의 뉴스가 들려 왔다. 단신이었다.

"에비타 페론 여사께서는 오늘 오전 수술을 받으셨다. 그 수술은 알베르텔리 박사의 집도로 이루어졌다. 수술은 별 어려움 없이 진행되었다."

그 순간 팩 박사는 자신의 동료인 피노치토 박사와 알베르텔리 박사는 그 사실을 처음부터 알고 있었음을 깨달았다. 물론 그 음모에 동의하지는 않았다 하더라도 그들은 자신에 대한 이러한 음모에 함께 가담한 사람들이었던 것이다.

팩 박사는 아무 말도 하지 않았다. 얼마 후 그를 실은 검은 자동차가 '페론 대통령' 종합병원을 빠져 나갔을 때 그 차를 눈여겨보는 사람은 아무도 없었다. 뒷좌석에 앉아 있는 남자는 축 늘어진 자세로 의자 깊숙히 앉아 있었다.

다음날 아침 그는 부에노스 아이레스를 떠나 뉴욕으로 돌아갔다. '헐벗은 자들의 천사'의 몸에 손댈 수 있으려면 필히 아르헨티나 의사라야 했던 것이다.

부에노스 아이레스에는 모든 것이 에비타 페론을 중심으로 움직였다. 종합병원은 화환의 바다를 이루었고 거대한 방에는 촛불이 타올랐다. 수술 후 3일이 지나자 그녀는 겨우 맑은 정신으로 돌아올 수 있었다. 그녀는 내일이 바로 선거일이라는 생각이 먼저 떠올랐다.

그녀의 혈관에는 몸에 피와 양분을 공급하는 고무 호스가 끼워져 있었다. 에스페요는 그녀에게 국민들을 향해 이야기를 해달라고 애원했다. 벨그라노 라디오 방송이 잠자코 있을 리 없었다. 누군가 핏기 하나 없는 그녀의 입술 앞에 마이크를 갖다 대었다. 아르헨티나 국민들은 자신들의 편인 에비타의 목소리를 들었다.

"제 건강 상태에 관해 이야기를 하려 합니다. 그리고 후안 페론을 위해 발언할 생각입니다. 그는 금세기를 환하게 밝히는 유성입니다. 그는 모든 사람들의 꿈과 희망을 실현하기 위해서 왔습니다…."

몇 문장을 말하고 나자 그녀는 더 이상 말할 기력이 없었다. 다시 의식이 혼미한 상태로 빠져들었다. 이튿날인 11월 11일 페론의 찬성표는 4,652,000표, 반대는 2,358,000표였다. 나중에 한 선거 분석 결과를 보면 노동자와 '헐벗은 사람들'은 거의 예외없이 페론에게 표를 던졌다. 에비타 페론을 위해….

의사는 자신의 환자에게 진실을 말해야 하는가? 아니면 차라리 선의의 거짓말을 하는 것이 옳은가? 에비타 페론의 차후 치료 책임을 맡게 된 피노치토 박사는 이런 질문을 스스로에게 던질 필요도 없었다. 그 결정은 이미 후안 페론이 내렸기 때문이었다. 그녀가 모든 것을 낱낱이 알아서는 안 된다는 것이다. 그 쇼크로 인해 죽음이 빨리 닥칠까봐 두려웠던 것이다. 선거 결과는 자신에게 에비타가 얼마나 필요한 사람인지 여실히 보여 주었다. 권좌에 머무르기 위해서는 그의 곁에 반드시 에비타가 있어야 했다. 에비타가 살아 있는 한은 노동자와 빈민들의 표는 그의 것으로 확신할 수 있었다. 그가 그녀와 결혼했을 때와 마찬가지로 그녀는 목적을 위한 수단으로 남아 있었다. 사랑, 부드러움, 간절한 욕망 따위는 이야깃거리도 되지 않았다. 이 무서운 내장의 절개수술과 인공의 장기관, 그리고 비도덕적인 굴욕 이후에는 더더욱 그랬다.

피노치토 박사는 에비타에게 모든 것이 일시적인 상태인 것처럼 설득하려고 노력했다. 방사선 치료가 효과를 나타내기 시작하면 다시 정상으로 살 수 있다고 설득한 것이다.

수술이 있은 지 두 주일 후에 일본에서 방사선 치료 전문의 츠카모도 박사가 날아왔다. 그는 부에노스 아이레스에 도착해서야 비로소 피노치토 박사로부터 자신이 에비타 페론을 치료해야 한다는 사실을 알게 되었다. 후안 페론과 조세 에스페요, 피노치토 박사, 그리고 카르카노 박사 외에는 일본 의사가 부에노스 아이레스에 와 있다는 사실은 아무도 몰랐다.

그는 실제로는 팩 박사가 수술을 맡았지만 알베르텔리 박사의 서명이 적힌 수술 기록을 오랫동안 검토했다. 그는 알베르텔리 박사와 이야기를 나누고 싶어했다. 그러나 애석하게도 그렇게 할 수 없었다. 알베르텔리는 지금 외국에 나가 있다는 것이다.

수술 기록을 검토한 츠카모도 박사는 방사선 치료를 한다 하더라도 죽음을 막을 수 없음을 확신할 수 있었다. 그리고 방사선을 간에 쪼인다는 것은 말이 되지 않는 일이었다. 그는 부에노스 아이레스에 도착한 지 몇 시간 안 되어 다시 일본으로 되돌아갈 결심을 했다. 그러나 페론 대통령이 그를 불러서 대화를 나누고 나서 그는 결심을 바꾸어 에비타를 치료하기 시작했다. 치료방법에 대해서 그는 골머리를 싸매야 했다. 국가정책에 따르면 에비타를 가능하면 오래도록 살려 둬야 했다. 츠카모도 박사 역시 자신이 알고 있는 모든 의학 지식은 내팽겨치고 이러한 국가 시책을 따랐다.

방사선 치료가 효과를 나타내려면 방사선의 강도를 높여야 했다. 그 경우 환자의 치료 부위에 가벼운 화상이나 아니면 중경상의 화상이 생기는 대가를 치러야 한다. 그는 피노치토 박사에게 이러한 위험을 지적했다. 그래야 나중에 다른 사람들로부터 그와 같은 사실을 미리 알리지 않았다고 비난받지 않을 테니까.

방사선 치료는 4주 동안 계속되었다. 츠카모도 박사가 지나치게 염려한 것처럼 보였다. 아주 작은 부작용밖에 나타나지 않았으며, 에비타 페론의 상태는 적어도 겉으로 보기에 나아지고 있는 것처럼 보였다. 12월 중순 일본으로 돌아가는 비행기에 몸을 실은 작은 일본인을 유심히 살피는 사람은 아무도 없었다. 수입상쯤 되리라…. 비밀 유지가 완벽히 이루어졌다.

정말 기적이 생긴 것이었을까? 국민은 그렇게 믿어야 했다. 그리고 최소한 후안 페론과 그의 고문단에게 다음과 같은 사실은 인정해 줘야 한다. 늘 새로운 음모를 꾸미고 '국가적인 사건'을 만들어 내는 데는 일가견이 있는 사람들이었다는 사실을….

에비타 페론이 공개 석상에 모습을 나타내지 않은 지 벌써 한참 되었다. 수술 이후 8주만에 처음으로 세상에 얼굴을 내놓게 되었을 때 그 일을 달리 축하해 줄 방법이 무엇이었겠는가? 에비타 페론을 살려 준 '구원자' 피노치토 박사를 칭송하는 행사이다.

대단한 행사를 준비한 자리에서 페론 대통령은 그에게 1952년 1월 8일 아르헨티나의 최고 공로상을 수여하고 드 오로 메달을 달아 주었다. 그는 사람들의 열띤 칭송을 받았고 사람들이 자신을 떠받들도록 내버려 두었다. 승리의 가장 행렬, 그 뒤에는 거짓말과 음모와 계략, 이 세상에서 가장 비열한 행위들이 감춰져 있었다. 그러나 그런 사실을 아는 사람들은 극소수였다. 그들은 서로 얼굴을 외면했다.

라디오 방송국에서는 지칠 줄 모르고 에비타를 기렸다. 그녀가 그 어느 때보다 아름답고 밝다고…. 얼굴은 창백하지만 낙관주의와 삶의 기쁨으로 활짝 피어 있노라고. 그랬다. 에비타는 죽은 자들 사이에서 부활했다. 상 받아야 마땅한 피노치토 박사에게 영광이!

에비타 페론의 '부활'은 8주 동안 지속되었다. 그녀는 어느 때보다 더 열성적인 활동을 벌였다. 연설도 하고 대사들을 접견하고 어린이의 집을 방문했다. 물론 매일 약 기운으로 살고 엄격한 식이요법을 시행하긴 했어도 그녀는 자신의 부활을 믿고 있었다.

그러다 갑자기 무너져 내리는 순간이 찾아왔다. 팩 박사가 예견했던 대로였다. 일시적으로 상태가 호전될 테지만 그것은 최종적인 종말을 알리는 신호에 불과하다는….

엑스레이 사진들을 통해 간과 허파 꽈리에 종양이 부쩍 많이 생겨난 것을 확인할 수 있었다. 하체의 통증이 다시 극심해졌다. 피노치토 박사는 자신의 역할을 시종 일관되게 수행했다. 거짓말을 한번 하고 나니 계속 거짓말을 할 수밖에 없었다. 그는 에비타를 안심시키려고 애를 썼다. 한 번은 간염이라 했다가 또 한 번은 신경통이라고 둘러댔다.

1952년 5월 7일, 그녀가 33번째 맞는 생일이었다. 에비타는 강한 진통제 덕분에 고통에서 벗어나 기쁨과 두려움 사이를 오락가락했다.

그녀는 체중이 급속도로 감소하는 현상을 나타냈다. 그녀의 기억에 확고부동하게 박혀 있는 날짜 하나가 있었다. 6월 4일 바로 후안 페론의 선서식이 있는 날이다. 아르헨티나의 대통령으로 재임하게 되는 선서식이었다. 그날은 바로 그녀 자신의 날이 아니던가? 후안 페론이 선거에서 승리할 수 있도록 해 준 사람이 바로 그녀 자신이 아닌가?

그녀는 마지막 힘을 다해 몸을 일으켰다. 디오르 드레스를 입고 그 위에 모피 외투를 걸치고 캐딜락에 몸을 실었다. 자신이 자동차에서 내리는 것을 도와 주려고 후안 페론이 기다리고 있는 국회의사당을 향해 달렸다. 그녀는 의자에서 뒤로 쓰러져 버렸다. 캐딜락은 다시 대통령 관저로 방향을 돌렸다. 그녀는 자신의 방으로 옮겨졌다. 그리고 영원히 그 방 밖으로 나오지 못했다.

1951년 11월 6일, 에비타의 수술에 임했던 팩 박사도 그러지 않았던가. 앞으로 6개월밖에 더 살지 못할 거라고, 길어야 9개월이라고….

피노치토 박사는 나중에 책임 추궁을 당하지 않기 위해서 에비타를 살리려고 마지막 순간까지 최선을 다하는 모습을 보였다. 그는 그것이 눈속임에 지나지 않는다는 것을 잘 알면서도 독일 본 주재 아르헨티나 대사관을 통해 카셀의 간 전문의인 칼크 박사와 쾰른의 국제적으로 권위를 인정받는 내과의 울렌부르크 박사에게 당장 부에노스 아이레스로 와달라고 요청했다. 아르헨티나 외무부 장관을 도와달라고. 그 두 의사들은 부에노스 아이레스에 도착해서야 비로소 자신들을 필요로 하는 사람이 레모리노가 아니라 에비타 페론이라는 사실을 알게 되었다. 이건 이름만 바뀌었을 뿐이지 이미 오래 전에 써먹던 게임이었다.

부에노스 아이레스에서 피노치토 박사는 색깔을 드러내야만 했다. 두 명의 독일 의사들에게 에비타의 병세를 숨김없이 밝혀야 했다. 폐암, 골수암, 간암, 희망이라고는 없는 상태였다. 에비타가 아직까지 살아 있는 게 오히려 기적 같았다.

두 독일 의사들은 다시 되돌아가려고 했으면서도 피노치토 박사가 어떻게 설득했는지 마침내 에비타를 진찰하게 되었다. 그녀에게 아직 희망이 있다고 말해 주기 위해서. 그렇게 순환 고리가 이어졌던 것이다. 무서운 연극이 꼬리에 꼬리를 물었다. 도대체 죽을 병에 걸린 에비타 페론을 상대로 몇 번의 연극이 치러졌던가?

죽음은 차라리 그보다는 은혜로웠다. 7월 26일 21시 40분 벨그라노 라디오를 통해, 그리고 전국의 다른 라디오 방송국을 통해 다음과 같은 보도가 흘러나왔다.

국가 정보국장은 "아르헨티나 국민 여러분께 민족의 정신적 지도자이신 에비타 페론 여사께서 20시 25분 서거하셨다."는 비보를 전했다.

독일의 저명 의사 두 사람은 아직까지 그곳에 있었다. 그들은 대통령 관저로 이어지는 수십만의 군중을 보았다. 손에 양초와 꽃을 들고 기도를 드리며 오열하는 군중들을….

다음날 아침 그들은 독일로 되돌아갔다. 기만과 음모에 가담하게 된 의사들 중 마지막을 장식한 사람들이었다. 그리고 그들은 타르노프스키 박사, 카르카노 박사, 알베르텔리 박사, 팩 박사, 츠카모도 박사와 마찬가지로 그에 저항하지 않은 사람들이었다. 에비타 페론이 죽어서는 안 된다는 묘한 국가정책 때문에…．

'에비타 천사'와 함께 권력까지 잃게 될 것을 두려워한 대통령에게 파멸의 때가 오기까지는 그래도 시간이 걸렸다.

1955년 10월 2일 후안 페론은 수상 보트를 타고 파라과이의 수도 아순키온으로 패주했다.

로나르디 장군을 주축으로 한 새 아르헨티나 정권은 에비타 페론의 신화도 부셔 버렸다. 아라 교수에 의해 인위적으로 방부제 처리가 된 에비타의 시체가 들어 있는 유기 석관은 그녀의 사망 이래 부에노스 아이레스의 노조 건물의 홀 안에 안치되어 있었다.

그런데 그 관이 온데간데없이 사라지고 말았다.

새로운 아르헨티나의 지배자는 다섯 구의 금발 여성의 시체가 들어 있는 관 다섯 개를 다섯 군데로 이송하게 했다. 에비타 페론의 시신이 다섯 구가 된 것이다. 수년의 세월이 흐른 뒤 실제로 에비타 페론의 시신이 누운 관은 본과 마일랜드, 그리고 로마를 거쳐 짐트럭으로 가장한 차에 실려 마드리드로 갔다는 것이 밝혀졌다. 후안 페론이 마드리드에서 망명중이었을 때 그 유기 석관은 다락방에 있었다.

1973년 페론이 다시 아르헨티나로 돌아와—그의 곁에는 전직 댄서이자 현재 그의 아내인 이사벨라가 서 있었다.—또다시 권좌에 올랐을 때 그는 '헐벗은 자들의 천사'도 다시 부에노스 아이레스의 거대한 영묘에 안치시키려는 계획을 세웠으나 1974년 7월 1일 그의 죽음이 그녀의 환국을 앞질렀다.

에비타는 아직까지도 영원한 안식을 찾지 못했다.

그러나 이제 와서 그녀의 이야기를 하는 사람이 어디 있는가? 그리고 권력자가 시키는 대로 그녀를 치료했던 그 의사들의 이야기를 하는 사람은 또 어디 있겠는가? 자신들의 의학적 지식은 헌신짝처럼 내던졌던 그 의사들의 이야기를….

나도 드디어
깊은 잠을 잤다오

교황 피우스 12세(Papst Pius XII, 1876~1958)

1899년 사제임명을 받았고 교황청 서기관으로 진출했다. 1917년 대주교가 되어 교황대사로서 정교조약(교황청과 국가 간의 조약)을 협의했고 1929년 말부터 10년간 국무장관으로 일하다가 1939년 63세 때에 교황에 즉위, 제2 차세계대전과 전쟁 후 재건기의 로마 가톨릭을 이끌었다. 수많은 강론과 몇 몇 회칙을 통해 당시의 도덕적·신학적 문제를 다루었다. 전례와 성서 연구 에서 국제적 체계와 개혁에 대한 그의 생각은 중요한 것이었지만 제2차세계 대전 중에 보인 그의 행위(중립)는 논쟁의 대상이 되었다. 전쟁이 끝난 뒤에 는 가톨릭 종교 단체를 일으켜 공산주의에 반대하는 정치 운동을 폈다. 또한 소련을 반대한 교황으로서 이름을 널리 떨쳤으며 평화의 교황이라고 불린다.

　평범하고 일상적으로 보이던 일이 으시시하고 믿을 수 없는 법정의 한 장면으로 끝났다. 도무지 의사와 환자의 관계라고는 상상도 할 수 없는 그런 것이었다. 사실 바티칸의 서류 보관소를 통해 이탈리아 최고 법정에 공개되지 않았더라면 누가 믿을 수 있었겠는가?

　보잘것없는 모래알 하나가 1938년의 어느 화창한 여름날의 분위기를 완전히 망쳐 버렸다. 그 모래알은 오이게니오 파첼리 추기경의 눈을 헤집고 들어왔다. 교황 피우스 11세 밑에 있던 가장 높은 추기경이요, 막강한 영향력을 행사하는 인물, 비단 이탈리아뿐 아니라 다른 곳에서도 차기 교황감으로 보는 견해가 압도적이었지만 그는 마치 이름없는 시골 교회의 사제처럼 로마 거리를 걸어다니는 것을 좋아했다.

　그는 모래 알갱이 때문에 눈이 아파왔다. 그리고 햇살에 눈이 부시기도 했지만 비아 시스티나 4번지에 있는 어느 건물의 전면에 붙은 글씨를 못 읽을 정도는 아니었다. 그 건물의 전면은 길이가 10미터쯤 되어 보였다.

　"리까르도 갈레아치 리시, 수술, 대진."

　추기경은 원래 성품이 그렇듯이 경건하고 겸손하며 어린아이와 같은 믿음으로 이 병원을 발견한 걸 하나님의 섭리라 여겼을 수도 있었을 것이다. 20년 후 그가 죽음에 임박해서야 이러한 생각이 바뀌게 되었을 것이다. 이 병원의 의사가 일으킨 스캔들의 절정은 추기경이 영원히 눈을 감고 난 다음에 시작되었으니까.

　오이게니오 파첼리는 그 건물 안으로 들어갔다. 불빛이 어슴프레했고 공기가 서늘해서 상쾌했다. 그는 2층으로 올라가는 난간을 잡고 위로 올라갔다. 그리고 접수를 받는 사람에게 그의 이름과 그곳을 찾아온 이유를 말했다.

이탈리아 안과 전문의들에게 추기경의 눈에 들어간 모래 알갱이 정도는 간단히 처리할 수 있는 일이었다. 그러나 마흔여섯 살의 나이에 키가 작달막한 갈레아치 리시 박사에게는 그보다 훨씬 중요한 것이 있었다. 그는 예순두 살 된 금욕자인, 키가 크고 마른 로마의 고위층인 오이게니오 파첼리와 긴 대화를 나누는 것이었다. 아니 사실은 박사의 독백이라 해야 옳을지도 모른다. 그러나 독백도 인상을 남길 수 있는 법, 이따금 끊어지고 매우 조심스럽게 이어지는 독백의 경우에는 더더욱 그러하리라.

실은 지금도 웬만큼 출세했다고 볼 수 있었지만 박사는 새로운 출세의 기회를 엿보고 있었다. 그리고 그는 접수를 맡아보는 여직원이 그에게 환자 신상 카드를 넘겨 주었을 때 오이게니오 파첼리가 차기 교황이 될 확률이 얼마나 높은지에 대해서 이미 잘 알고 있었다. 그러니 잘만 하면 차기 교황의 주치의도 될 수 있었던 것이다.

오이게니오 파첼리는 한 시간 이상을 비아 시스틴의 병원에 머물다 나가면서 갈레아치 리시 박사에 관해 자신이 알고 싶은 모든 것을 알게 되었다.

로마대학의 안과 강사이고 로마시의 안과 보건 담당 의사이며 외과와 내과 전문의며 로마 소재 파테 베네 파르텔리 병원과 밤비노 케슈 병원의 주임 의사라는 것을.

그러나 그는 자신이 관심이 없는 부분에 관해서는 아무것도 짐작하지 못했다. 말하자면 박사가 모하메드라는 이름으로 자동차 경주에 관여하고 있으며 보르게제나 루스폴리, 또는 마시모 같은 이름의 퇴폐적인 로마 귀족층, 즉 소위 악명 높은 돌체 비타에 속한다는 사실은 꿈에도 몰랐던 것이다.

오이게니오 파첼리가 외교관이긴 했지만 뒷조사를 하는 사람은 아니었다. 그리고 또 굳이 그래야 할 이유도 없었다. 눈에 모래가 들어가 의사로부터 도움을 받았을 뿐이니까. 파첼리는 의사가 신속하게 도움을 준 것과 그의 이름만 기억에 남을 뿐이었다. 하지만 그 의사의 출세 경력도 인상에 남은 것이 사실이었다.

교황청의 서기는 다른 근심거리가 있었다. 갈레아치 리시 박사와의 만남 이후 몇 주일이 지났을 무렵 세계의 평화는 제1차세계대전이 끝난 이래 그렇게 큰 위협에 놓인 적이 없었다. 영국의 국무부장관 챔벌린의 유토피아적인 '우리 시대의 평화'라는 공상은 히틀러와 뮌헨에서 만난 이후로 이미 오래 전에 신기루로 변해 버렸다. 집단 수용소 다카우에서는 1,493명의 가톨릭 사제들이 구금되어 있었고 그들은 굶주림과 경부 총격, 그리고 가스실에서 목숨을 잃게 될 위험에 처해 있었다.

그랬다. 그 1939년 봄은 어느 누구도 즐거울 수 없는 때였다. 나무들은 여느 해와 마찬가지로 새싹을 피웠지만 세계의 조짐은 폭풍을 예고하고 있었던 것이다. 로마의 봄이 이처럼 슬픈 때는 단 한번도 없었다.

그러한 가운데 로마의 모든 교회가 교황 피우스 11세의 서거를 알리는 종을 울렸다. 1939년 3월 1일, 베드로의 262번째 후계자를 선출하기 위해 추기경들이 모였다. 수십만 관중이 하얀 연기가 올라가는 것을 자기 눈으로 확인하기 위해 베드로 성당 앞 광장에 군집했다. 교황이 탄생됐다는 연기 신호를 보기 위해서였다. 몇 시간 동안 로마는 세상이 어떻게 돌아가고 있는지 다른 일은 모두 잊어 버렸다. 그것이 잠시나마 세상 일을 잊게 해 주었던 것이다.

드디어 연기가 높이 치솟았다. 오른쪽 주랑에서 커다란 칼라 제복을 입은 스위스의 근위대가 행진을 시작해서 베드로 성당 계단의 네모 반듯한 금단의 장소까지 나왔다. 잠시 후 가톨릭 교회만큼이나 오래된 · 옛

전통에 따라 어느 고령의 추기경의 목소리가 울려 나왔다.

"여러분에게 기쁜 소식을 전하겠노라. 우리는 이제 교황을 갖게 되었도다. 오이게니오 파첼리 추기경께서 이제 교황 피우스 12세로 즉위하셨노라."

갈레아치 리시 박사는 1939년의 그날 베드로 광장에 서 있지는 않았다. 그는 비아 시스틴 4번지에 자리한 자신의 병원에 앉아 라디오를 통해 오이게니오의 교황 즉위 소식을 들었다. 그는 8개월 전의 여름날을 머리에 떠올렸다. 눈에 모래가 들어가는 바람에 당시 막강한 영향력을 지녔던 추기경 오이게니오 파첼리가 자신의 병원을 찾았던 일이 생각났던 것이다. 그런데 이제 자신의 환자였던 그 추기경이 드디어 교황의 자리에 오른 것이다.

그때 그의 반응이 어땠는지는 목격자가 없는 까닭에 정확히 알 수는 없다. 그리고 1961년 그의 회고록 '피우스 12세의 빛과 그늘 속에서'도 이에 관한 언급은 한 줄도 없다. 그러나 62명의 추기경들이 교황을 선출하기 위해 모였던 시스틴 성당에서 바로 몇 분 전 어떤 일이 일어났는지는 세상에 잘 알려져 있다. 관례상 추기경들은 자신이 뽑고 싶은 사람의 이름을 투표 용지에 자기 필체를 알아보기 어려운 글씨로 써서 봉하기로 되어 있었다. 그런 다음 자신의 이름이 호명되면 차례 차례 자리에서 일어나 오른손의 집게와 엄지손가락으로 투표 용지를 집어들고 높이 쳐들어 보인다. 그런 다음 제단 앞으로 걸어나가 라틴어로 선서를 한다.

"그리스도의 이름으로 선서하노니 나는 하나님의 뜻에 따라 선출되어야 한다고 믿는 사람을 뽑노라."

그렇게 한 다음 그 투표 용지를 커다란 황금 술잔에 놓는다. 세 번째이자 최종적인 선거 과정에서 오이게니오 파첼리의 차례가 되었을 때 그는 제단의 맨 아래쪽 계단에 발이 걸려 넘어지고 말았다. 한 동안 꼼짝도 않고 쓰러져 있다가 간신히 몸을 일으켰다. 그리고 나서 자신의 투표 용지를 황금잔에 떨어뜨린 후 넋나간 표정으로 자기 자리로 돌아갔다. 몇 분 후 그는 교황으로 선출되었다. 그 선거는 가톨릭 역사상 가장 신속히 끝난 선거였다. 겨우 6시간 만에 끝났으니까. 이는 파첼리의 인격에 대한 추기경들의 의견이 일치했음을 잘 보여 주는 대목이다.

다음날 아침 갈레아치 리시 박사의 병원에 전화벨이 울렸다. 접수원이 전화기를 들고 당황스레 의사를 바꿔 주었다. 통화는 간단했다. 갈레아치 리시 박사는 서둘러 왕진 가방에 소독 주사기와 약품을 챙겨 넣었다. 그리고 농축액도 몇 개 세심하게 선택해 넣었다. 반시간도 채 지나지 않아 비아 시스티나 4번지의 병원 앞에는 미국산 검정색 리무진이 멈춰섰다. 바티칸 소속의 번호판인 SCV였다.

갈레아치 리시 박사는 자기가 어떤 일을 해야 하는 지 잘 모르고 있었다. 교황이 넘어졌다고 누군가 전화로 말해 주었을 뿐이며 전화를 걸어 온 사람 이름도 기억나지 않았다. 운전수는 박사의 질문에 뾰족한 대답이 없었다. 사실 대답을 할 수도 없었으리라. 리무진은 로마의 거리를 달려갔다. 회색 수염을 기른 작달막한 남자는 뒷좌석에 앉아 SCV 번호판을 가진 차가 지나가자 많은 사람들이 뒤돌아보는 것에 어지간히 만족하는 듯했다.

스위스 근위대는 그 자동차가 엥겔스부르그에서 시작하여 성 베드로 광장에 이르는 길로 꺾어 들었을 때부터 차를 보았다. 리무진이 광장의 중간쯤 이르렀을 때 바티칸 시로 들어가는 성문의 쇠사슬이 내려졌다. 운전수는 도보 속도로 차를 천천히 몰았다. 근위대는 뒷좌석에 앉은 남자에게 경례를 했다.

이것은 갈레아치 리시 박사의 바티칸 입성을 뜻했다. 그때는 1939년, 로마의 화창한 봄날이었다. 오이게니오 파첼리는 시스틴 성당에서 넘어지고 난 이후 왼쪽 팔의 통증이 쉽게 가라앉지 않자 그를 기억해

낸 것이었다. 의사의 입장에서 보면 그런 문제는 1938년 여름의 모래알 만큼이나 대수롭지 않은 것이다. 이번에 갈레아치 리시 박사는 팔꿈치의 충격으로 인한 내출혈이라는 진단을 내렸다. 의학 수업을 6학기쯤 한 의대생이라면 이런 정도의 진단은 내릴 수 있으리라. 내출혈을 가라앉히는 것도 어려운 의학적 지식을 요하는 사항이 아니었다.

갈레아치 리시 박사의 왕진은 당연히 짧은 시간 안에 끝났다. 오이게니오 파첼리가 교황으로 뽑힌지 채 12시간이 되지 않은 시점이었다. 이제 추기경은 자신이 베드로의 후계자가 되고 이 땅의 그리스도의 대변자가 된다는 사실을 스스로에게 확인시켜야 했다. 닷새 후면 베드로 성당에서 엄숙한 교황 취임식이 열리게 되어 있었다.

한 가지 중요한 사실은 새 교황에게 부름받은 첫번째 의사가 갈레아치 리시 박사라는 점이다. 이는 새 교황의 주치의는 갈레아치 리시 박사라고 해석할 수 있는 일이었다. 역사상 이런 우연에 힘입어 한 의사가 출세한 것은 참으로 드물다. 그리고 갈레아치 리시 박사처럼 그렇게 냉철한 계산하에 자신에 대한 환자의 신뢰를 악용한 경우도 흔치 않을 것이다. 물론 그 가면을 벗기는 데까지는 오랜 세월이 걸렸다. 무려 19년이 걸렸으니까. 그렇기 때문에 그것은 더욱더 음산하게 들린다. 이 일은 모두가 거짓말 같고 믿을 수 없는 일처럼 들린다. 바티칸 서류국에서는 갈레아치 리시 박사와 피우스 교황 12세의 관계에 대한 자료를 지극히 단편적인 것밖에 공개하지 않았다. 그렇지만 로마 법정의 관계 서류들은 한 의사가 저지른 비행에 관해 자세한 비망록을 보여 준다. 오로지 돈밖에 모르는 한 의사의 비행에 관해!

1939년 3월 2일, 갈레아치 리시 박사를 부른 사람이 누구였는지는 아직까지 분명하게 밝혀지지 않았다. 그리고 사실 그것은 중요하지 않다. 교황 선출 후 취임식이 있기까지 다들 바쁘게 움직였으므로 어느 누구도 그 문제에 관심을 갖는 사람이 없었다.

질문은 전혀 다른 각도에서 던져져야 한다. 교황에게 지대한 영향력을 행사한 사람은 누구였을까? 교리나 교회 정책에 관한 문제가 아니라 일상적으로 살아나가면서 부딪치는 사소한 문제에 관한 영향력 말이다. 그런 문제는 262번째의 베드로의 후계자라 하더라도 벗어날 수는 없는 문제이니까.

이에 대한 대답은 의외로 여겨질 것이 뻔하다. 사실 교황의 인격 중 여러 다른 면도 수수께끼로 남아 있듯이 거의 수수께끼처럼 들릴지도 모른다. 그가 이 세상을 하직하고 난 후까지도 비밀로 남아 있는 수수께끼처럼…. 그 영향력을 가지고 있던 사람은 로마의 어느 현명한 추기경이 아니었다. 그 사람은 '앞 방에 있는 아가씨'였다. 그렇다고 함부로 업신여겨서는 안 된다. 그 아가씨는 물론 완벽한 사장 여비서와는 다른 타입의 사람이었다. 그러나 바로 여기에 핵심이 있다. 그녀는 독일 출신의 프란치스카 수녀원의 수녀였다. 그녀의 속명은 레너트였고 세례명은 파스쿠알리나 수녀였다.

교황이 아직까지는 오이게니오 파첼리로 불리던 시절 파스쿠알리나 수녀와 만나게 된 경위에 대해서는 여러 가지 이야기가 있다. 그녀 스스로는 바이에른의 콘스탄틴 왕자에게 다음과 같이 설명해 주었다.

"1915년이었어요. 당시 교황 피우스 12세께서는 뮌헨의 교황청 대사이셨지요. 어느 날 그분이 제가 있는 프란치스카 수녀원을 방문하셨어요. 알퇴팅에 있는 수녀원이었어요. 거기서 그는 수녀원장님께 이렇게 물어 보셨죠. '대사관에서 내 살림을 도와 줄 수녀가 없겠오?' 수녀원장께서는 '파스쿠알리나 수녀를 데리고 가시면 어떻겠습니까? 여교사이긴 하지만 괜찮을 것 같은데요?' 라고 하셨죠."

오이게니오 파첼리는 그렇게 하기로 했다. 파스쿠알리나 수녀는 그에게 없어서는 안 될 인물이 되었다. 처음에는 뮌헨에서, 그 다음에는 베를린, 그리고 마지막으로 그가 교황청 대변인이 되었던 로마에서.

교황청 대사에서 교황청 대변인으로 그리고 결국 교황이 되기까지 그 수녀는 그를 항상 따라다녔다.

"그녀 손에 일이 떨어지면 그때는 일이 다 된 거나 다름없지요. 워낙 일을 잘 해결했으니까."

어느 추기경의 말이다.

파스쿠알리나 수녀의 신임을 얻으면 곧 교황의 신임을 얻을 수 있었다. 그리고 특히 지극히 교황답지 않은 인간적인 불완전함을 보여 줘야 할 의사에게는 더더욱 그러했다. 피우스 12세가 보인 편애는 이 사람의 지능이 가지고 있는 광채와는 영 어울리지 않는 것 같다.

눈에 모래알이 들어가던 날 파첼리가 갈레아치 리시 박사에 관한 얘기를 파스쿠알리나 수녀에게 했을 확률이 크다. 그리고 1939년 3월 2일, 교황이 그 전날 시스틴 성당에서 넘어지고 나서 팔의 통증이 가라앉지 않자 갈레아치 리시 박사를 부른 것도 그 파스쿠알리나 수녀일 가능성이 높다.

물론 갈레아치 리시 박사는 새로 선출된 교황이 의사가 필요하게 되자 누구를 불렀는지 온 사방에 소문이 퍼지도록 손을 썼다. 그리고 그는 파스쿠알리나 수녀가 교황에게 얼마나 큰 영향력을 행사하는 지도 차츰 눈치채게 되었다. 그는 그녀의 신임을 얻었고 아주 점잖은 척하면서 눈에 모래알이 들어갔던 일을 신의 섭리라고 말했다. 그 장소가 자신의 병원이 있는 비아 시스티나 4번지와 인접해 있던 것이 바로 그것을 말해 주는 것이 아니겠느냐고.

갈레아치 리시 박사의 출세길이 열렸다. 이제 바티칸에는 그의 출세를 막을 만한 것은 아무것도 없었다. 참으로 믿기지 않는 이야기처럼 들리겠지만 사실이 그랬다.

피우스 12세는 그 의사에게 대여섯 개의 직위를 안겨 주었다. 즉, 교황청 근위대의 소령이 되었고 바티칸의 주임의사, 전세계 70명의 학자들로 이루어진 교황청 과학 아카데미의 회원이 그것이었다. 과학 아카데미 회원 중 한 사람만 소개하자면 페니실린을 발명한 알렉산더 플레밍 경이 있다.

즉위 이후 15년 세월 동안 피우스 12세의 삶은 주치의인 갈레아치 리시 박사보다 더 평안하지 못했다. 전쟁, 로마의 폭격, 비아 아피아 안티카에서 멀리 떨어지지 않은 곳에서 3백 명이 넘는 이탈리아 인질의 살해, 무솔리니의 암살, 로마에 온 미국인, 오늘날까지도 역사에 피우스 12세의 위상을 애매모호하게 만들었던 사건들의 연속이었던 것이다. 그러나 이에 비해 갈레아치 리시 박사는 그의 주치의로서 아주 편안한 생활을 누렸다. 피우스 12세는 고령이 되도록 큰 병을 앓은 적이 없었다. 몹시 약해 보이고 여윈 체격이었지만 그는 파란만장한 삶의 변화를 대단한 지구력으로 이겨낸 사람이었다. 그는 어린 시절 가벼운 결핵을 앓은 적이 있을 뿐이었다. 그러나 나중에 교황 대사가 되고 교황청 대변인이 되고, 특히 교황이 되고 나서부터 그는 피로감에 자주 시달렸다. 하루에 20시간 가까이 일하는 사람에게는 당연한 현상일 것이다. 그는 전쟁이 계속되던 시기에 감옥에 갇힌 수많은 사람들처럼, 그리고 폭격으로 집을 잃고 폐허에 나 앉은 수십만의 사람들처럼 딱딱한 맨바닥에서 잠을 잤다. 그는 거의 매순간 위장에 뭔가 짓누르는 것 같은 압박감을 느꼈다. 그러나 그는 그리 심각하게 받아들이지 않았다. 의사들이나 그의 주치의인 갈레아치 리시나 혹은 다른 전문의라 하더라도 그를 어떻게 해 줄 수는 없었다.

그것은 피우스 12세의 거의 결벽증적인 금욕주의와 연관이 있었다. 교황이 자신의 맨살을 내보이는 것은 있을 수 없는 일로 생각했다. 의사의 손도 자신의 몸에 닿게 할 수 없었던 것이다. 또한 그것은 기도나 일, 그리고 20시간 하루 노동을 통해 자신의 육체적인 고통을 대하는 스파르타식의 엄격함과 관련이 있었다. 그리고 심리적인 시각에서도 이 문제를 봐야 한다. 사실 이런 지성인의 경우 달리 이해할 수가 없기 때문이다. 그는 이 세상이 아닌 영원한 피안의 세계를 지배하는 통치자로서 이 세상에 속하는 자신의 덧없는 육신으로부터 초월하지 않을 수 없었던 것이다. 그러나 어느 날 그와 같은 생각은 신기루요, 기만적인 환상으로 변하지 않을 수 없게 되었다.

"교황들은 오로지 단 한 가지 질병으로 고통받을 권리가 있다. 그것은 죽음에 이르는 병이다. 그들이 죽지 않는 한 그들은 항상 건강하다."

이러한 라 팔마 추기경의 절대명령은 많은 교황들의 신조가 되었다.

갈레아치 리시 박사는 이러한 사실을 알아차릴 만큼 충분히 똑똑한 사람이었다. 그래서 자신이 주치의로서의 역할을 그에 따라 수행해 나갔다. 진찰도 없고, 신성을 벗기는 것처럼 생각하는 사람의 옷을 벗기는 법도 없었다. 그러다 보니 남는 것은 교황의 주치의라는 간판뿐이었다. 그리고 그것은 황금에 버금가는 가치였다. 의사로서의 기능은 우스울 정도로 사소한 것뿐이었다. 교황의 소화 기능에 문제가 있으면 식이요법을 권하고 불면증에는 카밀렌 차를 권했다. 그리고 이 불면증은 갈수록 교황을 심각하게 괴롭혔다. 피로에는 비타민과 진정제를 주사하고 감기에는 항생제를 쓰는 정도였던 것이다.

주치의로서의 본래 역할은 훨씬 뒤에야 비로소 시작되었다. 그러니까 14년이라는 세월이 흐른 뒤였다. 1953년 가을, 이제 교황은 완전히 기력을 잃은 듯했다. 하루에 두 시간 이상은 잘 수 없었다. 77세의 노인은 앙상한 뼈만 남았다. 교황의 욕실에 기계로 만든 말을 세워 놓고 매일 몸을 움직이기 위해 그 말을 타게 해도 별 도움이 되지 않았다. 오늘날 같으면 신체단련이라는 표현을 쓸 수 있을 것이다. 그리고 교황을 알현하는 수천 명이 그의 발에 입을 맞춤으로써 감염될지도 모를 세균 때문에 교황의 욕실에 설치한 모터가 달린 세균박멸제를 내뿜는 분사기도 별 소용이 없었을 것이다.

이제는 환자로서 의사가 필요하게 되었다. 교황의 실체가 문제가 아니라 자신이 직접하든, 아니면 다른 전문의를 소개하든 주치의의 능력이 문제였다. 갈레아치 리시 같은 의사에게는 두 번째 방법을 선택하는 게 당연했을 것이다.

여기서도 우연이 큰 역할을 한다. 교황의 주치의는 임명된 후로 오랫동안 회춘의 문제에 관심을 쏟아 왔다. 의학계의 수많은 학자들에게 그것은 미심쩍은 이론이었을 뿐 아니라 그것은 비도덕적인, 한마디로 돌팔이의 의료행위로 여겨졌다. 세포 치료는 아직까지 "의학계의 교황" 인준을 받지 못한 상태였다. 그 문제에 관심을 쏟는 의사는 보수적인 의사들에게 의심스러운 아웃사이더로 간주되었다.

이들 아웃사이더 중에서 선두를 달리던 자는 스위스의 폴 니한스 박사였다. 한동안 개신교 신학자이기도 했던 그는 프리드리히 대제 3세와 카우프만이라는 이름을 가진 평민 태생의 아름다운 아가씨 사이에서 태어난 사생아였다. 이런 출생 배경만 보더라도 의학계의 인사들이 크게 석연치 않아 할 만했다.

갈레아치 리시 박사는 간접적인 방법을 통해 파스쿠알리나 수녀에게 러시아 출신 보고몰레츠 교수의 연구와 제네바에 있는 니한스 교수의 생세포 치료에 관한 이야기를 했다. 그는 그녀에게 스위스 교수의 사진을 보여 주었다. 그리고 니한스가 불면증과 다른 노환을 훌륭히 치료한 여러 실례들을 이야기해 주었다.

그의 간접적인 방법은 옳았다. 피우스 12세는 니한스 교수를 만나 보겠다고 말했다. 그는 그의 사진을 보았다. 신뢰할 만한 사람처럼 보였다. 자신보다 겨우 여섯 살 아래인 사람이었다. 그 의사가 한때 개신교 목사였다는 것을 꼬투리로 잡을 만큼 속좁은 교황은 아니었다. 오로지 가톨릭 의사라야 가톨릭 교회의 머리인 교황의 몸을 만질 수 있다고 고집 피우는 사람은 아니었던 것이다.

물론 조금은 계획된 우연이기도 했지만, 여하튼 우연이 그 시작이었다. 1953년 가을 빌헬름 푸르트벵글러가 로마에서 연주회를 가졌다. 베를린 필하모니의 지휘자인 그가 베토벤의 작품을 연주하기로 되어 있었다. 당시 그는 세계적으로 명성을 날리던 지휘자 중의 한 사람이었다. 그리고 또 베토벤은 교황이 가장 좋아하는 음악가이기도 했다. 그는 길고도 긴 하루 일과가 다 끝나 자정을 넘긴 시간에도 잠을 못 이룰 때면 파스쿠알리나 수녀에게 베토벤의 레코드판을 걸어달라고 부탁하곤 했다. 푸르트벵글러의 지휘로 그의 오케스트라가 연주하는 레코드였다. 어차피 잠은 못 잘테니까.

파스쿠알리나는 푸르트벵글러가 로마에서 연주한다는 사실을 알고 있었다. 교황은 이탈리아의 라디오 방송이 그 연주회를 녹음해 주어 그 연주를 들을 수 있었다. 다음날 교황은 지휘자를 친히 접견했다. 그는 이미 교황청 대사로 베를린에 있을 때부터 그와 잘 알고 지내던 사이였다.

이 접견에서 교황은 푸르트벵글러가 오로지 스위스에 있는 니한스 교수의 도움으로 무대에 설 수 있게 되었다는 사실을 알게 되었다. 그리고 푸르트벵글러가 감사의 표시로 니한스 교수 내외를 로마에 초청한 사실도 알게 되었다. 그 이유는 이러했다. 1945년 푸르트벵글러는 미국의 점령군들이 찾는 수배 명단에 올랐었다. 이전의 나치 정권과 가까운 관계를 유지했다는 이유에서였다.

푸르트벵글러는 스위스로 도망을 갔다. 거기서 소설 「비아 말라」로 세계적인 명성을 얻게 된 스위스 작가 존 크니텔이 니한스를 설득하여 푸르트벵글러를 치료하게 했다. 이렇게 해서 니한스 박사는 제네바에 있는 베베이 병원에서 푸르트벵글러를 치료하게 된 것이다. 푸르트벵글러의 망명 생활은 거의 일 년이 넘게 지속되었다. 그래도 확실하게 안전을 보장하기 위해 니한스는 푸르트벵글러를 라투르에 있는 자신의 개인 별장에 묵게 했다. 그곳은 베베이와 클라렌스 사이에 자리한 아주 작은 마을이었다.

푸르트벵글러의 망명 생활은 끝이 났으나 니한스 박사에 대한 고마움은 여전했다. 그 해 이후로 푸르트벵글러는 어느 누구보다도 스위스 의사의 새로운 치료법인 생세포 치료에 관해서 잘 알게 되었다. 그는 질병 보고서도 수천 장 넘게 읽었고 그 치료법의 효과를 몸소 체험하기도 했다.

묘하게 돌아가기는 했지만, 1953년 결국에는 푸르트벵글러가 교황을 접견한 자리에서 위험한 불면증 때문이라도 꼭 스위스 의사 니한스와 접촉할 것을 종용했다. 게다가 우연하게도 마침 의사가 로마에 체류중이니 더 잘되지 않았는가.

교황은 선뜻 대답하지 못하고 어쨌든 니한스가 머무르고 있는 곳의 주소를 받아 두었다. 하들러 호텔이었다. 그것은 그저 예의상 한 행동일 수도 있고 정말로 니한스 박사를 만나려는 의도가 숨겨진 것일 수도 있다.

갈레아치 리시 박사는 교황에게 그와 만날 것을 권했다. 어떻게 그 대화가 끝나든 그의 주치의 자리에는 이상이 없을 테니까.

만약 교황이 생세포 치료를 받는다고 할 경우에 자신이 이를 권했다는 것만 하더라도 의의가 있는 일이고, 그 치료가 성공을 거둔다면 금상첨화였다. 그런데 만약 아무런 성과가 없게 된다 해도 그에게 비난할 사람은 없을 것이다. 그가 옆에 있었던 것은 아니니까. 그리고 두 번째 경우, 만약 교황과 니한스 박사 사이의 대화가 아무런 결실을 맺지 못한다 하더라도 그 일로 자신이 책잡힐 염려는 없었다.

그러나 피우스 12세에게는 갈레아치 리시 박사의 충고보다 자신의

'진주'인 파스쿠알리나 수녀의 니한스 박사에 대한 긍정적인 생각이 더 큰 영향을 끼쳤다. 그녀는 단순히 교황의 집안 살림만 맡는 것이 아니었다. 그녀는 많은 자료들을 읽었고 특히 교황을 보필하는 것과 연관이 있는 것이면 하나도 빼놓지 않고 샅샅이 읽었다.

그래서 니한스 교수는 10월 12일, 로마의 할더 호텔에서 10월 14일 교황의 여름 저택인 카스텔 간돌포에서 교황이 자신을 기다린다는 연락을 받게 되었던 것이다. 그곳은 로마에서 남쪽으로 40킬로미터 떨어진 곳이었다. 대화는 아무런 결실 없이 끝났다. 그것은 그럴 수밖에 없었다. 니한스는 교황에게 최소한 일주일 동안 절대 안정을 취하라고 일렀다. 공식적인 접견이든 개인적인 접견이든 하지 말라고 했다. 그리고 추기경들과 대화를 나누는 것도 안 된다고 했다. 완전히 외부와 차단하라는 것이었다.

니한스는 여기 카스텔 간돌포쯤이면 자신에게 좋은 기회라고 생각했다. 자신의 치료법을 세계에서 가장 유명한 명사에게 보여 줌으로써 의학계에 만연한 자신에 대한 적의를 한번에 무너뜨릴 수 있을 거라는 생각이었다. 그러나 조건이 맞지 않았다.

우선 감염의 염려가 있었다. 피로는 체내에 유산균을 만들어 내어 생세포를 주사할 때 통제할 수 없는 매우 위험한 부작용을 일으킬 수도 있었다. 교황을 치료하는 데 실패하면 자신의 생세포 치료 때문이라는 오욕을 가져올 게 뻔했다. 한편으로는 접견이 아무런 희망도 없이 끝난 것은 아니었다. 교황은 생세포 치료의 효과를 믿었고 자신이 안정을 취할 수 있는 상황이 되면 니한스에게 연락하겠노라고 약속했다.

이틀 후 니한스는 로마를 떠났다. 그는 교황에게 생세포를 주사해 줄 수도 있었다. 그러나 그 유혹을 뿌리쳤다. 그는 피우스 12세라는 이름을 가진 환자를 자신의 병원을 찾은 다른 환자들과 똑같이 대했다. 만일 교황이 안정을 취해야 한다는 요구 조건을 받아들일 준비가 된다면 그도 또한 치료의 책임을 맡을 마음의 준비가 되어 있었다.

이제 그가 할 일은 교황이 연락해 줄 때를 기다리는 것밖에 없었다.

니한스 박사는 어떻게 그같은 확신에 도달할 수 있었을까? 그는 교황과 그저 이야기를 나누었을 뿐이다. 진찰 같은 것은 하지 않았다는 뜻이다. 혈액 검사도 하지 않았다. 그는 오로지 한 인간의 겉모습을 보았을 뿐이다. 그가 교황에 대해서 아는 것은 지치고 몹시 여위었으며 불면증에 시달리는 사람이라는 것밖에 없었다. 그런데도 그는 자신이 그를 도와 줄 수 있으리라고 확신했다.

1년 후라면 자신이 경솔하게 치료를 했다는 비난을 면하기 어려웠을 수도 있다. 그러나 아직은 그때가 아니다. 그렇다면 의학계의 아웃사이더인 니한스 박사의 이러한 확신은 어디에 근거한 것이었을까? 그는 다년간 외과의로 지냈다. 그러다 새로운 길을 걷기로 결심하고 생세포 치료라는 새로운 치료법을 쓰게 된 것이다. 당시나 지금이나 이 치료법에 대해서는 논란이 많다. 장삿속에서 하는 짓이라는 악명을 얻기도 했다.

1953년 10월의 어느 가을 밤, 교황의 관저에서 이탈리아를 지나 제네바 쪽으로 달렸을 때 일흔한 살이었던 그가 그런 이야기에 무릎을 꿇어야 할 이유야 어디 있었겠는가?

니한스는 침대칸에 있었지만 잠을 이룰 수 없었다. 20년간의 생세포 치료 경험이 눈앞에 영상처럼 지나갔다.

1931년 3월 31일 베른, 모든 일이 눈앞에 선했다.

그리고 그전에 자신이 종이 한 장에 써서 벽에 붙여 놓았던 글귀가 생각났다. 그것은 고대의 위대한 명의 히포크라테스의 명언이었다.

"의사는 오로지 치료해야 할 의무를 가질 뿐이다. 그리고 그것이 성공한다면 그것으로 족할 뿐 그 방법은 상관이 없다."

당시 그는 외과의였다. 외과의는 신체의 아픈 부위를 절개하고 수술하고 잘라낼 뿐이다. 니한스에게 이 히포크라테스의 명언은 다른 의미를 가졌다. 그 의미는 바로 3월 31일에 그의 뇌리에 박혔다. 그날 신문에는 믿을 수 없는 사실이 보도되었다. 피카르드 교수가 성층권 기류를 타고 16킬로미터 상공에 도달했다는 것이다. 뉴욕의 제일 높은 건물이 겨우 381미터인데 말이다. 새로운 행성인 명왕성이 발견되었다. 그것은 맨눈으로는 볼 수 없지만 태양을 공전하고 있었다. 그리고 다른 신기록도 있었다. 미국의 실업자 수가 천 만에 이르고 독일의 실업자 수는 5백 만에 달한다는 기록이었다.

많은 연구가들이 당시 제1차세계대전 이후 관심을 가지고 있었던 부분은 니한스에게도 관심의 대상이었다. 그는 훗날 이에 관해 다음과 같이 묘사했었다.

"내 의도는 장애를 받은 기관의 기능을 이식을 통해 조정하거나 또는 그에 상응하는 기관에 재활기를 불어 넣어 제 기능을 다하도록 만드는 것이다. 그렇지만 내가 우려하는 것은 그 이식된 동물의 세포들이 수술을 통해 환자에게 이식된 후 얼마가 지나면 다시 죽어 버려 그를 통해 분명히 나타났던 재생이 병든 유기체 내에서 재발을 일으키는 문제이다. 게다가 효과가 나타날 때까지 걸리는 시간을 확언할 수 없다는 점이다. 보통 일주일에서 4주일 정도 걸리는데 어떤 때에는 여섯 달이 필요하기도 하다."

우연은 그를 새로운 길로 인도한다. 아니 어쩌면 위급한 상황으로 인도했다는 게 옳은 표현일지도 모른다. 바로 3월 31일, 그날 어느 젊은 외과의는 갑상선 수술에서 한 가지 실수를 저지르고 말았다. 그는 한 여자 환자의 부갑상선을 다치게 하고 말았던 것이다. 그 결과 파상풍과 경련을 가져왔다.

드 끄베르뱅 병원의 원장 의사는 한 가지 남은 희망은 부갑상선을 이식하는 길밖에 없다고 생각했다. 그리고 그 일을 해낼 만한 사람은 오로지 한 명밖에 없다는 것도 그는 잘 알고 있었다. 니한스 교수가 바로 그였다. 부갑상선은 혈액의 칼슘 함량을 조절하는 역할을 한다. 부갑상선이 부족하면, 즉 다치게 되면 격렬한 경련과 함께 파상풍을 일으켜 마침내는 죽음에 이르게 된다. 니한스는 몽뜨르 클라렌스의 어느 가축 도살장으로 가서 송아지 한 마리를 잡게 한 후 송아지의 상피소체를 가지고 병원으로 향했다. 그러나 그는 환자를 보는 순간 직감으로 이미 때가 늦었음을 깨달았다. 이식 수술이 불가능했던 것이다. 만일 그가 그래도 수술을 감행한다면 환자는 그의 손 밑에서 죽고 말 것이다. 이제 어떻게 한다? 그는 외과용 수술 메스를 가지고 송아지의 부갑상선을 잘게 절단한 다음 식염수를 써서 부풀렸다. 그런 다음 주사기에 이 용액을 담았다. 그는 환자의 가슴 위에 조그만 칼집을 내어 이 용액을 투여했다. 드 끄베르뱅 교수는 어이없는 표정으로 그 모습을 지켜보았다.

그는 숨이 막힐 지경이었다. 여기서 벌어진 일은 무서운 것이었다. 전통적인 의학을 따르는 의사의 눈에는 적어도 그랬다. 환자의 신체에 주사된 이질적인 프로테인은 두말할 것도 없이 알레르기 반응을 보일 것이며 소위 치명적인 쇼크로 환자의 생명을 앗아갈 것이 뻔했다. 여기서 니한스 박사는 새로운 안락사의 방법을 썼던 것이 아닐까? 고통스러운 몇 분. 니한스는 꼼짝 않고 환자의 곁에 서 있었다. 그는 주임 의사의 휘둥그레진 눈이 자신을 노려보면서 비난의 화살을 당기는 것을 분명히 느낄 수 있었다. 그러나 그는 이상할 정도로 조용히 그 자리에 머물러 있었다. 여하튼 겉으로는 그렇게 보였다. 그리고 여자 환자의 경련이 가라앉으며 차차 약해지더니 나중에는 완전히 멈추었다. 그때서야 한숨을 내쉬었다.

그리고 이러한 개념은 그 후 20년 후에나 생겨났지만 이같이 직감적인 방법으로 세포 치료법이 탄생했다. 니한스는 외과의와 작별을 했다. 그의 눈앞에는 오로지 한가지 과제가 놓여 있었다. 인간 선(腺)의 이상

증세, 노쇠한 인간 세포에 이에 해당하는 동물의 선(腺)이나 또는 세포를 부풀린 것을 주사함으로써 생기를 불어 넣는 치료방법을 그가 '회춘'이라는 단어로 말한 적은 없었다. 그는 이 단어를 페스트만큼이나 싫어했다. 그렇지만 아직도 연구를 거듭해야 했다. 여전히 찾아야 할 대답이 산재해 있었던 것이다.

밤 기차는 로마에서 제네바를 향해 달리고 있었다. 니한스는 여전히 잠을 이룰 수 없었다. 1931년의 여환자의 병상 기록부가 그 시초였다. 그는 이 기록부에 쓰여진 기록을 줄줄 외울 정도였다.

"성명은 B.F였고, 여성, 1884년 출생, 갑상선 수술 후 중한 파상풍 발병, 베른에 있는 드끄베르뱅 교수가 내게 위급 상황을 맡겼었다. 혈액 칼슘 농도는 리터당 0.0078로 내려갔었다. 치료는 신선한 부갑상선의 주사. 결과는 치료 및 활동 가능해졌다. 관찰 기간은 22년."

22년이란 기간은 니한스 박사를 어디로 인도했던가? 의학계에서 그는 여전히 아웃사이더 취급을 받았다. 그러나 한편에서는 그의 치료를 받고 목숨을 구한 수천의 환자들이 감사하다는 말을 전해 왔다. 그 환자들 중에는 전세계적으로 이름이 알려져 있는 명사들도 있었다. 이제 그는 다시 자신을 의사로서 믿으려는 마음의 준비를 갖고 있는 또 한 사람을 머리에 떠올려 보았다. 피우스 12세.

그는 과거의 기억이 떠올랐다. 그것은 1949년의 일이었다.

"1949년 초 나는 내가 치료를 위해 사용하려는 생세포들을 저장할 수 있는 방법을 찾기 시작했다. 나는 클라렌스까지 올 수 없는 환자들에게도 생세포가 제공될 수 있도록 하고 싶었다. 나는 나아가 도살장과의 직접적인 관계에서 벗어나 무엇보다도 도살장과 환자의 침상 사이에 완전한 위생소독을 보장하고 싶었다.

그래서 나는 1949년 제일 먼저 얼음으로 차게 냉장한 세포를 가지고 나 자신에게 스스로 시험해 보았다. 그 결과 강한 독물 반응이 나타났으나 다행히 독이 퍼지는 위험에서 기적적으로 벗어날 수 있었다. 1949년 가을, 냉동건조 방법을 통해 최초의 저장 세포를 얻을 수 있었다. 그리고 그것은 치료에 효과가 있었다."

"냉동건조 방법은 세포 조직을 가장 잘 보존할 수 있는 방법이다. 이를 통해 다양한 세포 조직이 수년 간 이식 가능한 상태를 보존하게 된다. 그리고 세포 조직이 그대로 보존되기 때문에 냉동건조 방법은 분류학적 방법에서도 쓸 수 있다. 그러므로 적당한 냉동 건조법을 통해 생세포의 치료 효과를 보존할 수 있다고 말할 수 있다. 나는 10년 전이나 또는 20년 전에 전했던 사실들을 이미 진부한 것으로 선언하는 사람들과는 다르다. 다만 내가 누누히 반복해서 하는 말은 세포 치료의 발전이 아직 완결된 것이 아니라는 점이다. 우리는 아직도 길을 계속 찾고 있다. 최선책을 찾는 노력에는 끝이 없다는 말이다. 의사와 과학자라는 직업의 기능은 항상 상승과 하강, 그리고 찬성과 반대의 연속인 것이다. 그렇지만 전체는 변함없이 그대로 남는다."

니한스는 자신이 걸어 온 길을 1954년 칼스루에에서 열린 치료회의에서 강연한 바 있다.

기차가 밤을 가르며 지나갔다. 니한스는 자신이 시험해 본 저장 세포의 수천 개가 넘는 앰풀을 생각해 보았다. 그는 각각의 병상 일지를 머리에 다 집어 넣고 있었다. 그리고 그 어느 때보다 확신에 가득차 있었다. 피우스 12세를 도울 수 있으리라는…. 물론 교황으로부터 자신이 준비가 다 되어 있다는 전화만 온다면….

1년 전인 1952년 12월 21일, 그는 70번째 생일을 맞았는데 그 세월 가운데 31년을 세포 치료에 바쳤던 것이다. 의학계의 냉담함은 이제 한 뼘이라도 그에게 문을 연 것일까? 단 한번의 명예직 수여가 이를 암시해 주는 듯했다. 튀빙겐대학은 의학계의 아웃사이더였던 그를 에버

하르트 칼스대학의 명예평의원으로 임명해 주었다. 당시 대학 총장이었던 신학자 틸에케 교수는 니한스에게 제네바에 있는 그의 집 '태양의 뜰'에서 직접 증서를 전해 주었다. 튀빙겐대학의 의대학장 니이치케 교수는 연설을 통해 의사와 과학자로서의 니한스의 공로를 높이 치하했다.

그가 일흔 살의 고령이 되었으니 인정받기까지는 참으로 오랜 세월이 걸린 셈이다. 그러나 그것은 그를 인정하는 단 한번의 목소리였을 뿐이다. 니한스는 여전히 의학계의 아웃사이더로 간주되었고 앞으로도 그렇게 대우할 의과대학이 열 군데도 더 되었다. 니한스 같은 입장의 과학자라면 당연히 이와 같은 사실을 뼈아프게 받아들일 수밖에 없었으리라. 그러나 그것이 아무리 고통스러운 인식이라 해도 니한스를 절망으로 몰아넣을 만큼 고통스러운 것은 아니었다.

제네바로 달리는 밤 열차의 일등 침대칸에서 그는 과거에 겪었던 여러 가지 일들을 회상하고 있었다.

잠이 안 와서? 아니었다. 니한스는 자신이 로마에서 만났던 사람을 생각하고 있었다. 더 이상 잠을 이루지 못하는 그 교황을 그는 생각했다.

'그는 다시 잠을 잘 수 있으리라. 내가 그를 도와 주게 되리라. 그러나 아주 작은 부분은 교황 자신이 스스로를 도와야 한다.'

폴 니한스 박사를 아는 많은 사람들은, 그가 어떤 어려운 난관이든 자신의 평온을 잃어버리지 않는 사람이라는 점을 높이 산다. 그는 "자신 안에서 스스로 평안을 얻는" 사람이었던 것이다. 그러나 로마에서 돌아온 후 그는 이상하게도 마음이 불안했다. 그는 자신의 여름 별장 '태양의 뜰'에서 여느 때와는 달리 조급한 마음으로 우편물을 기다렸다. 공연히 전화를 쳐다보는 일도 잦아졌다. 편지는 산더미처럼 쌓였지만 정작 그가 기다리는 편지는 오지 않았다. 전화벨은 하루에 수도 없이 울렸지만 그가 기다리는 전화는 걸려 오지 않았다. 몇 주일이 흘러 가을도 다 지나갔다. 제네바 호수로 이어지는 산들이 깊은 그림자를 드리웠다.

그가 성탄절을 며칠 앞두고 교황에게 편지를 쓰게 된 동기가 무엇인지는 정확히 알 수 없다. 그 편지는 이제 자신의 치료를 받을 마음의 준비가 되었느냐고 교황의 의사를 타진해 보는 편지였다. 니한스는 단 한번도 누구를 자기 환자로 만들기 위해 꽁무니를 따라다닌 적이 없었다. 사실 그럴 필요도 없었다. 지금까지 전세계의 유력 인사들과 명사들, 정치가들과 은막의 스타, 지휘자들이 그를 찾아오거나 아니면 자신들이 있는 인도나 영국, 아메리카 등지로 제발 왕림해 주서서 병을 고쳐달라고 부탁을 했으니까. 어쩌면 니한스는 교황의 건강을 진정으로 염려하는 마음에서 두 번 다시는 하지 않을 그런 행동을 취한 것인지도 모른다. 아니면 그가 교황이라는 인물을 치료함으로써 의학자와 아웃사이더 사이의 애매모호한 동질성을 깨끗하게 청산할 수 있는 가능성을 본 것일 수도 있다. 설령 그랬다 하더라도 그를 탓할 이유가 어디 있겠는가?

로마에서 갈레아치 리시 박사가 보낸 답변은 짤막했다. 그 답신에는 교황이 하루가 다르게 쇠약해지고 있으며 여위고 창백하고, 여전히 불면증으로 고통을 받고 있다는 내용뿐이었다.

니한스 박사는 지극히 실망스러운 마음으로 편지를 치워 버렸다. 그는 주치의의 공식적이고 냉정한 편지 글귀를 보고 교황이 아직도 마음을 정하지 못했다고 결론 내렸던 것이다. 니한스 박사는 성탄절을 그리 기분 좋게 보내지 못했다. 그의 병원 '라 프레리레'는 입원 환자들로 터져 나갈 정도로 성황을 이루었고 자신의 책상 위에는 치료받기를 원하는 사람들의 의뢰서들이 산더미처럼 쌓여 있었지만 그의 기분은 유쾌

하지 못했다. 돈은 전혀 문제가 되지 않았다. 니한스에게도 그랬고 '라 프레리레'에 입원하여 그에게 치료받기를 원하는 사람들에게도 그랬다.

그렇게 새해가 시작되었고 울적한 니한스는 새해를 그리 달갑게 맞이하지 못했다.

바티칸은 그 어느 때보다 침묵의 성벽을 굳게 닫아 걸고 있었다. 그 성벽 밖으로 나오는 소식은 하나도 없었다. 그러나 피우스 12세를 지난 석달 동안 바티칸 궁전의 3층 교황 접견실에서 주일날 만나 본 사람이라면 교황의 건강이 몹시 나쁘다는 사실을 금방 깨달을 수 있었을 것이다. 얼굴은 점점 더 창백해지고 걸음걸이도 더 힘들어 보였다. 고통의 도가니에서 헤어나지 못하고 있는 교황을 그래도 그나마 버틸 수 있도록 만드는 것은 그의 의지력이었다. 훗날 알려진 바에 따르면 신장이 182센티미터인 교황의 체중은 그 해 겨우 110파운드밖에 되지 않았다. 불면증에 시달리고 아무런 효과도 없는 수면제를 복용해 소화 불량이 생겼기 때문이었다.

교황이 휴식을 취하도록 온갖 수단을 동원한 파스쿠알리나 수녀의 노력도 석달 전의 니한스 박사의 충심어린 경고처럼 헛수고였다. 수녀는 교황이 무너져 내리는 모습을 가장 가까이서 매일 밤낮으로 지켜보았다. 로마 교황청의 추기경들은 그러는 동안 은밀히 차기 교황감을 물색하고 있었다. 그러므로 그 중 야심가들은 이러한 상황에 대해 적잖이 희망을 품고 바라보았다. 로마 교회의 선홍색과 자주빛 예복을 입은 고위성직자들 뒤에도 권력과 화려함의 꿈이 지배하고 있었던 것이다. 1954년 1월 22일이 밝아 왔다. 그날도 다른 날과 별로 다를 게 없었다. 6시 30분에 일어난 피우스 12세는 소박한 침실의 아무런 치장도 없는 스파르타식 철제 침대에서 몸을 일으켰다. 커다란 욕실에 교황이 머무는 시간은 항상 30분이었다. 그는 개인 예배당에서 미사를 올렸다.

그런 다음 8시에 식당에서 아침 식사를 했다. 밀크 커피 약간과 토스트 몇 조각이었다.

그리고 나서 엘리베이터를 타고 공식 집무실과 크고 작은 접견실이 물결처럼 끝없이 이어져 있는 2층으로 내려가 추기경들과 대화를 나누고 손님들을 접견했다. 어디서든 짤막한 인사말을 건네고는 창백한 얼굴에 미소를 지어야 했다. 어떤 통증이든 무조건 억누르고.

14시경 교황은 3층으로 돌아왔다. 식당에서 가벼운 점심 식사를 들었다. 크림 수프를 몇 스푼 떠 먹고 송아지 고기도 몇 입 베어 먹고 시금치도 조금 먹었다. 그리고 약한 포도주를 몇 모금 마신 후 식당에서 조금 쉴 참이었다.

그런데 갑자기 교황은 딸꾹질을 시작했고 그 딸꾹질은 멎을 줄 몰랐다. 교황의 집안 대대로 내려오는 민간요법도 아무 소용이 없었다. 마른 빵을 먹고 숨을 잠깐 멈추는 방법도 효과가 없었던 것이다. 교황은 간신히 몸을 끌고 서재로 갔다. 그리고 정신을 다른 곳으로 돌리기 위해 책상에 앉아 일을 하려고 했다. 그러나 딸꾹질은 멈추지 않고 그의 전신을 고통으로 뒤흔들어 놓았다. 파스쿠알리나 수녀는 갈레아치 리시 박사를 불렀다. 주치의는 바티칸에 살지 않았고 여전히 비아 시스티나 4번가에 살고 있었다.

물론 갈레아치 리시 박사는 그 딸꾹질이 어디서 비롯되는지 알고 있었다. 위통 때문이고 중앙 신경조직 장애의 일종으로 혈관경화 현상에 의해 중간뇌에 장애가 온 것이다. 그의 진단은 정확했다. 우선 그 원인은 위에서 찾아야 했다. 그러나 이는 물론 엑스레이 촬영 없이는 불가능한 일이었다.

교황은 이를 거부했다. 엑스레이 기기는 안 되고 산화 바륨으로 채우는 것도 안 된다는 것이었다. 파스쿠알리나 수녀가 온갖 좋은 말과 눈물로 호소했으나 대답은 여전히 분명한 '아니오'였다. 그렇게 몸이 아픈데도 모든 육체적인 것에 대한 교황의 혐오감은 그만큼 뿌리깊은 것이었다. 딸꾹질은 그칠 줄 몰랐다.

무서운 밤이었다. 다음날 모든 접견은 취소되어야 했다. 소문이 꼬리를 물고 퍼지기 시작했다. 그러나 공식적인 발표는 없었다. 바티칸의 침묵의 성벽은 그렇게 두꺼웠다. 공포의 밤낮이 1954년 1월 22일부터 무려 20일 동안 이어졌다. 그래도 딸꾹질은 멎지 않았다. 교황은 아무 음식도 받아들일 수 없었다. 토스트 한 입도 먹을 수 없었다. 갈레아치 리시 박사에 대해 사람들이 어떻게 생각하든 간에 어느 의사는 피우스 12세와 같은 환자를 치료하는 일은 누구에게나 쉽지 않았을 것이다. 그러나 이는 4년 후에 벌어지는 스캔들이 금세기 동안 의사와 환자 사이에 있을 수 있는 최악의 관계였다는 점까지 무마시켜 주지는 못했다. 아마도 피우스 12세로 하여금 자신의 주치의로부터 어느 정도 거리감을 갖도록 만든 것은 일종의 불신에서 나온 직감 같은 것이었는지도 모른다. 그저 알약과 환약을 삼킨다거나 눈에 들어간 모래알을 빼내게 하는 정도라면 주치의를 신뢰할 수 있을까 그 이상은 아니었던 것이다.

3주에 걸친 딸꾹질이 그래도 멈추지 않았다. 그 기간 동안은 고통의 연속이었다. 접견도 없었고 겉으로 보기에는 완전한 정적의 시간이었다. 소문이 로마에 무성해졌다. 암에 걸렸는데 치유할 수 없다는 둥, 위암이라는 둥 기사거리를 찾아 다니는 기자들은 한계를 몰랐다. 로마의 대중 신문들은 이를 톱기사로 다루어 한몫 단단히 벌었다.

파스쿠알리나 수녀는 절망에 잠겨 마지막 시도로서 다른 의사를 찾을 것을 교황에게 애걸했다. 곧 숨을 거둘 듯 기력을 잃은 교황이 고개를 끄덕이자 그녀는 즉시 스위스의 폴 니한스 박사에게 전보를 쳤다. 그리고 30분 후 대답을 손에 넣었다. "즉시 가겠습니다, 니한스."

1954년 2월 11일이었다.

SCV 번호판을 단 검은 리무진이 1954년 2월 12일 늦은 오후 폴 니한스 박사를 로마 공항에서부터 곧장 바티칸으로 모셔갔다. 목련이 꽃을 피우고 봄의 기운이 로마에 가득했다. 공항에는 기자들을 찾아볼 수 없었다. 비밀 유지가 철저하게 이루어진 것이다.

스위스 근위대가 베드로 성당의 왼쪽에서 쇠사슬을 열고 거수 경례를 했다. 그리고 다시 쇠사슬을 바티칸 성문 앞에서 닫아 걸었다. 끝도 없이 이어지는 바티칸 궁전의 복도를 지나 드디어 교황의 침실 앞에 다다랐다. 문이 열렸다. 스파르타식의 철제 침대, 옷장, 그리고 소파 하나와 책상 하나가 눈에 들어 왔다. 니한스는 환자를 쳐다본 순간 기절초풍할 뻔했다. 교황의 얼굴은 그 몸을 덮고 있는 하얀 이불보다 더 창백해 보였다.

환자는 20초에서 30초 간격으로 딸꾹질을 했다. 3주일째 그칠 줄 모르는 딸꾹질이었다. 그리고 나직한 신음 소리. 교황은 과연 의식이 남아 있었던가? 갈레아치 리시 박사가 니한스의 뒤에 서서 몇 가지 정보를 전해 주었다. 그 소리는 마치 어두운 안개 속을 가로지르듯 어렴풋하게 그의 귀에 닿았다.

"위가 아무것도 받아들이지 않습니다…. 인공 영양 공급을 시도해 봤지만…."

니한스도 두 손들 수밖에 없는 상황이었다. 위와 장 전문의가 나서야지 그는 책임을 질 수 없는 상황이었다.

너무 늦었다! 작년 10월, 즉 넉 달 전만 하더라도 기회는 있었다. 그러나 그때 교황은 조건을 수락하지 않았다. 이제는 늦었다. 니한스는 침대를 쳐다보았다. 하얀 이불과 하얀 얼굴…. 그는 이 세상에서 아주 멀리 떠나 있는 사람처럼 보였다. 그러나 교황의 입술에서 나직한 목소리가 흘러나왔다.

"와 주셔서 다행입니다…. 난 박사를 믿습니다…."

불길한 징조였을까? 조짐일까? 아니었다. 니한스는 그런 것을 믿는 사람이 아니었다. 이 순간 벌어진 것은 전혀 다른 것이었다. 거의 죽음의 경계에 도달해 있는 한 사람이 잠깐 동안 맑은 정신을 되찾고 자신의 신앙 고백을 한 것이다. 그리고 그 고백은 의학계의 아웃사이더로 간주되던 개신교도인 니한스 박사를 향한 것이었다.

이 순간 염려 따위는 다 잊혀졌다. 그리고 도울 희망이 있고 없고 같은 두려움도 잊혀졌다. 피우스 12세는 모든 의사들에 대한 알레르기와 자신의 몸을 만지는 것에 대한 알레르기도 잊어버리고 세 마디를 뱉었던 것이다.

"난 박사를 믿습니다."

갈레아치 리시 박사도 그 말을 들었다. 그러나 그는 아무 말도 않고 그저 손짓을 한번 했을 뿐이었다.

세밀한 검사를 통해—교황이 처음으로 아무 말 없이 아주 당연한 듯이 자신의 몸을 한 의사의 손에 맡긴 후—니한스는 이런 결론에 도달했다. 계속되는 딸꾹질은 위의 응혈로 인해 야기된 위염이 원인이었다. 엑스레이를 찍지도 않고 내린 진단이었지만 그 진단은 옳았다.

진단의 정확성. 수년 후 하이델베르그의 의사로서 니한스를 잘 알지만 한편으로는 그의 세포 치료에 대해서 회의적인 생각을 가지고 있던 요하임 슈타인 박사는 미국의 저널리스트 맥그래디와 가진 인터뷰에서 이렇게 말했다.

"니한스는 의학계에서는 인정을 못 받고 있다. 왜냐하면 그는 언뜻 보기에 단순한 방법으로 표현을 하기 때문이다. 그리고 직감에 관한 한 그는 단연 최고라고 할 수 있다. 내 평생 그처럼 뛰어난 직감을 지닌 의사를 만나지 못했다. 그가 환자의 병상에 서서 어떻게 진단을 내리고 어떻게 환자를 치료하는지 보면 대번 알 수 있다. 그는 놀라울 만큼 정확하게 짚어낸다. 그저 몇 마디 물어 보고서도 환자의 어디에 문제가 있는지 확실하게 맞춘다. 그는 대단한 통찰력을 가졌으며 환자의 표현과 거동만 보고도 탁월한 결론을 유추해 내어 정확한 진단을 한다."

갈레아치 리시 박사는 니한스 박사의 진단에 선뜻 동의하지 않았다. 그는 현재 중태에 있는 교황이 위암에 걸렸을 가능성도 배제할 수 없지 않느냐는 우려를 표했다. 그러나 니한스는 고개를 가로 저을 뿐이었다. 그리고 그는 치료를 시작했다.

우선 제일 먼저 맛사지부터 시작했다. 그는 교황의 위가 있는 오른쪽 가슴 부분을 하루에 10분씩 두 번 맛사지했다. 그리고 위염을 가라앉히는 약을 처방했다. 벌써 그날부터 교황은 한결 나아진 것 같은 느낌을 받았다. 딸꾹질은 아직도 계속되었지만 그 간격이 뜸해졌다. 그렇게 안정된 순간이 길어지자 니한스와 교황에게 희망이 생겼다. 그리고 두 번째 효과가 가장 중요한 것이었다. 교황의 니한스에 대한 신뢰는 더욱 두터워졌다. 맛사지와 약 외에 아주 간단한 방법이 행해졌다. 어쩌면 니한스가 딸꾹질을 멎게 하려고 사용한 이 방법은 가장 단순한 것이리라. 그는 교황에게 차가운 얼음물을 마시게 했다. 두 시간마다 몇 모금씩 목구멍으로 넘기게 했던 것이다. 니한스는 자신의 경험상 얼음물이 인간의 유기체를 진정시킨다는 사실을 알고 있었다. 얼음물의 효과는 어떤 때는 다른 어떤 진정제보다 나았다. 물론 모르핀보다는 위험도 적고. 특히 지나치게 일을 많이 함으로써 자신의 육신을 혹사시켜 온 일흔여덟 살 노인에게는 더더욱 그러했다. 이것이 그가 시작한 첫 치료였고 둘째 날이 되자 니한스는 첫번째 세포 주사를 감행했다.

감행했다고? 아니, 물론 이것은 잘못된 표현이다. 1953년, 피우스 12세와의 첫번째 만남 이후로 니한스는 생각에 생각을 거듭하여 나름대로 계획을 세워 둔 상태였다. 그러다 딸꾹질 때문에 부름을 받아 그는 계획을 실행에 옮길 기회가 온 것이다. 그는 어린 양의 위점막과 비장을 불려서 주사를 놓아 교황의 가장 약한 부분인 위에 활력을 불어 넣는 시도를 해 보았다. 그러나 그것은 그저 교황의 취약한 부분에 영향을 주는 것에 지나지 않았다. 중요한 것은 환자의 전체적인 유기체를 강하게 만드는 것이었다. 회춘을 시키자는 것은 아니다. 이 단어는 단 한 번도 니한스의 입술을 통해 흘러나온 적이 없었다. 이 구호는 화젯거리를 찾아 다니는 기자들이 쓰는 기사에나 튀어나올 뿐이었다. 그는 그런 기사를 숱하게 읽었지만 이러쿵저러쿵 자신의 입장을 변호하려 한 적이 없었고 아무 반응도 보이지 않았다.

니한스가 교황에게 어떤 세포 주사를 주었는지에 대해 그는 입을 열지 않았다. 의사로서 침묵에 대한 의무는 그에게 지상 명령과 같은 것이었다. 히포크라테스의 선서가 그의 좌우명이었다. 그럼에도 불구하고 어떤 의도에 의해서가 아니라 우연히 대화 중에 흘러나온 이야기를— 이것도 교황이 서거한 지 오랜 세월이 지난 다음이었다. —종합해 보면 몇 가지 사실을 다시 구성해 볼 수 있다.

우선 니한스가 교황에게 간과 위, 그리고 고환 세포를 주사한 것은 확실하다.

미국의 예일대학 교수인 신경외과의 하베이 윌리엄스 쿠싱과 대화를 나누다가 니한스는 이렇게 말한 적이 있었다.

"난 그에게 뇌전두엽(Hypothalamus)과 태반(Placenta)을 주었소. 그리고 밝힐 수 없는 다른 세포도 주사했소. 나는 피우스 교황에게 약속을 했으므로 끝까지 지킬 것이오."

니한스가 바티칸에 체류한다는 사실은 비밀로 남을 수 없었다. 소문이 점점 커졌다. 그리고 비단 교황청 내부뿐 아니라 바깥에도 교황이 하필이면 한때 개신교 목사를 지내기도 한 스위스 의사에게 치료를 받느냐고 못마땅하게 생각하는 사람이 적지 않았다. 게다가 그뿐인가? 그 의사는 의학계에서도 구설수에 올라 있는 사람인데…. 그러나 교황은 그런 것에 아랑곳하지 않았다. 그는 니한스를 신뢰하고 있었다. 이제 영원할 것만 같던 딸꾹질도 날이 갈수록 좋아지자 그를 더욱 믿게 되었던 것이다. 그러나 아직도 불안한 문제가 남아 있었다. 세포 주사에 교황은 과연 어떤 반응을 보일까? 그는 아직도 인공적으로 영양 공급을 받고 있었다. 그리고 아직도 불면증 때문에 밤이면 고통의 연속이었다.

니한스는 교황의 곁을 한시라도 떠나지 않으려고 바티칸에 짐을 풀었다. 그는 교황의 집무실 옆에 붙은 접견실에 간이 침대를 놓았다. 그 일이 또 어떤 소문을 낳을지 상상도 못한 채.

로마인들은 그 접견실이 특별한 일이 있을 때 추기경들이 집합하는 곳으로 알고 있었다. 니한스가 바티칸에서 첫날밤을 보내느라 그 접견실의 불이 꺼지지 않자 사람들은 오로지 한 가지 이유밖에 없다고 생각했다. 중한 병에 걸린 교황이 마지막으로 추기경들과 작별 인사를 나누려고 그들을 부른 것이라고 말이다.

로마 신문들은 대문짝만하게 톱기사를 실었다. 교황 피우스 12세가 임종 직전에 있노라고. 바티칸 라디오와 베드로 펠레그리노 라디오의 아나운서들은 이에 대해 공식적으로 부인하는 발언을 하지 않았다. 이처럼 공개적인 정보에 대해 침묵하자 소문도 점점 무성해졌다.

2주 후 니한스는 교황이 세포 주사를 잘 받아들였다는 사실을 더 이상 의심하지 않아도 되었다. 그는 교황이 자신의 몸이 나아졌다는 것을 분명하게 느낄 때까지는 앞으로 최소한 6주가 걸린다는 사실도 알고 있었다. 교황이 절망에 빠져드는 순간도 있었다. 어떤 경우에는 교황직에서 물러나는 것을 고려하는 때도 있었다. 그러나 니한스는 항상 교황에게 희망을 불어 넣는 데 성공했다. 그리고 그의 마음을 다시금 신뢰로 채울 수 있었다. 그것은 공연히 둘러대는 이야기가 아니었다. 활력을 얻게 되는 조짐이 눈에 띄었다. 체중이 조금씩 늘어가는 것이 주사한 세포가 활동을 개시했음 보여주는 증거였다.

니한스는 교황에게 6주만 기다리라고 말했다. 로마의 봄, 사방에 꽃이 만발했다. 쟈스민과 분홍색 협죽도의 향기가 바티칸 궁전의 정원에 가득 풍겼다. 드디어 그날의 아침이 찾아 왔다. 니한스가 믿어 의심치 않았던 바로 그날이었다. 그는 여느 때와 마찬가지로 아침 진찰 시간에 교황의 침실을 찾았다.

그의 전기 작가 쿠어트 요하임 피셔는 그때를 이렇게 묘사했다.

피우스 12세는 희한한 질문으로 의사에게 인사를 했다.

"어떻게 주무셨소? 니한스 박사."

"저요? 저야 늘 그렇듯이 잘 잤습니다."

"그건 나도 잘 아오. 창문을 활짝 열면 신선한 바람이 들어 오지요. 그런데 만약 박사가 그렇게 잘 주무셨다면 나한테도 한번 물어봐 주시지 않겠소? 어떻게 잤느냐고 말이오?"

그러자 니한스는 그날밤 교황이 몇 달 만에 처음으로 단잠을 잤다는 것을 알아차렸다. 6시간 동안의 숙면! 그날 오후 교황은 니한스와 파스쿠알리나 수녀와 함께 바티칸 궁전의 정원을 산책했다.

부활절이었다. 봄―부활.

4월 중순, 이제 더 이상 의심의 여지가 없었다. 니한스는 해낸 것이다. 교황은 위통이 나았고 체중도 조금씩 계속 늘었다. 다시 입맛이 당겼다. 딸꾹질은 완전히 멎었다.

"우리에게 교황이 계시다."

로마인들은 베드로 성당 앞의 광장에서 그렇게 소리쳤다. 오랫만에 처음 교황이 자신의 집무실 창가에 모습을 나타냈던 것이다. 로마인들뿐 아니라 전세계의 가톨릭 신자들이 다시 교황을 가지게 되었다.

그 주간 동안 신문의 톱기사에 니한스의 이름만큼 자주 등장한 이름은 없었다. 교황의 목숨을 구해 준 의사는 바로 그 논란이 많던 의사였던 것이다. 물론 갈레아치 리시 박사가 이 기회를 놓칠 리 없었다. 그는 교황의 목숨을 구한 그 의사를 천거한 사람이 바로 자신이라고 거들먹거렸다. 니한스에게 내리비치는 광채에서 그 부스러기라도 받으려는 속셈이었다.

니한스는 스위스로 돌아갔다. 그는 명성 따위에 관심이 없었다. 그러나 그는 자신을 반대하는 사람들로 하여금 세포 치료를 인정하도록 만들 수 있는 마지막 기회가 왔다고 생각했다. 매년 치료 회의가 열리는 칼스루에의 과학 심포지움이 곧 개최될 즈음이었다. 그곳에는 전세계의 의사들이 참석했다. 그는 단순히 청강생으로 등록한 것이 아니라 비판적인 청중 앞에서 자신의 세포 치료에 대해 인정을 받으려고 강연 신청을 했던 것이다.

그곳에서 그가 했던 강연은 역사적인 사건이었다. 니한스는 두 시간 동안 강연을 했다.

"5천 번이 넘게 세포를 주사해 온 경험을 바탕으로, 그리고 그 결과를 자그만치 23년 동안 지켜본 사람으로서 저는 여러분들께 세포 치료가 어떻게 출현했는지 말씀드리고 제가 겪은 실제 사례를 몇 가지 소개해 볼까 합니다."

그는 그렇게 강연을 시작했다.

"각각의 세포 주사는 엄밀히 따지면 수천 번의 이식과 같습니다. 그러나 환자의 근육에 바로 주사한 세포는 기관의 부분 이식이나 전체 이식보다 그 효과면에서 훨씬 뛰어납니다"

여러 질병 사례를 들어 가며 니한스 박사는 자신이 세포 주사의 최초의 발명가라는 사실을 입증했다. 물론 그렇다고 해서 그가 그러한 명예에 집착해서 강연을 했다는 것은 아니다. 그럴 의도는 없었지만 결과적으로 그렇게 되었다는 것뿐이다. 마지막으로 니한스는 이렇게 끝을 맺었다.

"수천 개의 세포 주사가 그렇다고 수천 번의 성공을 의미하는 것은 아닙니다. 그렇지만 놀랍게도 아주 좋은 결과를 많이 얻은 것도 사실입니다. 우리가 인간이라고 부르는 참으로 복잡하고 오묘한 세포 총체를 위해서는, 말하자면 아직도 완전히 연구가 끝나지 않은 이 인간이라는 세포 총체를 위해 세포 주사를 제대로 사용하려면 많은 경험과 실험을 필요로 합니다.

저는 아직까지는 제가 원하는 단계에는 도달하지 못했습니다. 여전히 실험 수준을 벗어나지 못했다는 겁니다. 그러므로 어떤 환자의 경우 바랐던 성과가 나오지 않는다면 그것은 저 니한스의 잘못이지 결코 세포의 책임이 아니라는 것도 잘 알고 있습니다!"

그의 강연에는 피우스 12세의 이름은 단 한번도 거론되지 않았다. 그는 연단을 떠나며 큰 의과대학의 교수들 중 한 명이라도 자신의 치료법에 대해 조건적이라 하더라도 찬성을 표시해 줄 것만을 기대했다. 그러므로 자신을 가리고 있는 이 그늘에 한 줄기 빛이 내려 오기를 간절히 바랐다. 그러나 니한스가 다음날 아침 칼스루에를 떠나 스위스로 돌아갔을 때 그는 아직도 의심이 남아 있음을 깨달을 수 있었다.

그는 아웃사이더로 회의에 참석했다가 아웃사이더로 회의장을 떠나야 했던 것이다. 그리고 가장 괴로운 것은 사람들이 자신의 강연을 들은 뒤 질문 시간도 허용하지 않았다는 사실이었다. 사람들은 굳게 입을 다물고 있었던 것이다. 그것은 치명적인 무기였다. 아마 니한스가 아닌 다른 사람이었더라면 신경 발작을 일으켰을지도 모른다. 엄청난 실망을 가슴에 품긴 했지만 그는 결코 굽힐 줄 모르는 자신의 신념으로 회의장을 떠날 수 있었다.

1954년 3월, 니한스는 로마를 떠나면서 가을에 다시 로마에 와서 두 번째 세포 주사 단계를 실시함으로써 첫번째 단계의 긍정적인 영향을 강화시키겠노라는 약속을 했었다. 교황은 알바나 산맥의 서늘한 기후 속에서 여름 별장인 카스텔 간돌포에 머무르고 있었다. 대중 접견이나 개인 접견 등 하루라도 일거리가 없는 날이 없었다. 교황은 몇 달 전 죽음의 언저리를 맴돌고서도, 언제 그랬느냐는 듯 어느 때보다도 활기차게 일에 몰두하고 있었다.

일주일 동안 니한스는 카스텔 간돌포에 머물렀다. 그리고 나서 그는 교황이 두 번째 단계도 무사히 이겨냈다는 확신을 얻자 곧 떠날 채비를 했다. 니한스는 일주일에 이틀씩은 무조건 쉬겠다는 교황의 약속을 받아냈다. 파스쿠알리나 수녀는 교황이 그렇게 태연하게 그런 약속을 하는 것이 놀랍기만 했다. 그리고 그 약속을 실제로 지키는 교황을 보고는 더욱 놀랐다. 교황이 카스텔 간돌포에서 로마로 돌아가기로 되어 있던 날을 하루 앞두고까지. 날씨가 몹시 찌푸렸던 그날 늦은 오후였다. 교황은 아주 무거운 귀중품 상자에 비밀 문서를 보관하고 있었다. 그가 막 그 상자를 책상 위에 놓으려는 순간, 고통의 신음 소리와 함께 무너져 내리고 말았다. 짐을 실으려고 온 그의 운전수 마리오 스토파가 소파에 웅크리고 앉아 있는 그를 발견했을 때 그는 손수건을 입에 대고 있었다. 그 수건은 피로 흥건히 젖어 있었다. 다시 딸꾹질이 교황을 괴롭히기 시작했다.

파스쿠알리나 수녀는 로마에 있는 갈레아치 리시 박사를 불렀다. 한 시간 후 주치의는 교황에게 어떤 일이 일어났는지 자초지종을 들었다. 아마 다른 의사였다면 무서운 경고로 받아들였을 것이다. 위출혈이라든가 아니면 피우스가 들어 올리려고 했던 상자의 무게로 인해 터진 위종양이라는 결론을 내렸을 것이다. 그리고 이 때문에 위가 파열될 수도 있는 치명적인 위험을 암시하는 것으로 진단 내릴 수도 있었다.

그러나 갈레아치 리시 박사는 환자에게 휴식을 권할 뿐 아무 다른 처방도 내리지 않았고 교황이 다음날 로마로 떠나지 못하도록 지시한 것밖에 없었다.

고통의 24시간. 교황은 아무것도 먹지 못했다. 그는 밤새도록 몇 번이고 토해냈다. 그의 얼굴은 잿빛으로 변했다. 그는 거의 초인적인 힘으로 다음날 오후 16시 30분 자동차에 몸을 싣고 로마로 돌아갔다. 길거리에 서 있는 사람들이 그에게 손을 흔들었다. 소박한 농민들의 작별 인사에 답례를 보냈다. 그리고 억지로 얼굴에 웃음을 띠었다. 운전수 마리오 스튜파는 훗날 '교황이 그날 길거리에서 숨을 거두지 않는 것은 기적이라고' 회고했다. 거울을 통해 뒤쪽을 쳐다본 운전수는 거의 죽은 것처럼 보이는 교황의 모습을 볼 때마다 어린아이처럼 울고 싶었다고 했다.

일주일 동안 교황의 주치의는 환자를 돌봤다. 그는 새로운 위장약을 개발했는데 그 약을 '갈레아치 리시의 위장약'이라고 이름 붙였다. 참으로 그다운 발상이었다. 그러나 그 약은 아무런 효과도 없었다.

교황은 열이 높았고 복부 근육이 이상할 정도로 긴장되었고 복통을 호소했다. 의과 수업을 7학기만 받았어도 명쾌한 진단을 내릴 수 있는 경우였다. 위염, 복막염의 위험을 예고하는 증상이었다.

그러나 갈레아치 리시 박사는 다른 전문의를 부르기에는 너무 자만심이 강한 사람이었다. 그러자 파스쿠알리나 수녀는 자신이 잘 알고 있는 살바토레 문디 병원의 주임 의사 데 스테파노 박사를 불렀다. 그리고 니한스 박사가 있는 클라렌스로 전보를 보냈다.

니한스에게 전보는 청천 벽력과도 같았다. 다음날 그는 교황의 침상 곁에 섰다. 그를 진찰한 후 데 스테파노 박사와 의견을 나누었다. 그리고 다른 두 명의 전문의까지 부를 것을 요구했다. 로마의 저명한 외과의 파올루치 박사와 볼로그나의 내과의 가스바리니 박사였다. 갈레아치 리시 박사가 일주일 하고도 반을 내버려 두었던 일을 니한스가 착수한 것이었다. 왜냐하면 거기에는 새로운 세포 주사를 실시할 자리가 아니었던 것이다. 의사들의 의견을 수렴하는 가운데 의학계의 아웃사이더인 니한스와 전통적인 의학을 고수하는 이탈리아의 수뇌 사이에 첨예한 갈등이 전개되었다. 파올루치와 가스바리니, 데 스테파노는 즉시 수술해야 한다고 주장했다. 그러나 니한스는 이에 격렬히 반대했다. 진단을 하고 난 뒤 그들의 의견은 모두 같았다. 즉 교황이 무거운 상자를 들어 올리려다가 그 무게 때문에 횡경막염을 일으켰다는 것이다.

파올루치 교수는 곧바로 수술하자는 쪽이었다. 니한스는 격렬히 반대 의사를 밝혔다. 교황처럼 전체적으로 쇠약해 있는 환자를 수술하게 되면 이는 사형 선고나 다름없다고 생각한 것이다. 갈레아치 리시 박사는 뒤에 지키고 서서 아무런 의견도 말하지 않았다.

니한스 박사는 전통적인 의학을 비판하는 데 그치지 않고 자신이 외과의로 있으면서 횡경막염을 다루어 본 경험상 나름대로의 치료법도 알고 있었다. 위쪽 쇄골을 마취시키고 노보카인으로 횡격막을 마비시키자는 것이었다. 그런 다음 환자에게 감자 죽을 떠 먹여 위를 무겁게 만든 다음 아래로 처지게 하는 방법이었다.

가스바리니 박사는 논쟁에 직접 끼어 들지는 않고 니한스 박사의 말을 경청했다. 갈레아치 리시 박사는 여전히 반응이 없었다. 의견도 없었고 달리 할 말도 없었다. 1939년 교황의 주치의로 출세하던 그날부터 지금까지 그는 꼭두각시 인형에 지나지 않았다. 늘 그래왔던 것처럼 그것은 자신의 능력밖의 일이었던 것이다.

니한스 박사 자신도 기대하지 않았던 일이 벌어졌다. 가스바리니 박사가 교황의 수술을 반대하는 니한스의 의견으로 기울어졌던 것이다. 그의 동료 파올루치는 협의를 거부하고 자리를 떴다. 그리고 바티칸의 허락도 받지 않고 기자 회견을 요청했다. 순전히 니한스에 대한 반감 때문이었다. 저널리스트들이 니한스에 대한 그의 공격에 귀를 기울이고 있을 때 가스바리니 박사는 수술은 안 하는 스위스 의사의 의견에 동의했다. 어쩌면 그것이야말로 니한스 박사가 실제적인 그리고 가장 맹활약을 펼친 교황의 주치의로 보낸 몇 달 중에서 최초로 의미심장한 승인을 받은 것인지도 모른다.

결국 수술을 하지 않기로 결정되었다. 니한스는 자신이 꼭 막아야 한다고 생각했던 것을 실제로 막을 수 있었다. 다른 일은 가스바리니 박사가 알아서 할 일이었다.

니한스 박사는 그날 1954년 12월 4일, 가스바리니 박사가 치료를 맡게 되었을 때 전혀 기분나빠하지 않았다. 치료법을 결정하는 데는 자신이 결정적인 역할을 하지 않았던가. 그는 명예욕으로 불타는 사람이 아니었다. 그리고 교황을 위기에서 구하는 일에 나름대로 일조하지 않았던가. 그것으로 충분했다. 그 다음 치료를 누가 맡든 그것은 아무래도 좋았다. 클라렌스에서는 할 일이 산더미처럼 그를 기다리고 있었다.

12월 중순 그는 로마로부터 전보를 받고 무척 기뻤다. 그 전보는 "나도 드디어 깊은 잠을 잤다오."라고 했던 교황의 말만큼이나 기쁜 소식이었다.

갈레아치 리시 박사가 그날부터 완전히 가스바리니 박사편으로 돌아섰다는 것은 굳이 말하지 않아도 되리라.

교황은 니한스에게 감사의 마음을 표하고 싶었다. 1955년 그는 니한스를 가톨릭의 과학 아카데미 회원으로 앉혔다. 페니실린을 발명한 알렉산더 플레밍 경이 작고하여 비게 된 그 자리에…. 니한스 박사는 그의 길을 계속 추진했다. 잠시 동안의 주치의 활동은 끝났다. 그러나 4년 후 그는 로마로 돌아왔다.

파스쿠알리나 수녀가 그에게 전보를 쳤던 것이었다. "성스러운 교황님과 마지막 작별 인사를 하고 싶다면 속히 오십시오."

니한스 박사는 다음 비행기를 타고 제네바를 떠나 로마로 날아갔다. 그리고 택시를 잡아 타고 카스텔 간돌포로 향했다. 그날이 1958년 10월 8일이었다. 이틀 전 교황은 쓰러졌다. 가스바리니 박사는 두뇌에 있는 대동맥 부위에 경련이 일어난 것으로 진단했다. 그것이 만약 혈전으로 이어지면 이제 희망이 없다는 것을 볼로가나의 교수는 잘 알고 있었다. 그는 니코틴 산을 주사하고 혈액을 묽게 만들 수 있는 약을 투약했다. 그는 다른 전문의들을 교황의 침상에 불렀다. 아이젠하워 박사의 주치의였던 미국의 심장 전문의인 폴 두들리 박사까지 불렀다. 10월 8일 아침 교황의 생명을 구하기 위해 싸웠던 의사는 모두 7명이었다. 거기에는 갈레아치 리시 박사도 끼어 있었다. 그러나 그가 작은 마이크로 카메라를 지니고 있는 줄은 아무도 몰랐다. 그리고 그가 연신 메모를 적고 의사들이 서로 나누는 의견을 하나도 빼지 않고 적는 것을 이상하게 여긴 사람도 없었다. 바티칸에 사탄이 한 명 들어간 것이다.

그날 아침 피우스 12세는 의식을 잃었다. 우려했던 혈전 증상이 나타났다. 희망은 없었지만 의사들은 그래도 싸움을 포기하지 않았다. 가스바리니 박사는 교황의 코를 통해 고무 호스를 위에 끼워 넣어 오이파바린과 산소와 영양분을 공급했다.

그날 오후 무서운 일이 벌어졌다. 이탈리아의 신문 《일 템포》와 《기오르날레 데 이탈리아》에 호외가 나왔다. 거기엔 검은 글씨로 톱기사가 실려 있었다. 교황이 서거하셨다! 정부의 검찰이 나서게 되었다. 신문을 파는 사람들의 손에서 모든 신문은 모조리 압수되었다. 그러한 혼란을 가중시키는 또 다른 일은 라디오 방송국에서도 벌어졌다. 바티칸 라디오의 아나운서가 시간마다 경과 보고를 하고 있었던 것이다. 16시 15분, 펠레그리노 방송에서는 다음과 같은 의사의 용태서를 읽었다.

"교황의 병세는 급속도로 악화되었다. 열성적인 의사들의 노력에도 불구하고 아무런 효과도 얻지 못했다. 체온 38.2도 혈압 140/90, 맥박 140, 호흡 38. 심각한 심장, 폐 쇼크가 계속되고 있다."

17시 30분 바티칸 아나운서는 다음과 같은 방송을 내보냈다.

"우리들의 가느다란 희망은 거의 사라지고 있다. 의사들은 우리들의 신성한 아버지 교황께서는 자신의 혈압을 유지하고 그의 허파가 일을 할 때까지만 살아계실 수 있다고 말했다. 그것은 한 시간이 될 수도 있고 24시간이 될 수도 있다."

그 시간 택시 한 대가 교황의 궁전 앞에서 카스텔 간돌포로 달리고 있었다. 경찰들이 입구를 막아 놓았다. 자동차에서 하얀 머리의 키 큰 남자 한 사람이 내렸다. 검은 양복의 그 노신사는 니한스 박사였다. 보초를 서고 있던 경찰이 안쪽에 전화를 걸어 답을 들을 때까지 몇 분이 경과했다. 그런 다음 니한스를 위해 육중한 성문 옆에 붙어 있는 작은 문이 열렸다.

몇 분 후 그는 죽어가는 사람의 방에 이르렀다. 가스바리니 박사는 그를 보고 깜짝 놀랐다. 그는 4년 전에 본 그를 금방 알아봤다. 4년 전 격렬했던 논쟁의 순간이 눈앞을 스쳤다.

수술이냐 아니냐?

니한스는 의사들에게 말없이 고개를 끄덕여 인사를 한 후 교황의 침대로 걸어갔다. 그리고 무릎을 꿇고 의식을 잃은 환자의 손에 입을 맞췄다. 한 동안 그는 꼼짝 않고 그대로 있었다. 그러더니 자리에서 일어난 그는 아무 말 없이 방을 나갔다.

10월 9일 새벽 3시 53분, 카스텔 간돌포의 교회에서 종소리가 울려 퍼지기 시작했다. 바티칸 라디오 방송에서는 다음과 같은 보도가 있었다.

"금세기에 가장 큰 존경을 받으신 혁혁한 인물, 피우스 12세 교황께서 1958년 10월 9일 3시 53분에 영원한 안식을 얻으셨습니다. 오이게니오 파첼리는 1876년 3월 2일 출생하시고 1939년 3월 2일 피우스 12세라는 이름으로 교황에 즉위하셨습니다. 그는 82년 7개월 7일을 이 땅에 살다 가셨습니다. 그의 교황 즉위 임기는 19년 7개월 7일이었습니다. 가톨릭 교회와 항상 탁월한 정신과 가슴과 행동으로 따뜻한 관심을 보여 주신 그를 따르는 전세계의 가톨릭 교인들이 그의 죽음을 애도하고 있습니다…."

의사들은 죽은 자를 떠나갔다. 사흘 동안 교황의 생명을 건지려고 갖은 노력을 다 했으나 결국은 실패하고만 전문가들, 높은 권위를 지닌 교수들 말이다. 니한스 교수는 로마에 있는 할더 호텔방에서 창문을 열어 둔 채 창가에 앉아 있었다. 별빛이 환한 가을 하늘에 베드로 성당의 반구형 지붕이 그가 있는 쪽으로 어렴풋이 어른거렸다.

임종의 방에 끝까지 남아 있던 사람은 갈레아치 리시 박사였다.

10월 18일 폭탄이 터졌다. 그 전날 교황의 시신은 베드로 성당의 지하 납골소에 안치되었다. 시스틴 성당에서는 후계자를 뽑기 위해 추기경들이 모여 있었다.

로마의 일간지 《일 템포》는 '죽음과 고투를 벌이는 교황의 침상에서 보낸 4일'이라는 제목의 톱기사가 실렸다. 갈레아치 리시 박사가 일지 형식으로 기록한 메모와 주치의가 죽어 가는 교황을 찍은 사진이 실려 있었다.

그 중 하나는 교황의 코에 위로 연결된 고무 호스가 걸려 있는 사진이었다. 다른 사진은 교황의 입에 산소 호스가 끼워진 사진이었다. 교황의 마지막 시간을 갈레아치 리시 박사는 이렇게 묘사했다.

"화요일, 20시 도뇨관을 삽입할 필요는 없었다. 그 이유는 교황께서 자연스럽게 충분한 양의 소변을 배설하셨기 때문이다. 체온 37도 맥박 83, 호흡 24, 혈압 110/130."

"3시 30분. 혈압 60. 임종이 빠르게 다가오고 있다. 우리는 교황을 더 이상 주사와 진찰로 괴롭히지 않을 작정이다. 그런 것들은 어차피 아무런 의미도 없으니까."

"3시 52분. 누군가 말하기를 그는 운명하셨다고 했다. 나는 아니라고 대답했다. 그는 아직 숨을 쉬고 계셨다. 사실 그는 두 번 숨을 쉬셨다. 그러나 그 간격이 무척 길었다. 그러다 왼쪽 입가에서 검붉은 작은 핏줄기가 흘러 나왔다. 그리고 그는 고개를 떨구셨다."

같은 날 영국 신문 《선데이 픽토리알》에는 '우리들이 함께 보낸 마지막 70시간'이라는 제목으로 다른 일지의 발췌문이 실렸다. 그리고 갈레아치 리시 박사가 마일랜드의 대중 화보 《기오르노》를 세 번째로 이용한 것이기도 했다.

《일 템포》가 나온 지 24시간 후 갈레아치 리시 박사는 기자 회견을 요청했다. 그 기자들 중의 한 사람이— 물론 그는 박사의 일지를 공개하게 했던 다른 기자들과는 생각이 다른 기자였다—갈레아치 리시에게 샤갈(맹수 이름)이라고 부르면서 그에게 교황의 시신을 팔아 먹었다고 비난을 퍼부었다. 그러자 갈레아치 리시 박사의 대답은 이랬다.

"난 샤갈이 아니오. 난 선량한 사람이오. 당신이 원하는 게 대체 뭐요? 내 침묵 의무는 교황의 죽음과 함께 끝난거요."

며칠 후 로마잡지 《로 스페치오》는 왕년의 주치의의 돈욕심을 폭로했다. 그에 따르면 갈레아치 리시가 《일 템포》에 실었던 일지와 사진을 처음에는 《로 스페치오》에 150만 리라에 내놓았다는 것이었다. 그러나 그 잡지사가 거절하자 갈레아치 리시는 여러 가지 일지 발췌문을 로마의 《일 템포》에, 그리고 말 타는 것을 《스탐파》에 각각 8만5천 리라에 팔아 먹었다는 것이다. 그리고 다른 보고서는 3천 파운드를 받고 영국의 《선데이 빅토리아》에 넘겼고 파리의 대중 잡지 《파리 매취》에 종합 기사를 신기로 하고 6백만 프랑을 수표로 받았다고 했다. 갈레아치 리시는 이렇게 해서 언젠가 무솔리니가 그랬던 것처럼 한마디에 1 달러씩 요구했다는 것이었다.

그 뒤로 폭로 사실이 줄을 이었다. 좌경 자유진영의 신문인 마일랜드의 《기오르노》는 갈레아치 리시가 이미 오래전부터 미국의 잡지에 높은 기고료를 받고 교황이 파자마를 입고 있는 사진이나 아침에 전기로 작동되는 말타는 장면을 찍은 사진을 팔아 왔다는 것이다. 이 사진은 이미 1956년 갈레아치 리시가 보낸 사진이라고 했다. 그리고 피우스 12세도 그 사실을 알게 되었으나 주치의가 무릎을 꿇고 그 사진을 회수해서 소각시키겠노라고 통 사정을 하는 바람에 용서를 해 주었다나.

갈레아치 리시의 사건은 로마 의사 협회의 사건으로 비화해서 결국에는 의사직 금지 명령으로 막을 내렸다. 갈레아치 리시는 이에 불복하여 이탈리아의 내무부 소속 분과인 의료직 중앙 위원회에 항소했다.

그러나 중앙위원회가 새로운 판결을 내리기도 전에 파리의 플라마리온 출판사에서 『교황 피우스 12세의 그늘과 빛 가운데』라는 제목의 갈레아치 리시의 책이 출판되었다. 그러나 그 책에 관심을 보이는 사람은 단 한명도 없었다.

법정 분쟁은 계속되었다. 중앙위원회는 갈레아치 리시의 항소를 기각했다. 왕년의 주치의는 다시 아탈리아의 고등 법원에 항소했다. 고등 법원은 형식상 과실을 이유로 재판을 로마 의사회로 돌려 보냈다.

재판이 아직 한창 진행중인데 갈레아치 리시는 1969년 11월 16일 일흔일곱 살의 나이에 심장병으로 숨을 거두고 말았다. 법정은 갈레아치 리시 사건의 서류를 접어 넣을 수 있었다.

한 가지 수수께끼는 그래도 풀리지 않고 있다. 어떻게 피우스 12세처럼 탁월한 지성의 소유자가 갈레아치 리시 같은 의사를 믿을 수 있었을까? 하는 점이다. 마이 랜드의 《기오르노》는 이 질문에 대한 대답을 모색하고 있다.

"갈레아치 리시 스캔들이 있고 난 후 우리는 드디어 여러 면에서 수수께끼처럼 보였던 피우스 12세의 성격을 이해할 수 있게 되었다. 오이게니오 파첼리는 무엇보다도 매우 순진한 사람으로서 훌륭한 성직자였으나 아무런 인생 경험이 없었다. 이로써 많은 것들이 잘 설명될 것이다."

의술은 곧 인술(人術)이 되어야 한다

건강에 관심을 갖지 않는 사람은 아마도 없을 것이다. 더구나 한 사회의 지도적 위치에 있는 사람들의 경우는 말할 것도 없다. 각자의 인생에는 스스로 책임져야 할 몫이 있다. 살아 있는 동안 주목을 받고 살았던 사람이든 그렇지 못했던 사람이든 자신의 건강은 스스로 책임질 수밖에 없다. 아무리 훌륭한 주치의를 두고 있어도 스스로의 회복 의지가 없는 한 그것은 아무 쓸모도 없는 것이다. 그래서 비스마르크를 담당한 슈베닝어 박사는 의사가 환자의 회복 의지를 북돋우는 데 절대적으로 상호 신뢰가 필요하며, 이런 의미에서 '의술은 곧 인술(人術)이 되어야 한다.'고 했다.

우리는 보통 정상적인 관계에서 사람이나 혹은 어떤 일이 대해 믿음을 갖는다. 그것은 어떤 희망과 그것이 계속 유지되리라 기대하기 때문이다. 여기에 주치의의 역할과 한계가 있다. 물론 빈센트 반 고흐나 헤밍웨이처럼 스스로의 목숨을 끊으므로써 더 이상 건강에 관심을 둘 필요가 없는 사람들도 있다. 그러나 이들이 어떤 특별한 삶을 살다간 사람들이기 때문만은 아닐 것이다. 왜냐하면 이러한 고뇌에 찬 생활은 평범한 사람들에게서도 얼마든지 볼 수 있으니까! 그리고 삶의 깊은 질곡에서는 누구도 예외일 수 없다.

처칠이나 레닌처럼 삶에 의미를 갖지 못할 때, 다시 말해서 권자에서 밀려나게 되었다든가 아니면 사랑하는 연인을 잃게 되었다든가 하는 한 인간의 삶을 지탱하고 있던 축이 무너졌을 때 그의 육체도 함께 무너지기 시작하는 것이다.

또한 현실을 비껴난 어리석은 행위로 인하여 자신의 건강뿐만 아니라 주변에 크나큰 폐해를 주는 경우가 있다. 만약 말년에 약물 중독증세를 보였던 히틀러가 정상적인 건강을 유지하고 있었다면 어땠을까? 피폐한 인격과 병든 육신은 자신의 인생을 해칠 뿐만 아니라 범죄와 전쟁까지 일으킬 수 있는 공격성으로 변질될 수 있음을 지난 인류의 역사 속에서 우리는 숱하게 보아왔다. 그러나 신체 못지 않게 중요한 영역이 있다. 바로 정신 건강이 그것이다. 정신 건강은 심리적 평안과 신체의 생리적 과정 그리고 치료에 있어서도 가장 본질적인 전제조건이라고 할 수 있다. 우리가 신체적인 건강을 유지하기 위해 적당한 영양을 섭취하고 운동을 하는 것은 누가 시켜서 하는 일이 아니다. 그것은 자신이 건강하게 살고 싶기 때문에 자발적으로 하는 것이다. 이런 정도의 최소한의 투자마저 없을 때 우리는 더 큰 것을 잃을 수도 있다.

안정된 정신, 건강한 육체의 조화로운 관계야말로 자신의 인생과 사회에 기여할 수 있는 바탕이라 할 것이다.

1998년 3월
옮긴이 정복희